August Hennings

Annalen der leidenden Menschheit in zwanglosen Heften

August Hennings

Annalen der leidenden Menschheit in zwanglosen Heften

ISBN/EAN: 9783743602670

Hergestellt in Europa, USA, Kanada, Australien, Japan

Cover: Foto ©ninafisch / pixelio.de

Weitere Bücher finden Sie auf **www.hansebooks.com**

Annalen

der

leidenden Menschheit,

in

zwanglosen Heften.

Homo sum!

Sechstes Heft,
oder
1799, erstes Heft.

1799.

Inhalt des 6ten Hefts.

1. Statt der Vorrede aus Pestalozzi   Seite 1
2. Edikt — — — 3
3. Kosciusko's Schreiben an Paul I. — 6
4. Le reveil du peuple übersezt von Stäudlin 12
5. Einzelne Justiz-Mängel — — 19
6. Einzelne Wahrheiten — — 60
7. Hat die franz. Revolution der Sache der Freiheit genüzt . — — 88
8. Selbstbetrachtung und Stof zum Nachdenken für Andere — — 112
9. Alfonzo — — — 167
10. Der alte Hans — — 189
11. Enthauptung und Verbrennung einer vermeintlichen Here im Jahr 1648 — 196
12. Nuguez — — — 206
13. Bericht über das Gute und Böse der artikulirten Libelle — — 222
14. Gedanken über Lehre und Lehrart, wie auch über die nöthigen Verfügungen in geistlichen Sachen, in Bezug auf Henke's neues Magazin I B. I St. — — 232

15. Aus

15. Aus dem Meklenburgischen   Seite 241
16. Zug der Wohlthätigkeit unter den Waffen   245
17. Geist der Zeit   —   —   251
18. Frankreichs Einfluß auf Europa   —   265
19. Vorstellung des Herrn Land- und Schatzraths von Berlepsch an das Ober-Appellations-Gericht in Zelle   —   —   270
20. Fichtens Atheismus   —   —   286
21. Wohlgemeinte Erinnerungen eines verklärten deutschen Fürsten an seinen hinterlassenen Sohn. Mit einigen Anmerkungen des Herausgebers.   —   —   299
22. Prüfung der Schrift: Preussens Neutralitäts-System, dessen Ursachen und wahrscheinliche Folgen   —   —   350
23. Patriotische Gedanken eines auswärtigen Schlesiers beim unverhoften Anblik des schlesischen Provincial-Blattes   —   —   365
24. Gelehrte Sophisterey   —   —   375
25. Auch eine neue Lehre   —   —   377
26. Versuch einer Beantwortung der Frage aus Principien: hat ein Volk das Recht, seine Staatsverfassung zu ändern   —   380
27. Ueber die Nothwendigkeit des Kriegs, denselben als ein Mittel zur Verminderung der übermäßigen Vermehrung des Menschengeschlechts betrachtet ꝛc.   —   393

I.
Statt der Vorrede
aus Pestolozzi *).

Tausende gehen, als Werk der Natur im Verderben des Sinnengenusses dahin, und wollen nichts mehr.

Zehntausend erliegen unter der Last ihrer Nadel, ihres Hammers, ihrer Elle und ihrer Krone, und wollen nichts mehr!

Ich kenne einen Menschen, der mehr wollte; in ihm lag die Wonne der Unschuld, und ein Glaube an die Menschen, den wenige Sterbliche kennen; sein Herz war zur Freundschaft geschaffen, Liebe war seine Natur, und Treue seine innigste Neigung.

Aber

---

*) Meine Nachforschungen über den Gang der Natur in der Entwicklung des Menschengeschlechts. S. 232.

Aber er war kein Werk der Welt; er paßte in keine Ekke derselben.

Und die Welt, die ihn also fand, und nicht fragte, ob durch seine Schuld, oder durch die eines andern, zerschlug ihn mit ihrem eisernen Hammer, wie die Maurer einen unbrauchbaren Stein zum Lükkenfüller zwischen den schlechtesten Brokken.

Noch zerschlagen glaubte er an das Menschengeschlecht, mehr als an sich selber, sezte sich einen Zwek vor, und lernte unter blutigen Leiden für diesen Zwek, was wenige Sterbliche können.

Allgemein brauchbar konnte er nicht mehr werden, und er wollte es auch nicht; aber für seinen Zwek wurde er es mehr, als irgend einer. Er erwartete jezt Gerechtigkeit von dem Geschlecht, das er noch immer harmlos liebte. Er erhielt sie nicht. Leute, die sich zu seinen Richtern aufwarfen, ohne ein einziges Verhör, beharrten auf dem Zeugnis, er sei allgemein und unbedingt unbrauchbar.

Das war das Sandkorn auf der stehenden Wage seines Elends.

Er ist nicht mehr, du kennst ihn nicht mehr; was von ihm übrig ist, sind zerrüttete Spuren seines zertretenen Daseins.

Er

Er fiel; so fällt eine Frucht, wenn der Nordwind sie in ihrer Blüthe verlezt, und nagende Würmer ihre Eingeweide zerfressen, unreif vom Baum.

Wanderer, weihe ihr eine Zähre, sie neigte noch im Fallen ihr Haupt gegen den Stamm, an dessen Aesten sie ihren Sommer durchkrankte, und lispelte dem Horchenden hörbar: ich will dennoch auch in meinem Vergehn seine Wurzeln noch stärken!

Wanderer, schone der liegenden sich auflösenden Frucht, und laß den lezten Staub ihres Vergehens die Wurzeln des Baums noch stärken, an dessen Aesten sie ihren Sommer durchkrankte.

II.

Edikt.

Friedrich Wilhelm, König ꝛc.

Unser ꝛc. Wir bemerken ungern, daß einige Unseres Landes Zeitungen in dem Vortrag ihrer Nachrichten nicht immer die Auswahl und den Ton beobachten, wie es die den Redacteurs und den Censoren auferlegte Pflicht erfordert. Wir wollen daher durch gegenwärtige an sämtliche

sämtliche Zeitungs-Censur-Behörden ergehende Anweisung, insbesondere auch Euch aufgeben, den Censoren der zu Eurem Ressort gehörenden Zeitungen wiederholt auf das ernstlichste einzuschärfen, daß sie bei der Censur mit größter Aufmerksamkeit und unrücksichtlicher Strenge nach Unsern ihnen vorhin ertheilten Vorschriften und zur Genüge bekannten Principien zu Werke gehen. Vornehmlich verlangen Wir, daß die Zeitungen sich

1) aller Beleidigungen und Unschiklichkeiten gegen fremde Höfe und Staaten und die Regierungen, wie es die im Courier du Bas Rhin, Nr. 71. Nr. 567. sehr unbesonnen aufgenommene Aeusserung — über Schweden, Rußland ɮc. war, die Ihr daher noch besonders zu rügen habt; und

2) alles desjenigen, was auf das große Publicum, als Anpreisung und Beförderung des revolutionnairen Schwindelgeistes und politischen Neuerungssucht wirken kann, in Erzählungen und Raisonnements, auch wenn solche in andern fremden Zeitungen schon gedrukt wären, durchaus enthalten, und daher auch keine Proclamationen, öffentlichen Reden, Addressen u. s. w.

von

von dergleichen beleidigendem oder revolutionairem Inhalt aufnehmen; und sich endlich

3) aller eigenen Raisonnements enthalten, als wozu eine Zeitung keinesweges geeignet ist.

Wir lassen von jezt an über alle in Unsern Staaten erscheinende Zeitungsblätter alhier eine eigene Nachsicht führen, und werden, bei vorkommenden Uebertretungen nur gedachter Vorschriften, solche gegen Censor und Redacteur zu ahnden wissen, so wie Wir es Euch selbst zur Pflicht machen, auf selbige Acht zu haben.

Wir erwarten übrigens von den Redacteurs die posttäglich fortzusetzende Einsendung ihrer Zeitungs-Stücke an Unser Cabinets-Ministerium und sind ꝛc.

Berlin, den 14ten Sept. 1798.

A. S. B.

Alvensleben.   Haugwitz.

An die Churmärkische
Regierung.

―――――――

Pestolozzi *)

Beides, das unnatürliche Treiben unsers Wissens durch Academien, Hörsäle und Schulstuben, und das

unna-

*) Meine Nachforschungen ꝛc. S. 185.

unnatürliche Hemmen durch Edikte, Verbote, durch Schrecken, durch Ungnaden, vorzüglich aber durch das Lügen insinuirende und Wahrheit erstickende Benehmen des guten Tons und des geist- und weltlichen Dienstes, macht das Wesen der Masse des Volks im alternden Welttheile bald zu allgemein stinkenden Sümpfen. In ihrem Moor thronet die Guillottine des Wahns, in ihrem Nebel verbergen sich geistliche Menschenfresser, fällst du ihnen in die Hände, sie braten dir dein Herz und scalpiren dir deinen innern Schädel.

III.

Kosciusko.

Der vormalige Polnische General Kosciusko hat unter dem 17ten Thermidor 6. (24sten Jul. 1798) folgenden Brief an den Russischen Kaiser Paul I. geschrieben.

Sire,

Ich benutze die ersten Augenblicke der Freiheit, die ich unter dem Schutze der Gesetze der größten und edelmüthigsten Nation genieße, um Ihnen die Geschenke

schenke wieder zu schicken, welche der Anschein Ihrer Güte und das scheusliche Betragen (conduite atroce) Ihrer Minister mich gezwungen haben, anzunehmen. Wenn ich mich dazu hergegeben habe, Sire, so legen Sie es keiner andern Ursache bei, als der unwiderstehlichen Macht der Anhänglichkeit, die ich für meine Mitbürger, die Gefährten meines Unglüks, habe, und der Hofnung, vielleicht noch einmal meinem Vaterlande dienen zu können. Ja, ich wiederhole es Ihnen, Sire, und ich erkläre es Ihnen gerne, Ihr Herz hat mir über meine widerwärtige Lage gerührt geschienen, aber Ihre Minister und deren Trabanten haben in Rüksicht auf mich nicht Ihren Wünschen gemäß gehandelt. Auch würde ich, wenn sie es wagen sollten, der Bestimmung meines freien Willens einen Schritt beilegen, den sie mich gezwungen haben, zu thun, vor Ihnen und vor allen Menschen, die den Werth der Ehre kennen, ihre Gewaltthätigkeiten und ihre Treulosigkeiten enthüllen, und an sie allein werden Sie sich wegen der Bekanntmachung Ihrer Verbrechen halten müssen.

Geruhen Sie, Sire, die Bezeugung meiner Ehrerbietung anzunehmen.

Kosciusko.

Man hat keine Ursache, die Aechtheit dieses in mehreren französischen Journalen gedrukten Schreibens zu bezweifeln; aber kein richtig denkender Mann wird es ohne Unwillen lesen. Es ist eines edlen Mannes völlig unwürdig.

1. Man sieht nicht ab, warum Kosciusko nicht schon von England und von Amerika aus dem Kaiser seine Geschenke auf eine anständige Art zurükschicken konnte, wenn er ihrer nicht bedurfte.

2. Es ist genug, daß ihm das Herz des Kaisers gerührt schien, und daß dieser ihm aus eigenem Antriebe die Freiheit wieder ertheilte, welche er ihm nicht genommen, um von ihm einen passenden Ausdruk der Erkenntlichkeit zu erwarten, wogegen der Ausdruk der S ch e i n Ihrer Güte, l'appareuce de Votre bonté, die Sprache des Undanks ist.

3. Es ist nicht zu begreifen, wie das scheussliche Betragen eines Ministers jemanden zwingen kann, Geschenke anzunehmen; dieses Betragen ist auch nicht zu vermuthen, da die Minister gemeiniglich den Ton ihres Herrn annehmen, und sich besonders bey einer solchen Veranlassung nicht würden compromittirt haben, wenn anders sie auch nicht gebildete Männer wären.

4) Es

4. Es ist eben so wenig zu begreifen, wie das scheusliche Betragen der Minister iemand b e st i m m e n kann, Geschenke anzunehmen, die man sonst abgelehnt haben würde; es ist vielmehr leichter, dem bösen Willen bey einer Wohlthat zu widerstehen, als der zuvorkommenden Güte, und es würde Kosciusko Ehre gemacht haben, aufgedrungenen Geschenken ausgewichen zu seyn.

5. Es ist kein Zusammenhang zwischen Kosciusko's Anhänglichkeit an seine Landsleute und der Annahme von Geschenken.

6. Es ist unedel, bei einem Souverain seine Minister anzuschwärzen, oder ihm ihr Betragen als Verbrechen (forfaits) und als scheuslich (atroce) vorzustellen, ohne die Anklage zu beweisen. Jezt kann sie der Intrigue zur Nahrung, der Verläumdung zum Stoffe, dem Argwohn zur Quelle dienen, aber nie eine Wahrheit ans Tageslicht bringen. Hielt die Furcht für mächtige Feinde Kosciusko in Petersburg ab, dem Kaiser seine Klage anzubringen, so hätte er es sogleich auf fremdem Boden der Freiheit, mit Würde und Anstand, mit Nennung der Frevler und mit Anzeige ihrer Werke oder Vergehen thun, nicht aber jezt

in

in verschleierter Sprache mehr schmollend und trotzend, als männlich anklagend, anftreten müssen.

7. Es ist nicht verständlich, wenn Kosciusko sagt, er wolle die Gewaltthätigkeit und Treulosigkeit der Minister enthüllen, wenn sie es wagen sollten, der Bestimmung seines freien Willens einen Schritt beizulegen, zu dem sie ihn gezwungen haben. Man weiß nicht, was irgend einen Minister bewegen sollte, sich um das zu bekümmern, was Kosciusko bestimmen könnte, oder wie sie auch nur hierüber Rede und Antwort geben können. Keiner kann das wissen, als er, und schlimm genug, daß ihn, den Helden, Furcht zwang.

8. Es ist eben so unverständlich, was er damit hat sagen wollen, daß auf den eben angeführten Fall der Kaiser sich wegen der Bekanntmachung ihrer Verbrechen blos an seine Minister werde halten müssen. Sollte der Kaiser diese Bekanntmachung fürchten, und sich ihrentwegen und nicht der Verbrechen (forfaits) halber an die Minister halten?

Man kann das Schiefe in der Wendung des Briefes und in dem Betragen Kosciusko's nicht verkennen.

In dem Publicisten hat Kosciusko sich gegen die Aechtheit eines von ihm in London erschienenen Kupfer-

Kupferstichs erklärt, welcher die Ueberschrift hat: "Paul I. der dem General Kosciusko die Freiheit ertheilt, nach dem Original, gemahlt unter Anleitung dieses Generals, als er sich in London befand, während des Monats May und Junius 1797. Gemahlt von Heinr. Singleton, gestochen von James Daniel. Herausgegeben März 25. 1798. bei James Daniel."

Er erklärt, daß der unter diesem Titel angekündigte Kupferstich nie nach seiner Anweisung oder mit seiner Theilnahme und auf sein Verlangen gemacht worden, und daß er beständig allen Künstlern, die gewünscht, sein Portrait zu mahlen, es abgeschlagen habe.

Da er der Aechtheit dieses Bildes widerspricht, würde er auch den in eben dem Journal befindlichen Brief abgeleugnet haben, falls er untergeschoben wäre.

IV.

IV.
Le reveil du peuple
übersezt von Stäudlin.

Einleitung.

Jeder, der mit der neuesten Weltgeschichte auch nur oberflächlich bekannt ist, kennt die fürchterliche Epoche der Schreckensherrschaft in Frankreich unter Robespierre, Collot und Consorten. Er weis, mit welcher unerhörten Grausamkeit diese neuen Dezemvire gegen alle diejenigen wüteten, die ihren blutdürstigen Meinungen und Planen im Wege zu stehen schienen; er weis, wie verrätherisch sie eine ganze Reihe von Monden hindurch mit der Freiheit, Ehre und Ruhe, dem Eigenthum und Leben der Nation spielten, und durch all' ihre Handlungen ihre schwarze Absicht verriethen, die bessern Bürger Galliens zu vernichten, um über eine Horde von Barbaren und Bettlern schrankenlos zu herrschen. Der 9te Thermidor (28ste Jul.) an welchem Robespierre mit seinen andern Mordgesellen der Guillotine überliefert wurde, war

war das große Signal zum Sturze jener Schreckensmänner. Seit diesem für Frankreich so glüklichen Tage sanken die Jakobiner immer tiefer von ihrer furchtbaren Höhe, und wurden endlich durch den unglüklichen Ausgang der wütenden Ausbrüche ihrer Verzweiflung am 12ten Germinal (1sten April) und einigen andern Tagen in einen Abgrund begraben, aus welchem sie schwerlich ihre Häupter wieder emporheben werden. Seit diesem Zeitpunkte trat eine weisere und menschlichere Regierung an die Stelle des zerstörenden Schreckensystems: jezt erst fiel der Schleier von den Augen der getäuschten Nation, jezt erst sah sie voll Beschämung und Unwillen die in der Geschichte beinahe beispiellose Tirannei, unter welcher sie so lange geseufzt hatte, in ihrer wahren Gestalt, und gab bei jeder Gelegenheit die redendsten Beweise ihrer Indignation über jene treulosen Volksmörder zu erkennen. Unter diese Beweise gehört auch folgendes Lied, welches ich mit der Nachricht, daß es in Paris häufig gesungen werde, kürzlich von einem dortigen Freund' erhalten, und mit aller Treue, die eine gereimte Uebersetzung zuließ, verdeutscht habe.

G. F. Stäudlin.

Revell

Reveil du peuple.

Peuple français, peuple de fières
    Peux tu voir, fans fremir d'horreur
Le crime arborer les bannières
    Du carnage & de la terreur?
Tu fouffre qu'une horde atroce
    Et d'affafins & de brigands
Souille par fon fouffle feroce
    Le territoire des vivans.

Quelle est cette lenteur barbare!
    Hate-toi, peuple Souverain
De rendre aux monstres du Tenare
    Tous ces buveurs de fang humain!
Guerre à tous les agens du crime!
    Pourfuivons les jusqu'au trépas
Partagés l'horreur qui m'anime
    Ils ne nous échapperont pas.

Ah qu'ils perissent, ces infames
    Et ces égorgeurs dévorans,
Qui portent au fond de leurs ames
    Le crime & l'amour des tyrans.
Manes plaintifs de l'innocence
    Appaisés vous dans vos tombeaux;
Le jour tardif de la vengeance
    Fait enfin pâlir vos bourreaux.

                          Das

Das Volkserwachen.
Freie Uebersetzung.

O Volk, geheilt vom Sklavenwahne,
    Wie kannst du ohne Grauen sehn
Des Schreckens und der Mordgier Fahne,
    Hochaufgepflanzt vom Laster, wehn?
Und dulden, daß die reinen Lüfte
    In deiner Freiheit heil'gem Land
Der Räuberhorde Hauch vergifte,
    Die sich zu deinem Weh verband?

Ihr zaudert grausam, freie Bürger!
    Zu retten Frankreichs wankend Glük!
Auf! gebt die blutberauschten Würger
    Des Orkus Furien zurük.
Krieg! Krieg des Lasters Satelliten!
    Ha! gegen diese schwarze Brut
Bis in ihr schmählich Grab zu wüten,
    Fühlt euch beseelt von meinem Muth!

Die Mörderrotte müsse sterben,
    Sie, die unmenschlich lang genug
Im schwarzen Busen nur Verderben
    Und nur Tyrannenliebe trug.
Schuldlose Schatten, ächzet nimmer
    So bang aus eurer Gräbernacht!
Der Rachetag rükt näher immer,
    Der eure Henker zittern macht!

                             Voyés

Voyés déja comme ils fremissent,
  Ils n'osent fuir, les fcélerats.
Les traces du fang qu'ils vomissent
  Devéleraient bientot leurs pas.
Oui, nous jurons fur votre tombe,
  Par notre pays malheureux
De ne faire qu'une Hécatombe
  De ces Canibales affreux.

Et vous coupables Egoistes
  Et vous lâches insoucians
Pouvés vous près des terroristes
  Vous endormir fur des volcans.
C'est peu que de hair le crime
  Il faut encor l'anéantir
Si vous ne fermés pas l'abyme
  L'abyme va vous engloutir.

Réprésentans d'un peuple juste,
  O vous legislateurs humains
De qui la contenance auguste
  Fait trembler nos vils assasins;
Suivés le cours de votre gloire
  Vos noms chers à l'humanité
Volent au temple de mémoire
  Au fein de l'immortalité.

———

Seht!

Seht! wie das Frevlerheer verzweifelt,
 Durch Flucht der Strafe zu entgehn.
Das Blut, so ihrer Fers' entträufelt,
 Verrieth uns bald die Flüchtigen!
Bei euern Gräbern sei's geschworen,
 Und bei des Vaterlands Gefahr,
Als Hekatombe zu durchboren
 Die ganze Kanibalenschaar!

Und ihr, strafbaren Egoisten,
 Blikt noch die Greuel schweigend an!
Entschlummert neben Terroristen
 Auf einem gährenden Vulkan?
Nicht hassen nur, vernichten müssen
 Wir jeden frechen Bösewicht!
Der Abgrund unter unsern Füssen
 Verschlingt uns, schliessen wir ihn nicht.

O ihr, erhabne Volksvertreter,
 Die ihr für Frankreichs Ruhe wacht,
Ihr, deren Muth die Hochverräther,
 Wie feige Knaben, zittern macht;
Fahrt fort auf des Verbrechens Trümmern
 Zu bau'n des Volkes Heil und Ruhm!
Dann werden Eure Namen schimmern
 In ächter Grösse Heiligthum.

G. F. Stäudlin.

Anmerkung zum Liede,
le reveil du peuple.

Jedermann weis, daß das bekannte Lied, le reveil du peuple, welches einen Abscheu gegen das Schrekkenssystem einflössen sollte, eine Aufforderung dazu geworden ist. Mag nun das die Absicht des Dichters gewesen, oder zufällig die Würkung geworden seyn, so dürfen wir wohl nicht erst sagen, daß dadurch, daß es hier übersezt erscheint, weder die Worte, welche zum Schreckensaufruf Anlas geben, noch der Gebrauch, der davon gemacht ist, gebilligt werden. Eine Anwendung findet nur da Statt, wo excentrische oder fanatisirte Köpfe sind. Da, wo man dem Ungestüm mit den Empfindungen leidender Menschheit zusiehet, werden solche Gedichte blos als historische Denkmähler behandelt und betrachtet.

D. H.

V.

V.

Einzelne Justiz=Mängel.

Wenn auch Menschen so hartherzig, eigennützig, stolz und unwissend seyn können, daß ihnen die in unsern Zeiten so auffallend in Umlauf gebrachten Wahrheiten nicht einleuchten, und sie dadurch nicht zur Menschlichkeit und zur Gerechtigkeit geführt werden; wenn sie vielmehr glauben, diesen gemeinnützigen Wahrheiten durch einseitiges Eifern und Despotisiren entgegen arbeiten zu müssen; wenn Menschen, groß und klein, sich nicht gegenseitig die Hände bieten wollen, um das gesellige Band unauflöslich zu machen, und folglich dadurch Staaten=Verfassungen unzerstörbar, und Regierung in Würde und Sicherheit zu erhalten, so sollten sie sich doch entsehen, zu Maasregeln zu greifen, die sie wegen ihrer Gewaltsamkeit gehässig, wegen ihrer Unvernunft verächtlich, und wegen ihrer Nichthaltbarkeit ohnmächtig machen; die mithin der Regierung oder den Gewalthabern alle Sicherheit benehmen; diese, wenn sie auch nicht geradezu mit Revolutionen oder Empörungen bedrohen, doch gewiß nicht allein allmählig das Gift herbey führen, welches in der Zukunft Staatszerrütterungen bewürket, sondern auch sogleich durch allgemeine Misbilligung eine Geszlosigkeit, Widersetzungsgeist, Lähmung der Obrigkeitlichen Macht, einzelne traurige Auftritte, kurz eine innere Zerrüttung herbeyführen, wie wir sie iezt in Engeland und Irland sehen, wo, um bildlich zu reden, eine Verdickung der Nebel zu einem Erdbeben oder zu Gewittern vielleicht entfernt, aber dennoch gewiß keine reine und gesunde Luft ist.

Ich wiederhohle hier, was ich oft gesagt habe, wir müssen keine Regenten anklagen, keine Staatsverfassungen meistern, wir wissen, daß iene Menschen sind, die, wie schon Plato sagt, nur durch ein Wunder der Gottheit dem Verderben entgehen können, und daß diese immer unvollkommen seyn und bleiben werden. Eben daher sind wir überzeugt, daß wir nichts damit gewinnen und dagegen unendlich

lich schaden können, wenn wir gegen Fürsten und Constitutionen reden oder uns gegen sie auflehnen. Wenn nach du Paty's Ausdruk der Topf so voll ist, daß ein Tropfen ihn von selbst überlaufen macht, wie das in Frankreich der Fall war, dann kömmt freilich dieser Rath zu spät. So lange das nicht ist, und wir noch für Regenten und Verfassungen reden können, laßt uns es thun; aber auch desto freimüthiger, gegen alles, was das Verderben vermehrt; desto lauter laßt uns diejenigen anklagen, denen es gleichgültig ist, ob sie beide in Gefahr bringen, wenn sie nur ihre Leidenschaften befriedigen. Auf diesen, auf den Rathgebern der Fürsten beruhet alle Schuld. Fürsten wissen und wollen nicht das Böse. Ihre Minister wissen und wollen es, weil sie den Fürsten vorschieben und unter seinem Namen ungestraft handeln. Wir thun den Regenten also einen grossen Dienst, wenn wir ohne Scheu die Greuel aufdecken, die unter ihrem Namen begangen werden. Sie müssen uns dafür danken, und wir können freimüthig sagen, daß derjenige, der uns ihnen verhaßt macht, der sie überredet, daß wir ihnen schaden wollen und daß wir gefährliche Menschen sind, ein arger Betrieger ist.

Wir

Wir werden daher fortfahren, öffentlich bekannt gewordene Ungerechtigkeiten laut zu rügen, damit, wo möglich, der verbissenen Wuth Einhalt geschehe, mit der kleine Tyrannen sich wegen der ihnen ärgerlichen Lehre von Menschen-Rechten und Menschen-Würde rächen, eine Lehre die nur den beleidigen kann, der sich selbst ungerecht und unwürdig fühlt. Wir wollen suchen, so viel wir dazu Kraft haben, Regenten mit den wahren Verschwörungen gegen ihre Ehre und ihr Ansehen, mit Eingriffen in ihre Vorrechte und Pflichten, mit dem angemaßten Misbrauch ihrer Gewalt, bekannt zu machen, und die Gefahren, in die sie sich stürzen, von ihnen abzuwenden. Mancherlei sind diese Gefahren. Wir haben schon der Auflösung eines Staats, wie Engeland und Irland erwähnt. Wir können dazu eine gänzliche Erschlaffung rechnen, wie in Spanien, Portugall und Sicilien. Wir wollen es der Menschheit zu Ehren nicht für möglich halten, daß mehrere Mörder auftreten, wie gegen Gustaf III. Wir können aber das annehmen, was einen edlen und guten Fürsten am meisten kränken und ihm sein ganzes Leben verbittern muß; wenn er nemlich siehet, daß, ungeachtet der besten Absichten, er wie Joseph II. die Liebe und

Ab-

Achtung seiner Unterthanen verliehret, daß der Staat nicht glüklich und die Einwohner nicht zufrieden sind. Dieses Gefühl würde ihn doppelt schmerzen, wenn er wüßte, wie leicht es einem Fürsten und den Seinigen ist, angebetet zu werden. Ich berufe mich auf Mirabeau, der, in seinen Briefen an Mauvillon, dieses selbst von einem Ludwig XVI sagte, welcher betrogen von seinen Rathgebern, die Volksliebe, die er noch beim Eintritt der Nationalversammlung hätte zum höchsten Enthusiasm treiben können, bis zum schmäligen Tode verfehlte.

So weit gehet der Betrug, in dem man Fürsten erhält. Aber so wie Gaukler und Charlatane am lautesten schreien und ihre Waaren am meisten anpreisen, so trotzen auch Staatenverderber am kühnsten auf ihre Macht, und erlauben keinen Widerspruch, keine gegen sie entscheidende Wahrheit, keinen bescheidenen Zweifel. Diese Art Menschen, die gefährlichsten von allen, weil sie bösen Willen und Macht verbinden, wollen wir nicht fürchten, aber wir wollen ihnen nichts als Wahrheit und Recht entgegensetzen.

Gerechtigkeit ist das Einzige, was wir, mit Gründen unterstüzt, verlangen wollen. Den, der sie versagt, wollen wir einen schlechten Bürger, einen
un-

unredlichen Beamten, einen Verräther des Regenten, einen Feind des Staats nennen. Gerechtigkeit wollen wir verlangen, denn so wahr Gott im Himmel ist, er wird den stürzen, der nicht gerecht ist!

I.

Justizrath Kober. *)

Der Justizrath Kober stand im Dienste des Fürsten von Hohenlohe Schillingsfürst. Er war ein redlicher Mann und deswegen hatte ein in seinem Amtsbezirk verstorbener Mann ihn zum Executor seines lezten Willens ernannt. Dieser Actus voluntariae iurisdictionis war hier ein bloßer Freundschaftsdienst, doch erwekte er dem Justizrath Kober Gegner, und es ward eine Cabinets-Ordre bewürkt, in der die Uebernahme der Testaments-Execution eines der frechsten und dummsten Unternehmen genannt wurde. Das weitere Verfahren ward verboten, und mit folgender Drohung geschlossen:

Und

―――――

*) Nr. I bis V. sind aus dem Staatsarchiv des Hrn. Hofr. Häberlin gezogen.

Und da ihr euch in dieser Sache als einen wahren, anbey sehr eigennützigen Ignoranten erzeigt, so bergen wir euch nicht, daß sobald ihr euch ferner dergleichen äußerst freche und die größte Stupidität verrathende Handlungen, wobei auch unser eigenes Interesse Gefahr laufen kann, werdet zu Schulden kommen lassen, — — ihr euer Brod anderswo, wo ihr nur wollt, zu suchen, wohl thun werdet.

Als man in Frankreich in diesem Ton entschied, redete man mit Recht von Vandalism und noch größerer Roheit, als jene guten alten Teutschen, die Vandalen, denen Herr Meier eine Ehrenerklärung gethan hat, sich je zu Schulden kommen ließen. Würde ein Lehrer auf der Universität einen solchen Canzellei Stil, in seinem practischen Unterrichte, in Rechts-Ausarbeitungen empfehlen, so würde er sich der Gefahr aussetzen, im Revolutions-Almanach als Jacobiner denuntiirt zu werden, und man müßte ihm wenigstens der Unvorsichtigkeit, sich diesen Verdacht zugezogen zu haben, Schuld geben.

Wir erkennen hier nicht die Sprache eines Aruopags, nicht die Würde der Gerechtigkeit, sondern die

die ekelhafteste Ungezogenheit aufgebrachter Leidenschaften.

Wodurch es den Führer dieser Sprache gelingen konnte, die Unterschrift des Fürsten zu dieser Cabinets-Ordre zu erhaschen, müssen wir dahin gestellt seyn lassen, da wir nie etwas von der Person des Regenten gehört haben, und nur diejenigen anklagen, die ihn zu diesem ungesezlichen und ungesitteten Schritt verleiteten, bei welchem Pöbelsprache der Canzellei-Stil war.

Der Justizrath Kober that, was jeder rechtschaffene Beamte thun mus: Er suchte bey der Regierung selbst Remedur.

Diejenigen, die des Fürsten Unterschrift zum Stempel ihres tumultuarischen und ungerechten Verfahrens zu gebrauchen wußten beantworteten des Beleidigten Vorstellung mit einem neuen Säbelhiebe. Der Justizrath Kober ward durch eine Cabinets-Ordre von seinem Dienst suspendirt:

> weil der Bericht und das demselben angelegte Protocoll voll der diksten Dumheit sey, und die äußerste Ignoranz in Justiz- und Amtssachen klar zu Tage lege.

Bald

Bald hernach ward er völlig entlassen, er wandte sich hierauf an das Reichscammergericht und bat um ein mandatum cassatorium et de non amplius turbando in possessione officii imploranti libere collati, desuperque idonee cauendo, satisfaciendo super iniuriis atrocissimis per ignominiosam suspensionem et subsequutam remotionem illatis, de soluendo salarium residuum et restituendo damna data et expensas.

Wir können nicht über merita causae urtheilen, da uns die Acten nicht zu Gesicht gekommen sind, wir haben indessen ein Recht auf iene von den Proceduren zu schliessen, welche man sich abseiten der Regierung zu Hohenlohe erlaubte so wie auch von dem Bescheide, welchen das Reichs-Cammergericht am 17ten May 1793 ertheilte.

Auf Bericht und Gegenbericht ist das gebetene mandatum cum extensione ad nova facta die Entsetzung aus der Amtswohnung, Amtsregistratur und Dienstverrichtung betreffend, auch angelegte Arreste auf Implorantens activa sine clausula erkannt: darauf gegen Fürstlich Hohenlohe-Waldenburg, zum Schillingsfürstlichen Hof- und Justizrath verordnete Präsident, Director, Räthe und Assessor, wegen der, nach insinuirten Kammergerichtlichen Decreten, zu deren Veracht angestellten und fortgesezten nichtigen Inquisition, beharlichen Ungehorsams, in den Berichten allenthalben herschenden Ignoranz der Reichsverfassung und gerichtlichen Processes, sträflichen Ausfällen gegen dieses höchstpr. Reichsgericht, anzüglichen Inhalts in Ansehung des Imploranten und übertriebenen gesezwidrigen Weitläuftigkeit, die Strafe zweier Mark Löthigen Goldes, dem Kaiserlichen Fiscal binnen 2 Monathen sub poena dupli et realis executionis zu erlegen, hiemit vorbehalten, auch solle facta plenaria restitutione gedachten Implorantens puncto einer zur Untersuchung der ihm imputirten Vergehungen, demnächst auf einen benachbarten Reichsstand zuerkennende unpartheiischen Commisson ferner ergehen, was Rechtens. Endlich wird der Kaiserliche Fiscal wegen der im Gegenberichte angezeigten Misbräuche der landesherrlichen Gewalt, in specie die Untersuchung veriährt gewesener Ehebrüche, deren zu Bereicherung des fisci übermäßigen Bestrafung 1) und dem Hofjuden Falk verhandelten Bauerhöfen, auch zugestandenen Verkaufsrechts,

2)

2) seines Amts hiemit erinnert, wozu ihm copia gedachten Gegenberichts samt Anlagen zuzustellen.

Ein Justiz- und Regierungsdepartement, welchem solche Vorwürfe gemacht werden, als in dem Reichsgerichtlichen Decrete enthalten sind, welches in Brüche gesetzt und gegen das der Fiscal erregt wird, kann man, ohne voreilig zu seyn, der Unfähigkeit an Rechts- und Regierungs-Sachen Antheil zu nehmen, überwiesen halten. Diesem Urtheile kommen folgende beide bekannt gewordene Thatsachen zu Hülfe, auf die sich das obige Decret bey 1) und 2) beziehet.

II.

1) Casper Eberle.

Ein Hofcommissarius zu Hohenlohe strafte in Zeit von vierzehn Tagen in den Aemtern Waldenburg, Kupferzell und Ohrenthal 2200 Gulden für Ehebruchsfälle zusammen. Unter andern wurde ein gewisser Casper Eberle, von Haasberg noch in seinem 72 Jahre für angeblich in jungen Jahren begangene zweimalige Ehebrüche um beynahe 1200 Fl. gestraft.
Der

Der Greis gerieth dadurch an den Bettelstab, seine Frau ward wahnsinnig und ersäufte sich.

III.

2) Der Jude Falk.

Bey den übergroßen und unerwarteten Brüchen in Ehebruchssachen wurden in den Hohenlohischen Aemtern viele Unterthanen genöthigt, zur Anschaffung der ungeheuren Strafen, Haus und Hof, Haab und Güter zu verkaufen. Es fehlte jedoch bey der allgemeinen Mittellosigkeit, (dahin werden schlecht regierte Staaten gebracht!) selbst dazu an Käufer, und alles fiel den Hofjuden Falk in die Hände, der die Güter an sich brachte und nachher mit Erlaubnis der Fürstlichen Hofkammer und ihres würdigen Directors Knörzer, welche dem Falk jedesmahl, den Unterthanen aber niemahls gewährt wurde, — mit unerlaubten und unglüklichen Gewinn zerschlug. So gewann er blos auf das Gut des Casper Eberle in einer Zeit von drei Wochen 1300 Fl. mit denen er seine sündlichen Reichthümer vermehrte, während dem der verarmte Verkäufer als Greis am Bettelstab darbte.

So

So heißt es im §. 25 des Gegenberichts an do‍ Reichscammergericht, dem ein Verzeichnis von den Grundstücken angelegt ist, welche der Jude Falk an sich gebracht.

IV.

Der Pflegeverwalter von Gimni.

Auch der Herr von Gimni war von dem Fürsten zu Kempten seines Dienstes willkührlich entsetzet und bey dem Reichscammergericht um ein mandatum de in continenti restituendo in officium publicum impetranti inaudito nulliter incompetenter ac spoliative ademptum resarciendo quaevis damna et expensas sine clausula eingekommen. Die Sache ward gütlich beigelegt; am merkwürdigsten aber sind in diesem Falle die bey der Berichts-Einforderung vom 21sten August 1793 geäußerten Grundsätze des Reichscammergerichts. Der verlangte Bericht sollte besonders dahin gehen, wie die Regierungscanzellei des Fürsten zu Kempten ihr auf eine Justizversagung hinauszulaufen scheinendes Betragen, wie auch den aufgestellten bedenklichen Saz zu verantworten getraue:

daß

daß ein im öffentlichen Amt stehender, mit Justiz- und Finanzsachen beschäftigter Beamter für einen Privatdiener seines vorgesezten Oberamtmanns zu halten und von diesem seines Dienstes nach Belieben entlassen werden könne.

Unter dem 7ten Octob. 1793 ward der Fürstlich Kemptenschen Regierung anbefohlen, dem Imploranten seinen fixen Gehalt von Zeit seiner Dienstentlassung an bis auf weitere Verordnung des Cammergerichts auszuzahlen.

V.

Herr von Berlepsch.

Das petitum des Herrn von Berlepsch in seiner in den vorhergehenden Heften dieser Annalen umständlich erzählten Dienstentlassungssache ging wörtlich auf Erkennung eines mandati de non via facti sed iuris procedendo, reponendo, removendoque ab actis provincialibus rescripta ac conclura contra ius commune aeque ac speciales patriae constitutiones lata, restitutorii in pristina officia cum omnibus emolumentis tam praeterito quam pro futuro competentibus

bus ac respective manutenentiae et inhibitorii, de eden-
do petitas ex actis provincialibus copias vidimatas,
neque horum inspectionem porro denegando, damna
vero data et expensas resarciendo s. c. annexa citatione
solita in eventum gratiosissimi rescripti pro informa-
tione, annectanda inhibitione temporali.

Auf das hierauf unter dem 20sten Julius 1797
abgegebene Decret:

bis zu fernerer Verordnung mit allem Verfahren
einzuhalten, und mit der Wahl eines neuen Lands
und Schazraths nicht weiter fortzuschreiten;

ward mit der Wahl eines Lands- und Schazraths in
der Person des Herrn v. Bremer so geeilt, daß solche
vor Eingang oder Insinuation des auf den Posten
angehaltenen und verspäteten Rescripts des Kammergerichts beendigt worden war. Am 26sten Junius
wollte der Herr von Berlepsch, der in dem landschaftlichen Hause in Hannover wieder seine Zimmer bezogen
hatte, sich um 10¾ und nachmals um 11 Uhr ins landschaftliche Conferenz-Zimmer begeben, um der zu dieser Zeit angesezten Zusammenkunft auf der ritterschaftlichen Curie beizuwohnen. Er fand aber beide mal
gegen alle bisherige Observanz das Zimmer verschlossen.
Als er den dazu gekommenen landschaftlichen Diener

VI. Heft. C nach

nach der Ursache fragte, ertheilte dieser ihm zur Antwort, daß er Befehl habe, ohne Befehl des Land-Syndici nicht aufzuschließen. Mittlerweile erschien der Syndicus, Assessor Meier, im Vorsaal vor dem Conferenz-Zimmer, woselbst allerlei Personen standen, und sagte dem Herrn von Berlepsch, daß er ihm etwas Namens der Königl. Landes-Regierung zu erkennen zu geben habe. Er trug ein Schreiben der Regierung an das Calenbergische Schaz-Collegium in der Hand.

Als hierauf der Herr von Berlepsch erwiederte, daß er nichts anhören und annehmen könne, da seine Sache zu Wezlar rechtshängig sey, und dort entschieden werden müsse, ging der Land-Syndicus in das Zimmer des Landraths von Münchhausen, in dem sich mehrere Mitglieder der Ritterschaft befanden, und von da, wie es hieß, wieder auf die Regierung, von wo er aber mit der Aeußerung zurükkam, daß das Regierungs-Collegium noch nicht versammelt sey.

Um seine Gerechtsame wahrzunehmen, hatte der Herr von Berlepsch zwei Notarien rufen lassen. In ihrer Gegenwart kam der Land-Syndicus, auf Verlangen des Herrn von Berlepsch, in dessen Zimmer, und erklärte mündlich aus dem Schreiben der Regierung an das Calenbergische Schaz-Collegium:

Daß

— 35 —

Daß wenn der Herr von Berlepsch sich frevent: lich unterstehen und die Dreistigkeit haben sollte, in das Schaz-Collegium, oder in das Deputations: Collegium zu erscheinen, oder in der Ritterschaft: lichen Curie, als Land: und Schazrath, noch einen Plaz einnehmen zu wollen, man darunter, indem das Kaiserliche und Reichs: Kammergericht ihn nicht manutenirt, a) nicht das mindeste gestatten oder einräumen solle, sondern zuförderst alle von den Mitgliedern des Schaz-Collegii abhängenden Mittel, Als Versagung des Zutritts, des Plaßes, Abweisung durch den Landschäftlichen Diener b) und das in continenti mit Ernst zu gebrauchen habe, und wenn er dennoch sich widersetzen würde, darüber sofort, Behuf weiterer Vorkehrung, an Königliche Regierung Bericht mündlich erstattet werden solle. Ferner könne ihm darunter, daß er die Official:Wohnung eines Landraths im land: schaftlichen Hause noch gegenwärtig inne habe, überall nicht weiter nachgesehen werden, vielmehr müsse man von ihm begehren, daß er nach einem andern Logis sich umzusehen und die Zimmer bin: nen einer Frist von acht Tagen zu räumen habe, inmaßen es wesentlich darauf ankomme; denn

C 2 neuer:

neuerwählten Land- und Schazräthe den vollen Genuß seiner Dienst-Utilien zu erhalten.

Auf diese Aeusserung wiederholte der Herr von Berlepsch seine bereits auf dem Vorplatze gegebene Erklärung, und fügte hinzu, daß wenn Gewalt gegen ihn gebraucht würde, er würde weichen müssen, da er kein Aufsehen erregen, sondern sich nur in dem ihm zuständigen Besiz erhalten wolle; daß er aber das weitere der Entscheidung des Kammergerichts überlasse.

Gegen zwölf Uhr verfügte er sich mit den Notarien in das nunmehro geöfnete Conferenz-Zimmer. Die Mitglieder der Ritterschaft waren versammelt, und auf dem Stuhle des Hrn. von Berlepsch hatte der von Münchhausen Plaz genommen. Jener bat sich seinen Plaz wieder aus, erhielt aber von diesem die Antwort: daß ihm durch die Landesregierung die Hände gebunden wären, um den einmal eingenommenen Plaz zu verlassen; worauf sich der Herr von Berlepsch, um unangenehme Auftritte zu vermeiden c) unter Einlegung einer Protestation und Vorbehalt seiner Gerechtsame entfernte.

Unterdessen war der Geheime Regierungs-Cancelliste Schubert mit dem Regierungsboten Lube, wel-

cher

der seine ganze Dienst-Livree anhatte, auf dem landschäftlichen Hause erschienen, welches sie nach einer kurzen Unterredung mit dem Land-Syndicus Meier vor dem Conferenz-Zimmer wieder verliessen.

Da nun, wie man leicht erachten kann, der Herr von Berlepsch sich nicht durch freiwillige Räumung seiner landschaftlichen Zimmer selbst depossediren wollen, soll das Schatz-Collegium den Magistrat zu Hannover requirirt haben, die Mobilien des Herrn von Berlepsch aus seiner Official-Wohnung bringen zu lassen.

Man würde dem Herrn von Berlepsch haben entschuldigen müssen, wenn er, so sehr auch die Dolch- und Pistolen-Ritter in civilen Sachen Verachtung und rechtliche Züchtigung verdienen, in dem Falle, wo man offenbar die heiligsten Rechte gegen ihn übertrat, auf Reichsgerichtliche Bescheide nicht achtete, und ihn auf eine unwürdige und unanständige Art behandelte, sich Selbstvertheidigung, nicht Selbstrache erlaubt hätte. Indessen verdient es unstreitig mehr Achtung, daß er in keinem Augenblik die Pflichten eines rechtschaffenen Staatsdieners und guten Bürgers, selbst bey ungesezmäßigen und völlig tumultuarischen Angriffen, vergessen hat. Mancher, der das difficili

bile

bile tumor iecur mehr fühlt, als den Muth, sich selbst zu beherschen, würde den mit Pistolen und Degen abgewiesen haben, der sich gegen ihn an einem Orte, wo er geschüzt durch einen Reichsgerichtlichen Ausspruch stand, gewaltsame Mittel hätte erlauben wollen, und er würde sich selbst zu Gewaltsamkeit gegen den befugt geglaubt haben, welcher seine Stelle eingenommen. Aergerliche Auftritte der Art hätte die Hannöverische Regierung veranlassen können, wenn sie mit einem minder vernünftigen Manu zu thun gehabt hätte. Der Herr von Berlepsch, der ganz vorwurfsfrei zu handeln strebte, suchte vielmehr jeden Verdacht von sich abzulehnen, als ob die Behauptung seiner Rechte eine Auflehnung gegen seinen Landesherren sei, und nun überreichte er, um gerade jezt einen unverkennbaren Beweis seiner Gesinnungen zu geben, da es darauf ankam, sich in dem Besitze seiner Stellen richtig zu schützen, dem Ministerio in Hannover unter dem 27sten Junius 1797 ein Gesuch an den König von England, in dem er Beendigungs-Bedingungen anbot, und nach Wieder-Einsetzung oder Zurüknahme des Königlichen Postscripts vom 13ten May 1796 von den landschaftlichen Acten, nebst Beilegung eines beliebigen Ersatzes seiner bisherigen

Dienste

Diensteinkünfte, um seine Dienstentlassung bat. Mehr konnte der Herr von Berlepsch nicht thun, um zu zeigen, daß er als ein ruhiger und die Gesetze ehrender Unterthan dachte und handelte; aber jeder, der diese Denkungsart ehrt, wird dem Schritt, den er that, seinen Beifall nicht versagen.

Die hannöverische Regierung schien dagegen nicht geneigt, das Unrecht, welches sie dem Herrn von Berlepsch zugefügt hatte, wieder gut machen, und in den irrigen Proceduren, die sie sich bisher erlaubt, einlenken zu wollen. Sie wandte sich mit einer Einwendung gegen das Rescript des Kammergerichts an den Reichstag in Regensburg, und behauptete, in dem privilegio electionis fori lädirt zu seyn, worüber der Herr von Zwierlein in Wezlar eine eigene Abhandlung oder Rhapsodische Bemerkungen über die freie Wahl des Gerichtsstandes des hohen Hauses Braunschweig-Lüneburg in Hinsicht des Herrn von Berlepsch 1797 hat schreiben müssen. Ohne diesen Rechtsstreit hier zu berühren, und zu entscheiden, in wie weit dem Vorrechte des Hauses Braunschweig zwischen den beiden Reichsgerichten zu wählen, zu nahe getreten sei, glauben wir dabei stehen bleiben zu können, daß, bey dem Bewußtseyn einer guten Sache, abseiten der hannöve növerischen Regierung gewiß nicht eine auf eine unabsehbare Weiterung abzielende Einwendung würde gemacht seyn, und daß bey dem Recurs der hannöverischen Regierung ad comitia und einem Appel an die Revision des Kammergerichts sich nichts anders denken lasse, als daß die Absicht sei, eine mit Recht nicht zu behauptende Sache endlos zu machen; besonders da sich bey dem ertheilten Privilegio kein anderer Zweck annehmen läßt, als wegen der Religionsfreiheit eher dem Reichshofrath, als dem Kammergerichte, ausweichen zu können. Daß das Haus Braunschweig iemals gegen das Kammergericht exicipiren würde, dachte sich gewiß keiner bei Festsetzung des Privilegii; warum geschieht es denn iezt?

So wie hier die Absicht klar am Tage liegt, nicht die Sache auf dem Wege Rechtens zur Entscheidung zu bringen, sondern sie aus dem Wege Rechtens in ein weites Feld zu spielen: so kann man nicht umhin, bei den in dem Schreiben der hannöverischen Regierung mit a) und b) bezeichneten Stellen folgende Bemerkungen zu machen.

a) Es wird als die Einzige ratio decidendi des Verfahrens der Regierung gegen den Herrn von Berlepsch und seiner Depositirung angeführt, daß das

Reichs-

Reichs-Kammergericht ihn nicht manutenirt habe. Dieser Entscheidungsgrund ist offenbar factisch falsch, folglich ist das darauf gebauete Verfahren ungerecht.

So unumstößlich das Rescript des Kammergerichts an die Regierung, welches alles weitere Verfahren und auch die Wahl eines neuen Schaz- und Landraths verbietet, beweiset, daß der Herr von Berlepsch manutenirt sei, und so einleuchtend es ist, daß die Wahl des Herrn von Bremer zum Schazrath nicht hätte geschehen sollen, und daß, da sie dennoch geschehen ist, wenigstens damit nicht weiter gegangen werden könne, eben so klar liegt in dem von der Regierung selbst gebrauchten Entscheidungsgrunde eine agnitio fori Camerae imperii.

b) Man hat so viel von Gütercollusion, Revolutions-Tribunalen, factischen Verfahren u. d. gl. geredet, und hier entsiehet sich nicht die Regierung eines Landes, wo der Adel zu Hause ist, und das größte Ansehen verlangt, einen Mann von Adel und hohen Staatsbedienungen, seinem eigenen Diener thätlich zu unterwerfen. Wenn auch der Herr v. Berlepsch aufgehört hätte, Land- und Schazrath zu seyn, so würde ihm dennoch, als Mitgliede der Ritterschaft, der landschaftliche

Diener

Diener untergeordnet seyn; und gerade dieser soll zu einer Abweisung des Herrn von Berlepsch in continenti mit Ernst gebraucht werden? Wie würde Herr Rehberg bei einem solchen Verfahren in Frankreich auf Jacobiner gescholten und dort die Folgen des Gleichheits-Systems verdammt haben! Gab es denn kein anständigeres Mittel, den Herrn von Berlepsch zu entfernen, als eine Abweisung durch seinen Diener? Und wozu erschien der Regierungsbote in seiner Feierkleidung? Etwa um den Herrn von Berlepsch heraus werfen zu helfen? Denn das war doch wohl unter seiner Abweisung in continenti und mit Ernst zu verstehen.

Solche Maasregeln ergreift keine Regierung, die eine gerechte Sache hat. Sie hat Ernst, ohne ernidrigende Gewalt, zum Beistande, sie beobachtet auch im Ernst gegen den Strafbaren noch das, was sie dem Stande desselben schuldig ist. Sie weiß, daß der Strafbare sich nicht so weit vergehen wird, sich ihrem Ernste gewaltsam zu widersetzen, und so hat sie auch keine Gewalt nöthig. Sollte aber ein Mann von Stande und Erziehung sich so weit vergessen können, seine Schuld noch durch thätliche Widersezlichkeit gegen ernstliche Befehle der Regierung zu vergrößern;

so hat die Regierung die militairische Macht zu ihrem Gebote; die ist da, um Rebellen zur Ordnung zu bringen; ihre Anwendung ist gesezmäßig und keiner kann sich darüber beschweren. Ein landschaftlicher Diener dagegen ist nicht dazu bestimmt, um Polizei gegen seine Herren auszuüben, und sie thätlich zu behandeln. Diesem eine solche Macht zu geben, heißt alle Ordnung umkehren. Nur eine Regierung, die sich schuldig fühlt, kann auf Ungezogenheiten der Art verfallen. Rechtlichen Ernst mag sie nicht gebrauchen, weil sie kein Recht hat; Ernst, ohne rechtlichen Grund, scheint ihr nicht hinreichend. Sie kennt nichts als Gewalt, und auf ihrem Irrwege verfehlt sie auch hier die gesezliche, oder vielmehr scheuet sich selbst für die, welche nur durch das Recht zuläßig wird, welches sie requirirt. Die hannöverische Regierung würde sich entsehen haben, ein Commando Soldaten ins landschaftliche Haus zu schicken, aber sie entblödete sich nicht, den Herrn von Berlepsch in die Hände seines Bedienten zu geben, obgleich jenes weit regelmäßiger und anständiger gewesen seyn würde. Aber bei Adhibirung von Soldaten würde sie gefühlt haben, daß solche nur Unterstüzer und Vertheidiger des Rechts seyn sollen. Bei einer Livree-Sansculotterie aber

fühlte

hielt sie gar nichts weiter, als daß sie ihren Willen durchsetzen wollte. Wenn die Regierung so den Adel selbst verächtlich macht, ist es denn ein Wunder, wenn er immer mehr sein ohnehin sehr predaires Ansehen verliehrt?

Und nun noch ein Wort an euch, Mitdiener des Staats, die ihr mit willkührlichen Dienst-Entlassungen so sehr bei der Hand seid, und nicht bedenkt, wie gehässig dieses Verfahren, und wie unglücklich sehr oft die Familie ist, welche es trift. Habt ihr nie bedacht, was ihr für Unmenschen seid, indem ihr einen Unschuldigen, ohne Untersuchung, ohne Vertheidigung, aus reinem Despotism würgt und langsam zu Tode martert? Muß euer Gewissen euch nicht selbst unglücklich machen, und könnet ihr nicht dagegen die Achtung der ganzen Welt verdienen, wenn ihr nur schnell im Wohlthun und langsam und äusserst vorsichtig im Bestrafen seid.

VI.

Herr Raby von Raba und Mura,

Ein ungrischer Edelmann, hat seine Geschichte unter folgendem Titel beschrieben:

Ju-

Justizmord und Regierungsgreuel in Ungarn und Oesterreich, oder actenmäßige Geschichte des wegen Toleranz und Menschlichkeit in unsern Tagen schreklich verfolgten ungrischen Edlen Matthias Raby von Raba und Mura. Von ihm selbst beschrieben. Zwei Bände. Straßburg, im fünften Jahr der Republik (1797). Auf Kosten des Verfassers.

Man hat immer von den Ungarn geglaubt, daß sie das wahre Bild der Treue und Liebe für ihren Regenten wären, und daß, wenn Oesterreich alles verlieren und nur Ungarn behalten sollte, diese Nation hinreichen würde, um Alles wieder zu gewinnen. Die in dem letzten Kriege gegen Frankreich von der Regierung selbst organisirte Insurrection hat diesen Glauben vermehrt. Man muß der Ergebenheit eines Volks sehr gewiß seyn, wenn man es bewafnet, und dieser Bewafnung den so sehr gefürchteten Namen einer Insurrection oder eines Aufstandes giebt; so die Unterthanen zur Selbstvertheidigung gewöhnt, und sie nicht mehr in dem Militair eine höhere Macht sehen läßt, die da ist, um sie in Zaum zu halten. Eine solche Verwandlung der Bürger in Vertheidiger des Staats, oder des Soldatenstandes in Bürgerlichkeit, ist das

höchste

höchste Ziel einer weisen und gesezmäßigen Regierung, die wir freilich wünschen sollten, allenthalben eingeführt zu sehen.

Man erstaunt daher nicht wenig, in dem vorliegenden Werke die Schilderung einer innern Geschäfts- und Justizadministration zu finden, die wegen offenbarer Diebereien, Plakereien, Gewaltsamkeiten gegen redliche Beamte und niedere Volksklassen, thätlicher Widersezlichkeiten und Angriffe, entsezlicher Einkerkerungen und Mordthaten, die Robespierrische Epoche in Frankreich dreist auffordern kann, etwas Verworfeneres und Grausameres aufzustellen. Die Greuel eines Robespierre hatten wenigstens den Vorzug, daß sie dem Geist der Regierung gemäß waren, und folglich zu einem Zwecke, der Erhaltung einer terroristischen Regierung, hinarbeiten, daher auch das Phänomen, daß die Republik siegreich wurde, erklärbar ist. In Ungarn zielen dagegen die abscheulichsten Räubereien und Entsezlichkeiten ganz gegen die Regierung oder den Regenten, der mit seinem besten Willen die Hyber nicht bekämpfen kann, und dessen Befehle nicht geachtet werden. Es ist nicht leicht möglich, das Bild der Ohnmacht des Souverains und des Selbstversah. rens des mächtigen Adels und seiner Mitschuldigen

weiter

weiter zu treiben, als unser Verfasser es schildert. Man lese seine Schrift, die wir ganz einrücken müß: ten, um unser Urtheil zu beweisen, und auf die wir daher ieden verweisen, der sehen will, wie Staaten zu Grunde gerichtet werden, und was geschehen muß, um Revolutionen zu erzeugen. Man kann sagen, das Bild sey nicht der Natur getreu; das müßen wir den Gegenbeweisführern überlaßen. Man kann aber nicht sagen: So wie es darliegt, sei es nicht abscheu: lich und untergrabe nicht die Regierung. Uns ist das audiatur et altera pars zu heilig, um, auf einseitigen Darstellungen, so beurkundet sie auch scheinen, eher zu urtheilen, als bis entweder die Acten vollständig sind, oder die Gegner sich durch Stillschweigen schuldig er: kannt haben. Der Verfaßer hat dazu eine Jahres: frist gesezt, und wir müßen abwarten, ob seine Ver: folger und die nahmhaft gemachten Staatsverbrecher sich in dieser Frist vertheidigen können. Indeßen kön: nen wir, ohne der Entscheidung vorzugreifen, einem ieden, der über die heutigen Zeiten, über Freiheits: Schwindel, über Volksunruhen klagt, und der glaubt, man könne mit Waffen in der Hand das angebliche Uebel bekämpfen, bei solchen Klagen und Vorwürfen, wie die vorliegenden, zurufen, hic Rhodus, hic salta;

und

und den wahrhaft Bedrükten mit Matthisson
sagen:

Ein Chaos von Ruinen thürmt
  Sich längs der Felsenwand,
Wo still, von Nußbaumhain umschirmt,
  Der Väter Wohnung stand.
Die Thräne, die hier brennend fällt,
  Sie muß die lezte seyn!
Wem Selbstgefühl den Busen schwellt,
Der trägt im Innern eine Welt,
  Wo nimmer Stürme dräun.

Ihm flammt der Unschuld Göttermuth,
  Den kein Verhängniß raubt;
Des Mißgeschiks Tyrannenwuth
  Beugt nie des Edlen Haupt;
Er weis, daß der Befreiung Plan
  Durch Irrgewinde führt,
Und herrlich sich, am Ziel der Bahn,
Im Glanz das Dunkel, der Orkan
  Im Frühlingswehn verliert.

Drum

Drum kann im weiten Schöpfungsraum
 Er, ein Verlaßner, stehn,
Und doch des Lebens öden Traum
 Mit Lächeln dauren sehn;
Wenn selbst bis an des Grabes Rand,
 Ihn schwarze Nacht umfließt,
Kein Herz an ihn sich liebend band,
Und eine kalte Miethlingshand
 Sein brechend Auge schließt.

VII.

Die Reichsstadt Nürnberg. *)

In Verhältnis der Größe, der Volkszahl, und der frühen Civilisation, giebt es keine sittlichere, beſſere und sanftere Menschen-Gattung, als die Bewohner Nürnbergs. Unter den Kaufleuten und Künstlern

---

*) Aus den Durchflügen durch Deutschland, die Niederlande und Frankreich. 4. Band. S. 72. Da Unordnungen, wie die hier erzählten, nicht genug wiederhohlt werden können, haben wir auf die Erlaubnis des Hrn. Verfaſſers gerechnet, sie unter die Leiden der Menschheit aufzunehmen, zu denen sie gehören.   D. H.

lern findet man aufgeklärte, wohlunterrichtete Männer. Gesunde, unverzerrte Vernunft trift man fast überall. Sie sind gastfrey ohne Prahlsucht; höflich ohne Kriecherei. Ihr Wohlwollen hat immer Gehalt, nie Schein. Das Gute, was der Nürnberger thut, geschieht nach dem Gebote seines guten Herzens, nie aus verstellter Eitelkeit. Der sogenannte Mittelstand ist arbeitsam, gottesfürchtig und fast zu höflich. Grobe Laster sind hier äusserst selten; häusliche stille Tugenden, eheliches Glük, Verträglichkeit und Biederkeit fast allgemein. Es ist ein niederschlagender Gedanke, daß so viele Tausend gutartige, moralische Menschen von ein paar Dutzend ihrer gewissenloser Mitbürger despotisirt, beraubt und elend gemacht werden. Wer sich einen deutlichen Begriff von bürgerlicher Aristokratie, von städtischer Unterdrückung, Vorzugssucht und Eigengewalt machen will, der gehe nach Nürnberg, wo vier und dreissig Patricier-Familien 32000 Menschen wie Leibeigene und Fröhner ihrer Habsucht, ihres Wohllebens und ihres dummen Stolzes behandeln. Nichts zeugt besser für die Sittlichkeit der Bürger Nürnbergs, als daß sie während der langen Zeit, in welcher sie nun schon unter dem Druk ihrer Tyrannen stuhzen, nicht längst das

harte

harte Joch abgeworfen, und ihre Peiniger aus der Stadt gejagt haben. Ein redender Beweis, daß nichts besser gegen Aufstand und gewaltsame Revolution sichert, als Religion, gute Sitten und Aufklärung. Aber gehäßter, tiefer und inniger gehaßt, ist wohl keine obrigkeitliche Gewalt, als der Magistrat von Nürnberg von seinen Bürgern. Ich habe Väter zu ihren Kindern sagen hören: Wenn ihr eine Kirche vorbei geht, so betet ein Vater Unser; kommt ihr beim Rathhause vorbei, so betet zwei. Andere haben seit Jahren Umwege gemacht, um nicht am Rathhause vorbei zu kommen. Sie sagen, es ist besser, das Hochgericht, als unser Rathhaus zu sehen. Bey Concurssachen soll es vorzüglich plündernd hergehen. Eine bettelnde Apothekerswitwe erzählte, ihr Curator habe ihr nach dem Tode ihres Mannes versichert, wie es sich aus den Büchern desselben ergebe, daß sie, nach Tilgung ihrer Schulden, ihren Garten, ihre Mobilien und 4000 Fl. behalten würde. Der Concurs ward geendigt, und der Stadtrichter gab ihr den Bescheid, man habe mit allem kaum zu den Schulden und Kosten ausgereicht. Sie forderte Rechnung; man drohte mit dem Zuchthause, und läßt ihr jezt die Erlaubnis zu betteln. Ein guter Bürger ver=

versicherte, wie er gesehen, daß in der Auction des verstorbenen Apothekers ein Porcelan-Service, welches 300 Fl. werth seyn mochte, dem Stadtrichter sogleich für 36 Fl. zugeschlagen wäre. Dergleichen gesezwidrigen Unfug hörte ich täglich bis zum Ueberdruß erzählen. Von diesem immerwährenden Druk, von dieser gesezlosen Verwaltung, dieser unaufhörlichen Sorge für Losung und Steuern, schreibt sich der traurige, freudenleere Blik her, welcher in den Gesichtern der Nürnberger herschend ist. Die Weiber, welche diese Dinge leichtsinniger ansehen, weil sie von den üblen Folgen nicht so unmittelbar getroffen werden, äussern schon mehr Jovialität. Ihr Wesen ist heiterer aber doch immer sittsam, und entfernt von aller Frechheit. Sie sind nicht frölich, aber munterer, als die Männer, die ihren Kummer höchstens durch spottende Laune, die ihnen sehr zu Gebote steht, wegbannen. Das weibliche Geschlecht ist gut gebildet, von zartem Wuchs und feiner Organisation; es giebt ungemein sanfte, liebevolle Gesichter unter den Nürnbergerinnen. In keinem Orte habe ich so viel schüchternes und jungfräuliches gefunden, als unter den Bewohnerinnen dieser Stadt. Sie tragen sich reinlich und nett, ohne Prunk und Zeigesucht.

Ihr

Ihr Geschmak ist einfach und anspruchlos, wie ihre Sitten und die bescheidenen Forderungen ihrer unverdorbenen Herzen. Es sind gar gute achtungswerthe Menschen, die Bürger und Bürgerinnen Nürnbergs! Sie verdienen Verehrung für ihren nie ruhenden, durch nichts sich stören lassenden Fleis und Erfindungsgeist, da die traurige Aussicht für sie oder ihre nächsten Nachkommen doch sicher ein Bankerott des Gemeinwesens, und der politische Untergang ihrer Vaterstadt ist! Welch eine Geduld, welch eine Aushaltsamkeit gehört dazu, seine ganze Zeit durch für Wohlleben und Schwelgen von Räubern zu arbeiten; **weil sie Patricier** *) **sind**, und zufrieden seyn zu müssen, mit seiner ganzen Anstrengung so viel zusammen bringen zu können, daß man für die Zahlung seiner Abgaben gedekt, und vor der Pfändung gesichert ist!

Die ganze Einnahme der Stadt ist in den Händen der beiden ältesten Rathsherren und der drey patricischen Losungs-Räthe. Kein Mensch, ausser den sieben ältesten patricischen Rathsherren, bekommt eine

---

*) Sie lassen sich Ihro Herrlichkeiten, Gnädige Herren, Ihro Hochfreiherrlichen Gnaden nennen. S. 90.

eine Silbe von dem Zustande und der Grösse dieser Einnahme zu wissen. Randel, in seinen Annalen der Staatskräfte von Europa 1792, giebt sie auf zwei Millionen Gulden jährlich an; woran aber in Nürnberg selbst gezweifelt wird.

Jezt liegt schon seit zehn Jahren der ansehnlichste Theil der Bürgerschaft mit dem Rathe beim Reichshofrath in Proces; von welchem seit kurzem sich endlich das Ende zum Vortheil der Bürger zu nahen scheint, da der Kaiser dem Wirtembergischen Gesandten beim fränkischen Kreise, Herrn von Zwanziger, den Auftrag gegeben, seine Stelle bei Ablegung der Rechnungen des Magistrats, zu vertreten; und der Reichshofrath endlich eine Commission in dem Kurfürsten von Kölln, als Deutschmeister, und dem Fürsten von Löwensteins Wertheim ernannt hat, um den betrübten Zustand des Stadt-Nürnbergischen Schuldenwesens zu untersuchen.

Jener Proceß nahm 1786 seinen Anfang als der Magistrat sich es erlaubte, ohne Bewilligung des grossen Raths, ja ohne Anfrage, am 7ten Februar 1786 eine Extra-Steuer der Stadt aufzulegen und zu decretiren. Der grössere, bürgerliche Rath protestirte gegen dies einseitige, gesezwidrige Unternehmen des

des Magistrats. Aber umsonst. Die Extra-Steuer ward eingetrieben. Hierauf wandte sich der größere Rath geradezu an den Kaiser; dieser verwies die Sache an den Reichshofrath, und dieser, zum Erstaunen Deutschlands, wies die Klage der Genannten als unstatthaft ab, und die Kläger gar zur Folgeleistung und Ruhe. Der Grund zu diesem vom Reichshofrathe abgegebenen harten Dekrete liegt in dem hinterlistigen Betragen des Magistrats, welch er diesem hohen Reichsgerichte vorspiegelte, die ganze Klage wäre nur die Beschwerde einiger mißvergnügten, unruhigen Kaufleute, und nichts als eine Fortsetzung einer ehemals von einigen Kaufleuten geführten, längst abgewiesenen, Recursfache.

Der Magistrat hat sich die häßlichste Unwahrheit erlaubt und beim Reichshofrath vorgebracht: es hätten sich einige unruhige Kauf- und Handelsleute, wovon die Markt-Vorsteher und Markts-Adjuncten, die Antesignani (Fahnenträger) seyn, unterstanden, bei Gelegenheit der vom Magistrat angedeuteten neuen Extra-Steuer unter dem nichtigen Vorwande, eines den Genanten grossen Raths zustehenden voti decisivi gegen die durch Kaiserliche Privilegien und Reichs-Hofrathliche Erkenntnisse festgesezte Regiments-Verfassung

fassung aufzutreten, und dadurch unter der Bürgerschaft so bedenkliche Bewegungen zu veranlassen, daß die Erhaltung des obrigkeitlichen Ansehens und Handhabung sonstiger guten Ordnung nicht wenig erschwert worden sei.

Welch ein armseeliges, wahrheitswidriges Betragen von einer Obrigkeit, diese von der Nürnberger Bürgerschaft angestellte zu der 1754 ins Stocken gerathenen Rekurs-Sache einiger Kaufleute zu verbrehen! Eine Sache, die mit dieser so wenig Gemeinschaft hat, als der Proceß über des Esels Schatten in Wielands Abderiten mit der Anklage des ungetreuen Haushalters im Evangelio. Von dem großen Rath, der aus 151 Mitgliedern besteht, haben 102, folglich über zwei Drittheile, dem jezt obwaltenden Proceß beigestimmt und eingerichtet, da schon die Majora hinreichend gewesen wären, dem Proceß für die Bürger Legalität zu geben. Daß der größere Rath das Recht hat, Steuern zu verweigern, beweisen die Annalen der Stadt; in welchen sich findet, daß 1653, 1663, 1717 und 1762 der große Rath dieses Recht geübt hat, und die vom Magistrat begehrten Steuern unterblieben sind. Eben so fälschlich ist das von der Aufhetzung der Bürger und Landleute gesagte. Man weiß hievon in Nürnberg durchaus nichts, wo zu der

Zeit

Zeit auch nicht die kleinste Volksbewegung gewesen, und die gute Ordnung in nichts unterbrochen ist.

Die durch das demüthigende Dekret des Reichs-hofraths niedergedrükten Bürger trösteten sich mit dem Gedanken, daß, da dem Rath zugleich auferlegt wäre, in Zeit von zwei Monaten den Activ- und Passiv-Zustand des Stadt-Aerariums einzuberichten, sie doch endlich mit ihrer Schuldenlast bekannt werden würden. Sie bezahlten die Extra-Steuer, und erfuhren auch bei dieser Gelegenheit die kleinliche rachsüchtige Denkart ihrer sich stets ähnlichen, hassenswürdigen Obrigkeit, indem alle die Bürger, welche der Klage beigetreten waren, und vorzüglich diejenigen, welche als Abgeordnete nach Wien, oder den Proceß als Syndici zu führen, ernannt waren, auf eine ganz willkührliche Art besteuert wurden.

Der größere Rath kam vom neuen beim Reichs-hofrath ein; er bat um die Zurüknahme des vom Magistrat durch falsche Vorspiegelungen erschlichenen Dekrets; wie auch um die Cassirung der neuen Steuer-verfassung des Magistrats, und um eine Local-Commission, damit der zerrüttete Finanz-Zustand der Stadt untersucht, und eine bessere Stadt-Oekonomie für die Zukunft eingerichtet werden möchte. Dies leztere

Letztere ist denn nun endlich nach eilfjährigem Harren, Bitten, Anfordern, Vorstellungen und Klagen durch obgenannte Commissarien bewilligt worden.

Und so steht denn mit Wahrscheinlichkeit zu hoffen, daß nach so vieljährigen Drucke, einem lange gedauerten Proceß, und großen Kosten=Aufwand, endlich die Bürger Nürnbergs zu ihren gerechten und äusserst gemässigten Forderungen gelangen, und die scheusliche Raub= und Haabsucht in ihren sonst so friedlichen Mauern für immer zerstört werden wird.

Der größte Rath hatte, in seinen Vorstellungen gegen die Extra=Steuer, die Unmöglichkeit ihrer Erhebung wegen Unvermögens der Bürger angeführt; und den Magistrat ersucht, den Schulden=Zustand der Stadt aufzugeben, und mit dem größten Rath gemeinschaftlich zu berathen, wie der Finanz=Zustand der Stadt zu verbessern sey; und zwekmässige Mittel auszufinden, dem zerrütteten, dem gänzlichen Verfall nahen Staate zu helfen. Sie schlugen unter andern dem Verkauf des Brunnens in der Peut *), des Arsenals, der reichen Meßgewänder, die sich ohnehin zum evangelischen Gottesdienst nicht schikten, vor.
Sie

---

*) Aus Wielands Abderiten bekannt; jezt nach Rußland verLuft.

Sie baten, man möchte doch die vielen kostspieligen Processe mit den Nachbarn auffliegen lassen, die, wenn sie auch gewonnen würden, keinen Nutzen brächten; da es jeder eventuellen Execution an Nachdruck mangelte; sie schlugen vor, die überflüssigen Beamten=Stellen abzuschaffen, und mehrere Dienste, die grosses Gehalt und nichts zu thun geben, zusammenzuziehen; die überflüssigen Pfarr= und Schulstellen einzuziehen, indem ihre grosse Anzahl der kleinen Volksmenge nicht angemessen sei, und sich aus den Zeiten herschreibe, da Nürnberg mehr als doppelt so viel Einwohner hatte. Aber der arrogante Rath wies alles von sich, und flüchtete sich hinter ein vom Kaiser Friederich dem Faulen im Jahr 1476 erhaltenes Privilegium, nach welchem der Magistrat Niemandem, als dem Kaiser selbst, Rechnung abzulegen verbunden ist. Diese elende, von strafwerther Schuld und einem belasteten Gewissen zeugende Ausflucht aber ist auch noch ohnehin unstatthaft, indem zu der Zeit, da dieses Privilegium ertheilt wurde, die Bürger einen sehr wesentlichen und mächtigen Antheil an der Administration der Stadt=Finanzen und des Rechnungswesens genossen; von welchem sie erst in weit spätern Zeiten durch den Magistrat allmählig verdrängt und ausgeschlossen sind.

VI.

VI.
Einzelne Wahrheiten.

1.

In dem Revolutions=Almanach von 1798 S. 7. wird von der unglaublichen Dreistigkeit geredet, womit eine gewisse Faction in Deutschland seit Anbeginn dieses Krieges beschäftigt war, in Schriften und Reden die ganze Schuld seiner Entstehung auf deutsche Fürsten und sonderlich auf Oesterreich zu spielen *).

Im Vorbericht sagt der Herausgeber, daß Beförderung des Gemeinsinns im deutschen Vaterlande seiner Sammlung Zwek war. Wir würden dies nicht rügen, wenn die Erfahrung nicht lehrte, daß sehr viele zu unsern Zeiten noch eben so denken,

1. Wenn es Factionen gebe, so würde es gewiß kein Mittel gegen sie seyn, sich zu einer Gegen=Faction zu machen. Der Bote des Friedens, der Partheien an=

---

*) Man lese die kurze Uebersicht der Folgen, welche die Coalition gegen Frankreich hatte, in Europens politische Lage und Staats=Interesse, 4s Heft, insonderheit S. 91.

annähern, und Partheiwuth zerstören will, muß nicht ein Engel der Verwüstung, sondern ein sanft einladender Genius seyn. Wenn es aber keine Factionen giebt, so streuet gerade derjenige, der davon redet, den Saamen der Zwietracht aus, und in Deutschland sollten nachgerade alle vernünftige Männer von dem Wahne zurükkommen, daß unter den Schriftstellern Factionen herrschen. Einzelne Männer können, und gewiß nicht ohne Grund, glauben, daß wenn die auswärtigen Mächte sich nie um Frankreichs Angelegenheiten bekümmert, keine Coalition geduldet, keine Emigranten-Versammlung begünstiget, nicht solche unzeitige Erklärungen, als Kauniz, dieser kleine Staatsmann *), geschrieben, sondern sich zu Hause weise, gerecht, ökonomisch und menschenfreundlich verhalten hätten, ohne sich in fremde Händel zu mischen, alsdann nie die Jacobiner in Frankreich so rasend geworden wären, als nachmals geschehen ist, und daß die Jacobiner eben so wenig Deutschland, England, Holland,

*) Endlich sollte doch die Geschichte den feinen Hofmann von dem grossen Staatsmann unterscheiden, und Kauniz, den Friederich wahr geschildert hat, den Begünstiger der Urheber des siebenjährigen Krieges, des Kriegs gegen die Türken, der Unruhen in den Niederlanden, dieser Coalition gegen Frankreich u. s. w. nach Würden schätzen.

land, Sardinien, Portugal und Spanien bekriegen können, als Dännemark, Schweden und Nord-Amerika. Aber was einzelne Männer glaubten, was Erskine in England später, und schon vor dem Ausbruch des Krieges der Verfasser von D. Martin Luther und von einem Wort der Mäßigung an Europa, nebst andern wohlmeinenden Schriftstellern, zur Abwehrung und zum Tadel des Krieges sagten, machte darum keine Faction. Millionen Menschen können und müssen glauben, daß die kriegführenden Mächte das größte Unrecht von der Welt gehabt haben, daß nie eine größere Armuth an wahrer Staatsklugheit geherrscht hat, als gerade in der Epoche der französischen Revolution, in der die größte Weisheit erforderlich war; daß folglich Europa nie ärmer an großen Staatsmännern gewesen ist, als damals. Sie würden diese historische Wahrheit durch die Biographie der derzeitigen Staatsmänner bekräftiget finden, wenn man von diesen etwas weiter kennte, als ihre Namen, und die unseligen Folgen, welche sie über die Menschheit verbreitet haben. Millionen können und müssen dafür halten, daß alle diejenigen Unrecht hatten, welche die Neigung zum Kriege begünstigten, und noch jetzt das Feuer wieder anfachen möchten, die mit Drohung und

und Verfolgung gegen die ruhigen Köpfe zu Felde zogen, welche zum Frieden und Nachgeben riethen, ehe noch das Maas des Elends voll war. Millionen müssen einsehen, daß der Aristocratism eine Schlange ist, die am Herzen der Regenten nagt, und sie zu ihrem Schaden zu ganz falschen Maasregeln verleitet, aus denen das Unglük der Staaten fließt. Aber diese Millionen Menschen, dieser consensus gentium macht keine Faction aus. Den Namen verdienen nicht Männer, die einleuchtende Wahrheiten lehren und begreiflich zu machen suchen; wohl aber solche, welche diese Wahrheiten nicht begreifen, sondern ihre eigennützigen und leidenschaftlichen Thorheiten absichtlich dagegen durchsetzen wollen. Es ist erbärmlich, welcher Politik man seit dem Ausbruch der Revolution fast überall gefolgt ist; es ist erbärmlich, welche Menschen an den wichtigsten Staatsgeschäften Antheil genommen und diese geführt haben; es ist erbärmlich, welche Menschen laut zu urtheilen gewagt haben; das müssen wir sagen, das müssen wir nie vergessen, wenn wir etwas Gutes zu stiften gedenken. Wir müssen ganz das kleinliche, unwissende, vielleicht bestochene und stolze Verfahren einsehen und verabscheuen, welches seit dem Revolutions-Kriege so entsezlich viel Unglük

auf

auf die Menschheit gehäuft hat. Wir sollten iezt die Menschen hervorsuchen, die Oel ins Feuer gossen, die feilen und elenden Schriftsteller, welche in dem Revolutions-Almanach, in den fliegenden Blättern, in den Wiener Zeitschriften, in der Eudämonia, in Oden, Denunciationen, heimlichen Verfolgungen, ihre Partheiwuth auftreten liessen, und Schriftsteller anfeindeten, verläumdeten und gehässig machten, welche Ordnung, Ruhe, Menschenwohl und Staatenglük liebten; die Schwächlinge, welche die Stimme der Wahrheit fürchteten, Censur und Preszwang wollten, und Mörder ihrer Mitbrüder wurden, welche sie weise leiten und führen wollten; die Eigennützigen und Habsüchtigen, welche, um ihren Stolz und ihren Gewinn zu befriedigen, keine Gerechtsame kannten, als ihre Anmassungen und Misbräuche! Wir sollten diesen Menschen das Elend vorhalten, welches sie gestiftet, ihnen den Erfolg zeigen, den ihre Anschläge und Pläne gehabt, ihnen das wahre Edle und Gute vor Augen stellen, das sie auf eine so entsezliche Art gehemmt haben, und die Frechheit, mit der sie noch iezt der Menschheit Hohn sprechen. Es ist bedauernswürdig, daß ihre Grundsäze noch obsiegen und laut genug werden, um Regierer zu be-

bethören. Es ist bedauernswürdig, daß die wahre Regierungskunst noch so wenige Fortschritte gemacht hat, daß noch Menschenrechte und Menschenwürde so wenig geachtet werden; daß noch Despotism der Gerechtigkeit, Vorurtheil der Wahrheit, Eigennutz dem Gemeingeiste, Leidenschaften der Vernunft vorgreifen. Und doch, was könnte leichter seyn, als Regierungen zu sichern, Menschen zu beglücken und Staaten empor zu bringen? Die Menschheit ehren; das ist Alles! Von dieser leichten Bahn weicht man ab, um Staaten ins Feuer zu setzen, die Menschen elend, Regierungen unsicher und am Ende keinen Menschen glüklich zu machen.

2. Was wollen wir ausrichten, so lange wir noch solchen leeren Worten nachlaufen, als Gemeinsinn im im deutschen Vaterlande? Was läßt sich dabei denken, oder beabsichtigen? und was helfen aufbrausende Ideen oder Gefühle, die keiner Anwendung fähig sind? Damit verwirrt man die Begriffe, giebt sich das Ansehen, als ob man ächt patriotisch sey, und maaßt sich ein Recht an, diejenigen zu tadeln und zu verfolgen, die nicht wissen, was sie mit dem Bombast machen sollen. Was kann in ganz Deutschland für ein Gemeinsinn gelten? Wer hat ein deutsches Vaterland? Die

Gelehrten mögen sich mit den deutschen iure publico beschäftigen und hier der deutschen Constitution nachgrübeln. Gemeinsinn, allgemeinen Vaterlandsgeist in Deutschland zu verlangen, ist eine Ungereimtheit. Schon die alten Dentschen hatten Cherusker, Belgier, Teutonen, Sachsen, Vandalen, Wenden, Allemannen, Obotriten, Franken, Burgunder, Rhätier, Salier, Suewonen, oder wie sie sonst hiessen, lauter besondere Völkerschaften, und nur der unwissende Römer nannte sie unter einem Volksnahmen Gallier, Cimbrer, Celten, Germanen. Jezt kann es eben so wenig zu irgend einem Nüzen seyn, wenn man dem Schwaben, Franken, Sachsen, Burgunder einen Gemeingeist zutrauen will. Wer in Deutschland findet wohl den Gemeingeist dadurch beleidigt, daß der ganze burgundische Kreis aufgehört hat, zu Deutschland zu gehören? Mit Prahlereien oder Grillen der Art werden wir nie etwas Gutes stiften. Das Volk wird uns nicht verstehen, aber die Gelehrten und Großen sezen sich Dinge in den Kopf, die nicht Stich halten. Sobald irgend einem mächtigen Deutschen etwas wichtig scheint, wird er glauben, er müsse den deutschen Patriotism rege machen. Besonders wird das österreichische Haus behaupten, daß alles, was dasselbe

bedrohet,

bedrohet, von ganz Deutschland abgewendet werden müsse. So werden Hauskriege in Reichskriege verwandelt, und so entstehen Kreuzzüge, bald gegen die Saracenen, bald gegen einen Friedrich II., bald gegen die französische Revolution. Weg mit den leeren Tönen, so hell sie auch klingen! Laßt uns wahre Staatsweisheit, wahre Moralität, wahre Pflichten für Herrscher und Unterthanen predigen! National-Gefühl oder Stolz ist eine Narrheit, wenn man daraus Tugenden und Grösse herleiten will. National-Stolz ist edel und schön, wenn er aus Tugend und Grösse fließt. Diese wollen wir lehren, die sind nicht blos einer Nation, nicht blos dem Gemeingeist eines Volks, sie sind allen Menschen faßlich. Wahrheit ist für iedermann Wahrheit. Was in Paris für den Franzosen gilt, muß in Wien für den Oesterreicher wahr seyn; die Form der Staaten trägt nichts dazu bei. Was den Monarchien schädlich ist, das zerstört auch Republiken; was diese erhält, das sichert auch Thronen. Es giebt nur eine Gerechtigkeit, nur eine Menschheit und Moralität. Der Ostracismus in Frankreich ist eben so scheuslich und dem Emporkommen der Menschen eben so schädlich, als die seidene Schnur in Constantinopel, und das Directorium dort eben so wenig dadurch gesichert,

sichert, als hier der Sultan. Dagegen ist gleiches Recht und bürgerliche Freiheit unter einem weisen König eben so wenig gefährlich, als in einem Freistaat. Solche reine Begriffe, solches Bestreben nach Pflicht und Tugend muß unser Bemühen seyn, aller anderer Patriotismus ist ein unächtes Fanatisiren leerer Köpfe. Bist du Patriot, so sey Bürger! Uebe und lehre Bürgerpflicht! Dulde und ertrage deine Mitmenschen. Verfolge nichts als Verfolgungen; denuntiire nichts als Denuntiationen; hasse nichts als Hasser! Eifere nur gegen Eifer. Aber habe keinen Partheigeist, selbst gegen Partheiwuth nicht!

II.

In der Minerva (Octob. 1797. S. 156.) heißt es von dem Berichte über die Behandlung der Staatsgefangenen Lafayette, Mauburg und Püsy, den Haschka hat drucken lassen:

„Selbst der ehrwürdige Wieland, in so vieler
„Hinsicht der Stolz unserer Nation, wurde
„durch diese Magie so sehr überrascht, daß er von
„seinem sonst gewohnten historischen Scepticis-
„mus, auch hierin ein trefliches Muster, ganz
„abgieng, und — gerade zu die lene Behand-
„lung

„lung (der Gefangenen) betreffenden Erzählun=
„gen in den Journalen (Minerva und Genius
„der Zeit) als grundlos, und das Publicum, in
„Ansehung ihrer, als getäuscht bezeichnete."

Daß Wieland urtheilt, ohne zu beurtheilen, was er sagt, kann keinen wundern, der diesen Schriftsteller kennt Schon 1793 hieß es im Schleswigschen Journal (Band 1. S. 61) daß es nicht leicht sey, in der französischen Revolutionssache Wieland mit Wieland zu vereinigen, und wenn man nichts weiter von ihm gelesen hätte, als seine Urtheile über die Musenalmanache 1797, und über seinen ehemaligen Freund, den edlen Voß in Eutin, so würde das hinreichend seyn, um auf sein Urtheil gar nicht zu rechnen.

Aber eben deswegen hat man Ursache, das ihm in der Minerva beigelegte Prädicat Ehrwürdig und seine angebliche Musterhaftigkeit im historischen Scepticismus zu bezweifeln.

Die Magie eines Haschka war so wenig überraschend, daß man wahrlich weit eher ein im Rauch gehängtes Pergament für eine alte Urkunde, als eine so unförmliche Erscheinung, wie die seinige, für einen gültigen Beweis annehmen konnte.

Ein

Ein Mann, der mit gerichtlichen und historischen Urkunden nur etwas bekannt ist, konnte sich durch ein so wenig authentisches Actenstük nicht überraschen lassen; durch ein Actenstük, das selbst, wenn es völlig als ächt erwiesen wäre, doch nichts beweisen würde, ja, das sogar, wenn alles darin Gesagte erwiesen wäre, doch das auf der andern Seite von dem Leiden der Gefangenen Gesagte nicht unwahr machen könnte.

Wieland kannte es, und ward — überrascht? — Genug, er glaubte, Grund für sich zu haben, es zu scheinen. Er ging hierin nicht von einem historischen Scepticismus ab, den ich bei ihm nicht kenne, weil er mir überall nur als Romanendichter und Fabuliste, nicht aber als Historiker bekannt ist, sondern er war hier Wieland, der sich mit Wieland in politischen Meinungen und Recensionen nicht leicht vereinigen läßt.

Dieses mag eine der Unbedeutenheiten oder Inconsequenzen seyn, deren so manche Schriftsteller sich schuldig machen, ohne Arges dabei zu denken, und denen am leichtesten Dichter unterworfen sind, wie mehrere Beispiele bezeugen. Wir wollen es auch zu keinem grössern Tadel erheben, als es verdient, und dabei stehen bleiben,

ben, auf ein solches Urtheil kann man allganz nicht rechnen.

Doch ehrwürdig macht es auch nicht. Man kann, ohne jemand zu nahe zu treten, ihm sagen, daß er nicht ehrwürdig ist. Ein alter wackerer Officier gewinnt sehr dabei, wenn seine Tugenden ihn ehrwürdig machen; es würde aber sonderbar seyn, einen jungen Fähndrich oder Lieutenant ehrwürdig zu nennen. Eben so einen erotischen Dichter, der seinen Pinsel in alle zauberische Farben der Wollust getaucht, und die Tugend in Ansehung ihrer zu einem so nachgebenden, gefälligen Wesen gemacht hat, als der feinste Weltmann und nachsichtige Epicuraner, der Salz als Würze und nicht als Beitze gebraucht, nur immer verlangen kann.

III.

Wir lesen im October Stücke der Minerva, daß der kaiserliche Minister den französischen Staatsgefangenen aus Olmütz erst in Hamburg angekündigt, daß sie frei wären. Die politischen Zeitungen haben ebenfalls von ihrer Reise durch Deutschland in einem Tone geredet, als ob sie unter österreichischer Bewachung durch einen Major, wie Gefangene, transportirt worden

worden wären. Die Sache ist diese. Ein österreichischer Maior hat würklich die Reise von Olmüz nach Hamburg mit den Olmützer Gefangenen gemacht. Er hatte die behufigen Pässe und soll Requisitionen um Rechtshülfe an alle Obrigkeiten bei sich gehabt haben, im Fall ihr Beistand, ich weiß nicht wozu, erforderlich gewesen seyn würde. Da aber die entlassenen Unschuldigen ganz friedlich folgten, reisete der Maior immer voran, besorgte das Quartier, und bezahlte alles; so daß, wenn sie ankamen, sie alles bereitet fanden, und wenn sie nach der Rechnung fragten, erfuhren, daß nichts zu berichtigen sey. Sie sahen auf der ganzen Reise ihren Führer, einen feinen und artigen Mann, fast gar nicht. Als sie in Hamburg in dem Hause des Kaufmanns Parish, vormaligen amerikanischen Consuls, abgetreten waren, fand sich der kaiserliche Gesandte in Hamburg dort ein. Sein Betragen war höflich, aber nicht feierlich oder bedeutsam; er fragte, ob sie Ursache hätten, über die Behandlung unterwegs zu klagen. Hierauf konnten sie nur verbindlich antworten. An weitere Ankündigungen und Verpflichtungen ward nicht gedacht, und alle trennten sich mit der größten Höflichkeit.

Da

Da sich die Sache so verhält, so sollte man den Gedanken, als habe das Haus Oesterreich Staatsgefangene mit eigener Bewachung durch Deutschland führen können, sich nicht einmal erlauben. Wären Lafayette und seine Gefährten Gefangene des deutschen Reichs gewesen, so würden die Reichsgerichte über sie haben urtheilen müssen, und hätten sie es gethan und eine militairische Begleitung über die Grenzen verfügt, so würde diese nicht ausschließlich dem Hause Oesterreich aufgetragen, sondern durch Ablieferung von Souveraine zu Souveraine geschehen, und von jedem Regenten in seinem Lande das Urtheil vollzogen worden seyn. Hat daher der Maior Requisitionen bei sich gehabt, so muß man voraussetzen, daß Verabredungen zwischen dem österreichischen Hofe und den Regenten getroffen sind, durch deren Staaten die Reise ging. Ueberall aber hat diese Begleitung bis an die Grenzen Deutschlands etwas anomalisches. Wie hat des Kaisers Absicht, seine Staatsgefangenen aus Deutschland zu entfernen, von ihm einseitig gefaßt und ausgeführt werden können? Wenn einer der Gefangenen Lust bezeigt hätte, in den Ländern, durch die sie geführt worden, zu bleiben, ohne die kaiserlichen Erblande wieder zu betreten, so würde ihn unstreitig

tig ein kaiserliches Verbot daran nicht haben hindern können.

IV.

Es ist in Paris bey Gerard Fuchs ein Obscuranten-Almanach auf das Jahr 1798 erschienen. Ich wünschte wir hätten dergleichen Bücher nicht, und begnügten uns die Verbrechen und Frevel gegen die Menschheit in ihrer eigenen Naktheit, und die Gerechtigkeit in ihrer eigenen Reinheit und Würde ohne Zusaz von Bitterkeit und Persönlichkeit darzustellen. Aber eines Theils ist es kein Wunder, daß bei einem solchen Unwesen, wie das Eudämonistische und Cassandrische, eine dem Angriffe gleiche Gegenvertheidigung entstehet; andern Theils hören die Menschen so wenig auf die schlichte Auseinandersetzung der Wahrheit, daß sie es sich selbst zuschreiben müssen, wenn derbe Schriften erscheinen. Es ist ein altes Sprichwort: wie man in den Wald schreiet, so schallt es wieder heraus. Gut wäre es also, man schrie nicht mehr mit der bekannten Stimme hinein, die alle lieblichen Sänger zur Flucht und zum Schweigen brachte, sondern man schwiege oder sänge mit den Kindern der Natur und der Wahrheit ein harmonisches Lied. Wären keine H. H. H. G. S. S. S.
E,

C. S. M. K. und wie die Obscuranten sonst heissen, so hätten wir auch keine Obscuranten = Almanache. Ruhe und Frieden überall ist der heisseste Wunsch des rechtschaffenen Mannes!

V.

Man hat behauptet, die Inquisition habe in Spanien mehr genüzt als geschadet, weil sie die Religionskriege abgewendet, die Deutschland und Frankreich verwüstet haben. In dieser Behauptung ist etwas täuschendes, ob sie gleich nicht die Probe hält; denn gerade ein Inquisitionsmäßiges Verfahren veranlaßte die Religionskriege, so wie wahre Inquisition die Empörung in den Niederlanden. Wo keine Verfolgung war, wie in Schweden und Norwegen, da ging die Reformation einen ganz friedlichen Gang.

Noch weit auffallender, als jene Lobrede, ist in dem vierten Hefte der Zeitschrift, Europens politische Lage und Staatsinteresse (S. 250) die Vertheidigung der Inquisition *) aus politischen Gründen.

„Ihre

---

*) Wenn auch, wie jezt behauptet wird, die Inquisition nicht mehr Juden und Ketzer verfolgt, so ist sie doch weit entfernt, unschädlich zu seyn. Pouttier sagt in seinem Ami des lois, vom 17. Brümaire 6. nach einem

Briefe

»Ihre Absicht soll gewesen seyn, dem Despotismus
»durch Despotismus Schranken zu setzen. Sie soll
»sich als eine Mauer zwischen den Thron und das
»Volk gestellt haben; Sie soll bald den zu weit greifen=
»den Minister, bald das zu viel verlangende Volk
»gezügelt haben. Sie hat Könige vor ihr Gericht
»gezogen; Sie stellte sich zwischen den Unterdrücker
»und den Unterdrükten, die Inquisitoren wurden
»Väter des Volks und eine Schuzwehr gegen die
»Willkühr, die alle Geseze verspottet. Von der an=
»dern Seite waren sie die Schuzwehr der Monarchie
»gegen Empörer; kein Staat blieb so frei von Con=
»spirationen als Spanien; das Inquisitionstribunal
»war ein Staat im Staate, mit einer höhern Auto=
»rität, die ihm das Gewissen der Könige und des
»Volks unterwarf, bekleidet, als diese beiden sich an=
»maaßen

Briefe des Bürgers Simeon Bono aus Madrit: der Fa=
natism und die Inquisition herschen in ganz Spanien
mit mehr Macht als iemals; die Gefängnisse sind voll
von rechtschaffenen Leuten, die ihre Fesseln blos dem Le=
sen einiger philosophischen Werke oder einigen Meinungen
zum Vortheil des französischen republikanischen Systems
verdanken. Dieser Staat ist niemals ärmer, die Ein=
wohner sind nie elender gewesen. Die Finanzen haben
sich nie in einer unglüklichern Lage befunden. Die Staats=
papiere verliehren 19 und 20 von Hundert. u. s. w.

„maaßen durften. Sie hielten (es hielt) zwischen
„ihnen das Gleichgewicht, weil sie (es) jedesmahl
„erfuhren (erfuhr), wohin es sich zu stark neigte, und
„hiedurch waren sie (war es) in Stande, den Thron,
„wie die Nation in Schuz zu nehmen. In den ge-
„genwärtigen Zeiten hat die Regierung das Inquisi-
„tionstribunal nöthiger als jemahls. Was will die
„Regierung gegen ein ganzes Volk, wenn die heilige
„Inquisition nicht die Gewissen lenkt? Eben so we-
„nig kann das Volk sie missen, da gegenwärtig der
„Despotismus allenthalben Angriffe gegen die Rechte
„der Völker macht, um sich zu sichern. Laßt das Ge-
„richt aufhören und der bürgerliche Krieg beginnt
„zwiefach. So erheischet Spaniens Politik die Er-
„haltung eines sehr wohlthätigen Tribunals."

Wehe dem Staate, der sein politisches System auf
solche Widersprüche bauet! Nicht zu gedenken, daß
die Geschichte nicht das geringste beibringt, um jene
Behauptungen zu unterstützen, daß sie vielmehr
klare Beweise des Gegentheils enthält, so muß jedem
sein Gefühl sagen, daß die Staatsverfassung die un-
glüklichste von allen ist, die ein Inquisitionstribunal
zu ihrer Stütze gebraucht und daß in einem so constituir-
tem Lande Regenten und Volk nichts besseres thun

kön-

können, als sich, je eher je lieber, zu vereinigen, um sich eine andere Verfassung zu geben. Ist die Gährung auf beiden Seiten so, daß der Despotism auf der einen und der Freiheitssinn auf der andern loszubrechen drohet, so kann die Inquisition die Gefahr nur vergrössern. Wie soll sie es machen, um die Partheien zu zügeln? Soll sie gegen die Regierung verfahren, oder gegen das Volk? Jenes ist Anarchie, dies der ärgste Despotismus, beides muß den Ausbruch befördern. Die Inquisition kann durchaus nicht anders würken, als in, dem sie auf beiden Seiten die Gemüther in einer solchen Stupidität hält, daß sie allen Unternehmungsgeist verliehren. Und das ist der Fall in Spanien; es ist durch die Inquisition entvölkert und entkräftet, aller guten Köpfe, aller Zufuhr heller Ideen beraubt worden. Deutschland und Frankreich blühten nach den Religionskriegen auf; Spanien sank immer tiefer und tiefer.

Es ist bekannt, daß eine hierarchische Geistlichkeit sich immer der höchsten Gewalt im Staate anschließt und sie unterstüzt, so lange sie den weltlichen Arm stärken muß, um ihre geistlichen Vorrechte zu behaupten, daß aber, wenn sie einmahl im ruhigen

Besiz

Besiz ist, sie sich bald zum Herren der bürgerlichen Macht aufzuwerfen und Kronen unter ihre Füße zu bringen sucht. So erhebt sie sich freilich, wie der Verfasser sagt, zu einem Staate im Staate, und maaßt sich eine höhere Autorität an, als Könige und Volk. Wie kann man aber ihre Schädlichkeit stärker ausdrücken? fühlte der Verfasser es nicht, indem er der Inquisition eine höhere Autorität beilegte, als Könige und Volk sich anmaaßen durften? Also was bei diesen beiden Anmaaßung gewesen seyn würde, ist für die Inquisition Recht.

Was ist nun die Macht der Könige und des Volks, welches ist die höchste Autorität, die beide erkennen müssen? Läßt sich eine andere gedenken, als Gesetze? durch sie sind Könige mächtig, durch ihre Autorität regieren sie, ohne sie sind sie ohnmächtig; schwach wie Sultane, so despotisch sie auch scheinen. Wie läßt sich aber mit der Ausübung und Aufrechthaltung der Gesetze durch die verfassungsmäßige Regierung ein Staat in Staate, wie eine höhere Autorität, als diejenige, die Könige sich anmaaßen dürfen, denken? Welche Autorität soll das seyn? die der Gesetze ist es nicht; die haben die Regenten. Die des Verstandes und des Lichtes ist es auch nicht,

die

die hat die Inquisition nicht. Also der entsezlichste alles Despotisms; der fanatische, der den Geist in Fesseln legt und die Menschen durch Vernichtung der Menschheit regiert.

Und diese Autorität soll Staaten sichern? freilich ist Ruhe im Grabe, aber wer empfiehlt die? Wenn Inquisition eine Rettung für Staaten ist, so ist Gift es auch für die Menschen. Beide führen auf gleiche Art zur Ruhe.

Ist es in Spanien so weit gediehen, daß der Empörungsgeist auszubrechen bereit ist, und daß der feige Despotism um ihm zuvorzukommen, seine Gewaltsamkeit verdoppeln zu müssen glaubt, dann wird die Inquisition das Uebel blos befördern, so bald sie sich darin mischt. Dann würde mehr als jemahls Gesezlichkeit und Ordnung nöthig seyn, und die Regierung sich geachtet machen müssen. Wahrlich, ein Volk, das den Druk fühlt, das Freiheit sucht, wird sich nicht mehr einen Sanbenito gefallen lassen.

Ich habe um die Sonderbarkeit der empörenden Behauptung des Verfassers zu beweisen, nicht nöthig, ihm das Scheusliche der Stiftung entgegen zu stellen, die er für die Retterin der Menschheit in Spanien hält. Er muß nie eine Geschichte der Inquisition in Spanien gelesen haben, weil er eine die Menschheit so höhnende Gewalt vertheidigen konnte. Er muß sich der Blutscenen nicht erinnern, die von den Waldensern an bis zur gänzliche Niederdrückung der Menschheit in Spanien, vorfielen, und die endlich die Ruhe hervorbrachten, welche er rühmt. Sind die in Sevilla gemordeten hundert tausend vergessen? Ist Thomas Turrecremales Andenken erloschen? Weiß man nicht mehr, daß er 800,000 Seelen aus Spanien vertrieb, und Ximenes sein Werk mit der ihm eigenen Härte durchsezte? Ist Philipp der zweite vergessen? Kennt man nicht die entsezlichen Proceduren bey dem Zwekwidrigsten aller Gerichte? Sind die Thaten dieses Tribunals nicht genug aufgedekt?

Unser Verfasser will freilich dahin aus, daß die Inquisition nicht mehr das Verfolgungs-Tribunal voriger Zeiten, sondern iezt blos politisch wohlthätig ist. Es rühmt besonders den lezten Groß-Inquisitor, den Erzbischof von Toledo. Aber fürs erste kann die iezige Mäßigung, angenommen, daß sie ganz wahr ist, nicht zur Rechtfertigung einer an sich höchst schädlichen Einrichtung dienen, so wenig als der aufgeklärteste Pabst das Pabstthum rechtfertigen kann;

VI. Heft.   F   wenn

wenn er auch, wie die französischen Blätter von dem
jetzigen sagen, sich roth und weiß schminkt und bey
Anfällen guter Laune sagt, daß er wohl noch auf den
Einfall gerathen könne, zu heirathen. So lange
Pabstthum, so lange Inquisitionstribunäle da sind,
dulden wir etwas, was der Menschheit zum äussersten
Verderben gereicht, und sehen der gegenwärtige Pabst
und Groß=Inquisitor dieses ein, so müssen sie ihre
Vorzüge und bessere Einsicht eben dadurch beweisen,
daß sie dem Pabstthum und dem Inquisitionstribunal
eine Gestalt geben, wodurch die Rükkehr zur alten
hierarchischen und blutigen Form nie möglich gemacht
wird. Fürs zweite läßt es sich gar nicht geden=
ken, daß eine Inquisition wohlthätig werden könne.
Wir wollen den schiefen Ausdruk, daß sie eine Mauer
zwischen dem Könige und Volke sey, ganz beseitigen.
Wir wollen ihm eine richtige substituiren, daß die
Inquisition den König und das Volk einander näher
bringe, und beider Interesse in eins verschmelze,
folglich jede Mauer zwischen dem Suverain und der
Nation einreiße. Wir wollen annehmen, daß sie das
Censoramt über beide zu führen und darauf zu sehen
habe, daß die Regierung nur durch Gesetze herrsche,
und daß die Unterthanen den Gesetzen gehorchen. Ein

sol=

solcher Zwek scheint edel und löblich, und es wäre zu wünschen, daß sich ein solcher Gewissensrath für Regenten und Bürger denken liesse. Dieses aber ist unmöglich, und alles was man auch deshalb erfinden will, schädlich, weil es immer den Begrif mit sich führt, daß neben der gesezlichen Autorität es eine geben soll, die über jene wacht und folglich ausser, oder neben, gesezlich ist, welches einen Zwiespalt in der politischen Einheit der Staatsverfassung hervorbringen, und bey der natürlichen Herrschsucht der Menschen zu schädlichem Widerstreben, Nacheifern, Anmassungen und Anarchien führen muß. Wir können daher, wenn wir Ordnung wollen, nichts zulassen, als gesezliche Autorität, und um diese in Ansehen zu erhalten, und sie gegen despotische Eingriffe auf der einen und rebellischen Ungehorsam auf der andern Seite zu sichern, haben wir weiter keine Schuzwehr, als die natürliche Freiheit der Menschen, in der erlaubten Selbstvertheidigung gegen erlittenes Unrecht durch unumschränkte Publicität. Diese ist keine Autorität, die, wie unser Verfasser von der Inquisition sagt, sich über Könige und Volk erhebt; sie verlangt nie irgend eine eigene Autorität, sie erkennt vielmehr keine, als die gesezliche, und selbst bey der Verletzung

F 2   dieser,

dieser, fleht sie sie allein öffentlich um Schuz und Rettung an.

Die Inquisition thut gerade das Gegentheil. Sie ruft die Gesetze nicht an, sie befolgt nicht einmahl ihre Formen. Sie greift durch, aus eigener Autorität, und diese ist wie wir schon bemerkt haben, auf die traurigste Macht gegründet, unter der die Menschheit erliegen kann, auf die Unterjochung der Gemüther und auf die gänzliche Lähmung aller Staatskräfte.

Der Verfasser lobt sogar die Geheimhaltung der Proceduren. Darin, sagt er, findet iederman Sicherheit, weil kein Angeber Gefahr läuft, mit dem Angeschuldigten confrontirt zu werden. Welche Justiz! der Verfasser weiß nicht, daß die Juden unter der eisernen Regierung des Cardinals Ximenes 800,000 Goldstücke boten, wenn man bei dem Inquisitionsgerichte nur die Zeugen zu nennen verspräche.

Um bei einer solchen Form des Inquisitionsgerichts gesichert zu seyn, müßte man höhere Wesen annehmen, die nicht allein keiner bösen oder leidenschaftlichen Absichten fähig wären, sondern deren Verstand sich nie täuschen und verirren ließ. Da wir aber nichts als Menschen, nichts als menschliche Vernunft ken-

kennen, so laßt uns nicht willkührliche Einrichtungen, die wiederum blos menschlich sind, über gesezmäßige sezen, sondern immer mehr und mehr suchen, durch Läuterung der Vernunft die Ordnung der Geseze in der völligsten Kraft ungestört zu erhalten.

Der Verfasser geräth auch mit sich selbst in Widerspruch, indem er sich gegen eine Errichtung von Inquisitionstribunälen, da wo keine sind, erklärt, und namentlich Berlin und dort Hermes als Generalinquisitor anführt und verwirft. Zu einem solchen Widerspruche kann man keinen Grund finden, als daß vermuthlich einer der angeblichen Inquisitoren in Berlin den Verfasser auf den Fuß getreten, und daß er diesem, und vielleicht der ganzen preußischen Parthei, wider durch die spanische Inquisition auf den Fuß treten mögte. Dabei hat er vergessen, daß seine Inquisition in Spanien auch ganz neu seyn, und von der alten nichts als die Form beibehalten haben soll.

Nicht minder irrig, obgleich weniger erschreckend für die Menschheit, ist des Verfassers Behauptung (S. 151) daß die Aufhebung des Jesuiter=Ordens der Vernichtung der Inquisitionstribunale an Schädlichkeit völlig zur Seite stehe. Auffallend ist es dagegen,

gen, wenn er selbst (S. 8.) den im Finstern herumschleichenden Jesuitismus anführt. Wer den Jesuiten das Wort redet, muß ihre Geschichte und Lehren ganz vergessen haben, weil es sonst unmöglich ist, daß ein Herz, in dem noch einiges Gefühl von Menschlichkeit schläget, ihre Vernichtung bedauern könnte.

In der Beurtheilung der heutigen Begebenheiten machen einige Leute einen offenbaren Rückschluß indem sie das was geschehen ist, als einen Grund angeben, warum es geschehen ist. Sie nehmen die Revolution als ein Greuelding an, aus dem alles Verderben geflossen ist, und bedenken nicht, daß das Verderben der Menschen gerade die Quelle war, aus der die Revolution mit ihren Greueln floß. So wird gegen Atheism, Roheit, Sittenlosigkeit geredet, als ob sie aus dem Schooße der Revolution hervorgegangen wären; als ob es sich gedenken ließe, heute entstehet die Revolution und morgen sind die Menschen Gottesläugner, Cannibalen, Blutmenschen, sie die gestern noch fromm, sanft und gesittet waren. Hätten die bürgerlichen Einrichtungen, hätten Pabstthum und Jesuitism die Menschen zum Guten, zur Religion, zur Sittlichkeit gebildet, so würden sie es gerade während der Revolution gezeigt, oder vielmehr keine Revolution gemacht haben. Als die Revolution ausbrach, da sah man, was die Regierung, was die Geistlichkeit, was die Erziehung aus der Nation gemacht hatten und wie tief in allen Ständen, bei aller Cultur der Wissenschaften und des Luxus die Menschheit gesunken war. *) Und was hemmt noch jezt in Frankreich die Wiederherstellung der gesezlichen Ordnung, was anders, als daß so wenig richtige Ausbildung in der Nation ist?

Aeusserungen der Art, wie die Vorliebe für Jesuiten und Inquisition, wozu auch das Schimpfen auf Luther gehört, sind blos Folgen einer blinden Partheisucht. Diese ist bei dem Herausgeber der Hefte über Europens politische Lage und Interesse, um so mehr zu bedauern, da es scheint, daß er auf einem richtigern Wege der Menschheit und der Wahrheit gute Dienste leisten könnte.

*) Man lese Bouillé's Memoiren.

VII.

VII.

Hat die französische Revolution der Sache der Freiheit genüzt?

Les extremes se touchent.

Die Fortschritte, Bewegungen und Vorfälle in unsrer republikanischen Nachbarschaft jenseits des Rheins sind noch immer der Gegenstand, der die allgemeine Aufmerksamkeit fesselt, die Beleuchtung derselben ist noch immer an der Tagsordnung der Arbeiten unsrer Philosophen. Die Kämpfer der beiden sich hier an einander reibenden Hauptpartheien kämpfen ihren Kampf fort, jeder nach seiner Weise, jeder die Sache durch die Brille seiner Parthei betrachtend, und ach! der Partheilosen giebt es so wenig, die es zu sagen wagen, daß man von beiden Seiten doch wohl ein wenig zu weit gegangen seyn mögte. Alles scheint

scheint beschäftigt zu seyn, aber die Stunde leidenschaftsloser Erwägung, die Stunde zu reiferen Resultaten, jederzeit erst nach der Krise eintretend, scheint noch nicht geschlagen zu haben.

Bei diesem Zustande der Sachen mögte dann wohl eine Disquisition über die Frage, "hat die französische Revolution der Sache der Freiheit und der Menschheit genüzt?" noch sehr zu früh seyn, eine Frage, die übrigens beide Partheien sich vorlängst beantwortet zu haben scheinen. Vielleicht führt die Beantwortung dieser Frage sogar dahin, es mit beiden Theilen zu verderben, wenn jemand auftritt, und die Sache aus einem, vielleicht ganz eignen Gesichtspunkte betrachtet, der von den Grundsätzen der Partheigänger vermuthlich abweicht; denn sobald Menschen in Partheien gehen, hat nur der ganz unbedeutende die Erlaubnis zur stillen Neutralität, für die übrigen hat Zurückgezogenheit den gewissen Erfolg, daß beide Partheien über den, der sie geltend macht, herfallen, weil jede in ihm einen Feind zu sehen glaubt; es ist daher meist minder gefährlich, zu einer Parthei zu gehören, als ganz partheilos zu seyn; und man hört leider auf, völlig
unbe-

unbedeutend zu seyn, sobald man im Drucke zum Publikum spricht.

Für den graden, muthigen Mann, für den Kämpfer der Wahrheit ist dies freilich kein Abhaltungsgrund. Aber wie viel sind derer, und denkt und handelt die Majorität nicht blos nach Konvenienz?

Es ist eine nicht mehr neue Bemerkung, daß die gegenwärtige politische Reformation in den meisten Zügen eine auffallende Aehnlichkeit mit der ehmaligen kirchlichen Reformation hat. Sie hat auch den Zug mit ihr gemein, daß es gefährlich ist, zu keiner Parthei zu gehören, weil man dann sicher von beiden als Dummkopf oder als Heuchler behandelt wird.

Eben so auffallend ist die Aehnlichkeit, welche die Sache der politischen und kirchlichen Opinionen in Rüksicht der Frage, die in diesem Aufsatze behandelt wird, bezeichnet. „Hat die Revolution, welche vor „zwei Jahrhunderten die Kirchenreformatoren in Ec„clesiasticis bewürkt haben, der praktischen Religion, „der Moralität und Aufklärung genüzt oder geschadet,„ hat man sich gefragt, nachdem man von jeder Seite in der eignen Voraussetzung, daß sie nüzlich oder schädlich sey, bereits gehandelt hatte, und eben so kann man dann auch iezt fragen, „hat
„die

„die politische Revolution, die von den politischen Re-
„formatoren in Frankreich bereitet worden, der Sache
„der Freiheit genüzt oder geschadet, war sie der
„Menschheit practisch wohlthätig oder schädlich?"

In der moralischen wie in der physischen Welt
entsteht alles entweder jähling und schlagweise, oder
nur nach und nach durch unmerkliche, nur dem Forscher bemerkbare Veränderungen; in der moralischen,
wie in der physischen Welt kann man alle Revolutionen in schnelle Erschütterungen und langsame Fort-
schreitungen theilen. Unter welche dieser Abtheilun-
gen die französische Staatsveränderung gehöre, bedarf
wohl keiner Entwiklung. Bereitet war sie, der Ur-
stoff, aus dem sie sich bildete, lag seit Ludwigs XIV.
Zeiten in dem politischen Systeme Frankreichs unent-
wickelt, aber doch unverkennbar und, eben so unverkennbar nothwendig, als eine Kirchenrevolution von
Hildebrands-Zeit an in dem Systeme der römischen
Kurialreligion war; aber sie brach eben so schnell, um-
reissend und allgewaltsam aus, als jene Reformation
Luthers. — Dort ist das Streben der Hierarchisten
nach Alleinherrschaft durch die festeste allen Despo-
tien, — die Geistesdespotie — unverkennbar;
schmuzige Mönche, ohne weitere Macht, als die des
Aber-

Aberglaubens, durften es wagen, Nationen und Könige zu mishandeln, der Aberglaube hatte sein jederzeitiges Gefolge, Immoralität und Sittenlosigkeit bei sich, die Menschheit war in tiefe Barbarey zurückgesunken, Mönche und Pfaffen mordeten und nothzüchtigten öffentlich, und es war nahe an dem Punkte, daß es nur zwey Menschenklassen, Priester und Sklaven gegeben hätte. — Hier ein Haufe müssigen Gesindels, das sich selbst vergessen, sich zum herrschen und schwelgen, und den übrigen Theil der Menschheit, Volk genannt, zum Gehorchen und Arbeiten gebohren glaubte, die gröste Schwäche und der niedrigste Egoismus auf und an dem Throne, der empörendste Druk der Volksklassen, aufgereizt noch auf das äusserste durch den Stolz der Behandlung seiner Treiber. Druk führt immer zur Emanzipation, und Immoralität zur Reformation. Die Menschen fühlen es bald an sich selbst, daß es nicht so bleiben könne, sie zerreissen die Bande, die ihnen unerträglich sind, sie kehren zur Ordnung zurück, weil sie die Unordnung nicht weiter ertragen können. Dort erschien Luther und die Kirchenreformatoren, zerbrachen die Fesseln der Dummheit und Bigotterie, stießen um, was sie behinderte, verbrannten mit dem Breviario Roma-

Romano und dem Rituale zugleich das geistliche Ge=
sezbuch, brachen den geistlichen Despotismus, aber
gaben dem politischen eine Handhabe mehr, indem sie
die Fürsten zugleich zu Bischöfen machten, und die
gläubige Menschheit kämpfte durch hundert Jahre
Kriege, deren immer einer schröklicher als der andere
war. — Hier riß ein der Freiheit ungewöhntes,
jezt erst selbstständig gewordenes Volk alles um, tau=
melte von der Sklaverey zur Anarchie, vom Aberglau=
ben zur Irreligiosität, und die Menschheit kämpfte
wieder einen mehrjährigen schröklichen Kampf.

Unläugbar sind die Verdienste Luthers groß, er
brach den Despotismus der Pfaffheit, emanzipirte
die Menschheit von dem alleruntraglichsten Joche für
ein selbstständiges denkendes Geschöpf, dem Zwange
des Aberglaubens und der Beschränkung der Denk=
freiheit, er sezte den Menschenverstand wieder in seine
Rechte ein, die Roms Priester ihm entzogen hatten,
und legte den Grund zur bürgerlichen Freiheit, in=
dem er Denkfreiheit gab. — Aber wäre die Mensch=
heit nicht auch ohne eine so gewaltsame Erschütterung
auf jene Stufe gekommen, besser, bälder, verlässiger
und sanfter dahin geschritten? Hat die Reformation
Luthers der Aufklärung in ihren Fortschritten genüzt
oder

oder geschadet, hat sie dieselbe gefördert oder gehemmt?

Ich habe diese Frage anderwärts *) schon beantwortet, und da ich Wiederhohlungen nicht liebe, muß ich auf jene Abhandlung hinweisen, die, ob sie zwar kurz ist, dennoch den Raum eines in ein Tagblatt bestimmten Aufsatzes überschreiten würde.

Der Genius unsers Jahrhunderts nahm eine sanfte und sichere Richtung zu einer zwekmäsigen Reformation. Daß diese den Karakter der Ueberraschung erhielt, daß eine Revolution daraus ward, ist eine Verschiebung, die egoistische Tyrannen und plan- und kopflose Aristocraten veranlassen, die zu schwach waren, um einzusehen, daß sie mit dem Genius der Zeit, und dem Fortschreiten der Vernunft Schritt halten müßten, und zu hartsinnig zu der moralischen Exigenz nachgeben zu wollen.

Jede plözliche Umänderung hat den Karakter des schauerlichen und zerrüttenden, und die gleichzeitige und oft noch die folgende Generation wird das Opfer derselben. Bei jeder Revolution werden die Menschen

---

*) In dem Werkchen: Justus Sincerus Veridicus; über die Europäische Republik. S. 200 u. folg.

schen aus ihren Verhältnissen gerissen, und durch diese gewaltsame Erschütterung, durch dies Durcheinanderwerfen der Dinge die Sitten verwildert, daß sie kaum in einigen Generationen wieder ausgebessert werden können. Jede Revolution ist mit Erschütterungen verbunden, die allezeit die Fortschritte der Menschheit hemmen, und Menschen und Dinge in ein anderes Gleis werfen. Sie regenirt, wo die Menschen der Barbarey sich nähern; sie verdirbt, wo sie zur höhern Politur fortschreiten.

Seit dem Westphälischen Frieden schon, vorzüglich aber seit dem fünften Jahrzehnd des gegenwärtigen Jahrhunderts hatten Menschen und Verhältnisse in Europa eine ganz andere, von jenen der vorhergehenden Zeiten ganz verschiedene Wendung genommen. Des Kampfes müde, den sie durch ein Jahrhundert gekämpft hatten, schienen die Völkerschaften sich zu setzen und ausruhen zu wollen; man bestrebte sich, die physischen und moralischen Verwüstungen der Länder so gut zu verbessern, als möglich. Die Nationen suchten sich aus ihren Ruinen heraus zu arbeiten, die Menschheit fieng an, ihre Rechte wieder zu gewinnen. Soldaten gingen zum Pfluge, nomadisirende Horden fixirten sich; verbrandte Städte erstanden,

Steppen wurden angebaut. Das Morden hörte auf; die Erde erhielt Kultivirer; nichts schlug den Muth der Bebauer nieder, der Ackerbau gedieh bei der Ruhe, die man der Menschheit ließ; die Menscheit vermehrten sich, wie immer, in der Ruhe, das Verhältnis der Produzenten und Verzehrer ward hergestellt; das Erzielte erhielt einen Werth, der den Erzieher lohnte. Die Landwirthschaft stieg mit der Bevölkerung, und mit dieser Kunstfleiß, Handel, Moralität und Aufklärung, die jederzeit im engsten Verhältnisse zusammen stehen. Die Kriege, die stetshin die arme Menschheit kämpfen muste, hatten Sittenlosigkeit und Verwilderung gebracht, die Masse der Menschen geschwächt und am Keime der Menschheit genagt, jezt gedieh im Frieden alles. Der menschliche Geist machte seine Rechte geltend. Man ehrte, erhob und suchte die Gelehrten, man erlaubte ihnen nicht blos ungehemmte und freie Mittheilung, man foderte sie dazu auf, und suchte die Szienz zu popularisiren. Es ward Hand an das erste Staatserfoderniß, die Erziehung gelegt. Schulen, Pfarreien, Universitäten, Akademien erstanden. Die Sprachen, jedesmal der Maasstab der Kultur eines ieden Volkes wurden bearbeitet, bereichert, verfeinert. Die Wissenfenschaften warden ein grosses allgemeines Verkehr, von dem niemand ausgeschlossen, zu dem iedermann eingeladen und aufgefodert war. Den Pfaffen war der Dolch des Fanatismus entwunden. Man beleuchtete die Religion, und sonderte Menschenmachwerk von reiner Vernunftvorschrift. Man bearbeitete die Geschichte der Völker mit philosophischem Geiste und bewundernswürdigem Scharfsinn und Geduld, und zog die beglükendste Resultate daraus; man hielt sich an sie, und nahm aus den Schiksalen der Völker der Vorzeit die Erfahrung, was gut und nüzlich, was abgeschmakt und verderblich sey, und berechnete Erfolge und Ursachen. Die Morgenröthe der Vernunft war aufgegangen, und schon beleuchtete die Sonne der Wahrheit einen ungeheuern Horizont. Wahrheiten, sonst nur das stille Eigenthum weniger Denker, waren bis zum Pfluge des Landmanns gedrungen. Man beleuchtete mit philosophischem Sinne die Legislation, merzte die Spuren wandalischer Barbarey und gothischen Schnikschnaks aus, mildere Sitten machten mildere Maasregeln nöthig, und auch hier ward mit den Fortschritten der Generation Schritt gehalten. Die Gesetze erhielten Kraft und Ausübung, sie hörten auf, dem Staatsbürger lästig zu seyn,

und seine Schwungkraft zu lähmen. Der Miston der Ständescheidungen war bereits minder auffallend und weniger lästig, man sah ein, daß die Menschen gleiche Rechte und gleiche Pflichten haben; das Menschen- und Völkerrecht war an der Ordnung des Tages, man war eben daran, dasselbe mehr zu bearbeiten. Allgemach sahen die Regierungen ein, was sie den Völkern schulden. "Nimrode, die durch Par-
"force Jagd und andre Waldteufeleien weiland Men-
"schen unmenschlich behandelten, gabs schon nicht
"mehr. Herscher, die weiland die Einkünfte ihrer
"Länder ohne Noth im Auslande verpraßten, gabs
"eben so wenig mehr. Leibeigenschaft und Preßzwang
"war bereits in allen Gegenden gemildert, in einigen
"ganz aufgehoben." *) Schon wagte es kein Fürst mehr, so ganz nach höchstem Eigenwillen Despot zu seyn. Die Weisen der Zeit belehrten Fürsten und Völker über ihre Pflichten und Rechte, die Wahrheit war in die Kabinetter der Grossen gedrungen, sie waren gezwungen ihre Stimme zu hören, um mit dem Genius der Zeit Schritt zu halten. Toleranz ward schon nicht mehr bewundert, man hielt sie schon nicht mehr für Gnade, und sah bereits ein, daß sie

Pflicht

---

*) Schlözers Staatsrecht.

Pflicht war. Die Regenten ehrten ihre Völker, oder fürchteten sie doch, sie waren gezwungen mit ihren Nachbarn Schritt zu halten, und so brachten ungleiche Ursachen gleichwohl gleiche Würkungen hervor. Man sorgte für den hülfsbedürftigen Theil der Menschheit. Die Summe der allgemeinen Thätigkeit war erhöht, und man fieng an, den Saz, „wer „nicht arbeitet, soll auch nicht essen" geltend zu machen. Man fieng an, das Mordhandwerk, Taktik genannt, aus dem rechten Gesichtspunkte zu betrachten. Staatskunst und Finanz waren bereits auf richtigere und wahrere Grundsätze zurükgebracht, man hatte einsehen gelernt, daß Gerechtigkeit und wahres Interesse Synonymen sind. Der Geschmak, der so sehr viel auf die Sitten einwürkt, verfeinerte und berichtigte sich, der Luxus selbst war wohlthätig geworden. Europa hätte bald seine innren Kräfte, und seine ungeheuren Ressourcen kennen, berechnen, und richtig verwenden gelernt. Der Handel, lederzeit die Mutter milderer Sitten, war allgemein verbreitet, und erweiterte die Mittheilung, und mit ihr den ungehemmten Umlauf aller Güter, Meinungen und Ideen; eine gewisse allgemeine Uebereinstimmung, die sonst alle Völker nöthigte, kriegerisch zu seyn, nö-

thigte

thigte sie lezt alle zu handeln, und dies hatte den ent=
schiedenst=wohlthätigsten Einfluß auf den Geist und die
Sitten der Nationen. Die Menschheit gewann
Sinn für schöne und grosse Gefühle, für den höhern
Gemeingeist, für Kosmopolitismus.

So that die Menschheit die gradesten Fortschritte
zum grossen Ziele des höchsten irrdischen Glüks, so
gieng sie den schönen stillen Gang zur glüklichen Vol=
lendung, die das idealische goldne Alter der Dichter
bildet. Die Philosophen hätten die Erfodernisse der
Menschheit von allen Seiten beleuchtet, untersucht
und ihnen praktisch abzuhelfen getrachtet. Die allge=
meine ungehemmte Mittheilung hätte in der Theorie
vollendet, was nach und nach ausgeführt worden
wäre. Eine gute Sache ist selten allein und blos für
sich gut, sie greift in das Ganze ein, und äussert auf
tausend andre Gegenstände ihre wohlthätige Einwür=
kungen. So gewinnt immer eines durch das andere,
wird eines durch das andere verbessert, und wenn
der Mensch einmal eine Stufe der Verbesserung hin=
angeschritten ist, so schreitet er unaufhaltsam und bis
zu einem sehr wichtigen Hindernisse darauf fort.
Künste und Wissenschaften würden stetshin fortgerükt
seyn, ohne daß gegen politische und kirchliche Ketze=

reien

reſen eine Barriere gezogen worden wäre, und ohne daß der kühnere Denker Gefahr gelaufen hätte, fiscaliſirt zu werden. Die Nationen hätten ihre Rechte, Bedürfniſſe und Pflichten genauer kennen gelernt, und die Mittel, ihre iederzeitigen moraliſchen Bedürfniſſe auf die beſtthunlichſte und ſanfteſte Weiſe zu befriedigen, und ſo wäre nach und nach ein ſchönes Ganzes geworden, welchem die Menſchheit entgegenzureiſen ſchien.

Da brachen Frankreichs Reformatoren das Gleis; es fielen Vorfälle vor, die ſich im Zuſammenhange der Dinge voraus berechnen ließen, und der Gang, welchen die Menſchheit zum ſchönſten Ziele ſtiller Vollendung nahm, ward gewaltſam unterbrochen; politiſche Wunder drängten ſich, man ſah ein losgebundenes, ſich ſelbſt überlaſſenes Volk von Extremen zu Extremen ſpringen; und wie mit Gewalt getrieben, ſchien die Menſchheit über Berge von Hinderniſſen zu einer Vollendung wegſetzen zu wollen, zu der ſie erſt in Jahrhunderten reif werden konnte.

Zu ieder Rolle, die geſpielt wird, gehört eine gewiſſe Summe von Erfahrungen oder Beiſpielen, aus denen Handlungsgrundſätze abſtrahirt werden. Wo dieſe fehlen, da wird entweder aufs Geradewohl ge-

han-

handelt, oder es fehlt doch der richtige Maasstab, der bei allen Fällen zur Grundnorm dienen muß, und es gehen Handlungsfehler vor. Das ist der Fall bei allen aussergewöhnlichen Vorfällen, bei denen um so gröber gesündiget wird, wenn die Menschen auf sie nicht vorbereitet sind, wenn die Generation nicht reif dazu ist.

Reif zur Freiheit ist jedes Volk, aber die Modulationen der Freiheit, die Arten freier Verfassungen sind verschieden. Hier hat jede Nation ein eignes Erforderniß, das von dem Grade der Kultur, worauf sie steht, und ihren übrigen Verhältnissen abhängt, und da »ists anders bei dem Kinde (Wallachen) dem Jüngling (Dänen) bei dem schon reifen »Mann (dem Deutschen??) und dem seine Zeit »überlebenden Greise (dem Römer)« *). Wir haben ohne besondre bürgerliche Zerrüttung die Neufranken den Gottesdienst abschaffen sehen; wer würde die Erfolge einer gleichen Anstalt in Ungarn und Rusland berechnen können?

Jedes Volk ist blos für die seinen bereits besitzenden Begriffen analoge neue Ideen und für die seinen mora=

---

*) Moser, neues patriot. Archiv. 1. B. S. 393.

moralischen und physischen Bedürfnissen zusagende Verbesserungen empfänglich. Die Veränderung des Standpunktes, den es auf der grossen Stufenleiter der menschlichen Kultur einnimmt, macht jedesmal Veränderungen in seinen Gesetzen und Verfassung nothwendig, welche, da diese Fortschritte nur unmerklich, und den Fortschreitenden selbst unbewußt geschehen, aber auch nur unmerklich seyn dürfen, um mit der moralischen Exigenz, welcher diese Anstalten abhelfen sollen, Schritt zu halten.

Der Mensch liebt das betäubende und zerrüttende nicht. Er liebt seine Ordnung, und hält sich so lange an sie, als er kann, und verläßt seine gewöhnliche Karriere nur da gerne, wo sie ihm lästig wird, und er genau und bestimmt berechnen kann, daß er bei der Verrückung derselben gewinne. Jene Maasregeln werden ihm daher am willkommensten seyn, welche diese am wenigsten verrücken. Veränderungen, die dem augenbliklichen Bedürfnisse abhelfen und diesem zusagen, langsam vorschreitende Reformen kommen diesem am nächsten, so wie hingegen Veränderungen, welche augenbliklich und wie mit Wettersschnelle die ganze angewöhnte Ordnung verrücken,

schnelle

schnelle Revolutionen, diesem Zustande nicht angemessen sind.

Ich verweile nicht länger bei dieser These. Es ist zu allgemein als wahr vorausgesezt, daß jählinge Revoluzionen nichts taugen, weil sie eine allgemeine Erschütterung verursachen, von der sich die Menschheit erst in mehreren Generationen wieder erhohlen kann, und gehe zu meinem eigentlichen Gegenstande über.

Die französische Revolution hat unstreitig ihr grosses Verdienst. Sie schuf aus Sklaven Staatsbürger, sie zerbrach den Despotismus der Tyrannen, und machte Europa mit der grossen Wahrheit bekannt, daß auch der erste Staatsbeamte für seine Administration verantwortlich ist. Man studirte die Rechte des Menschen und Staatsbürgers und machte sie geltend. Jene Gegenstände, welche der Menschheit die interessantesten sind, werden mit jenem Forschungsgeiste untersucht, der immer auf richtige Resultate führt. Sie zeigte den Nationen ihre Rechte und den Regenten ihre Pflichten im hellsten, lebendigsten Lichte, sie zeigte den Regenten, was sie von ihren Staatsbürgern zu erwarten und zu fürchten haben, sie gab der innern Politik eine ganz andere entsprechendere Wendung;

bung; von ihr an datirt sich eine ganz neue Epoche in dem innern Völkerrechte. Sie gab zu den wichtigsten Untersuchungen Anlaß, und über so manchen Gegenstand ward volles Licht, wo es vorher nur gedämmert hatte. Wer wollte alle die grossen, beglückenden Folgen aufzählen, welche Ergüsse dieser grossen Begebenheit sind, und die aus dem Sitze derselben über das übrige Europa ausflossen?

Daß sie weniger wohlthätig für die Menschheit ward, als sich in den ersten Jahren derselben erwarten lies, daß sie den Erwartungen nicht entsprach, die man in dieser Rüksicht auf sie gesezt hatte, daran sind einzig die Feinde der Menschheit Schuld, die auch hier dem Genius der Menschheit entgegenarbeiteten, iene die Thronen umgebenden Egoisten, welche das Erfodernis der Zeit nicht kennen, und glauben, daß, weil sie sich bei den Verhältnissen der vorigen Zeit wohl befinden, die ganze übrige Menschheit dabei beruhigt und zufrieden seyn müsse. Und, was hat das übrige Europa von den Machinationen dieser Leute fürder nicht alles zu fürchten?

Das erste, was diese den Fürsten und Völkern gleich gefährlichen Menschen erwürkten, war iener seit vier Jahren dauernde Krieg, und ein Kordon, den

den man gegen die Verbreitung der Grundsätze der Freiheit, Wahrheit und des erwekten Menschenverstandes ziehen zu können glaubt. Nichts von dem Unheil des erstern; dies springt zu offenbar in die Augen, um einer Anführung zu bedürfen. Auch ist dies würklich nahebey die geringste der unglüklichen Folgen. Dieser Kampf selbst, der ganz Europa und die davon abhängigen Kolonien influenzirt, scheint allen übrigen Verhältnissen einen kriegerischen Anstrich geben zu wollen. — Kämpfe erzeugen Wahrheit, aber sie dürfen keine Dragonaden seyn, sie müssen auf Ueberzeugung, nicht auf Unterjochung zwecken, sonst verfehlen sie ienen Endzwek, der ihr einziger seyn muß, nemlich Gründe und Gegengründe abzuwägen, um der Wahrheit auf die Spur zu kommen; sonst entettirt man sich für seine These, und sucht Gründe, nicht um den Gegner zu überzeugen, sondern um seinen Saz zu behaupten; sonst wird man unempfänglich für iede Wahrheit, die dem Systeme, dem man adhärirt, entgegen ist; sonst wird man nicht Forscher nach Wahrheit, sondern Athlete einer Parthey, Systemverfechter. Dann entsteht eine Stumpfheit für alles übrige, das dann sicher vernachläßiget wird, da dann die besten Köpfe hingerissen werden,

werden, sich immer um die nemliche Axe zu drehen, um mit dem Geiste der Zeit Schritt zu halten, und dann erfolgt bei Erschöpfung des Hauptgegenstandes ein Esprit de bagatelle, der sich über alles verbreitet.

Zwar ist der Gegenstand der heutigen Tagsordnung unbedingt der wichtigste für die Menschheit; aber ihr Wohl hängt mit so unendlich vielen andern Gegenständen zusammen, die nicht minder wichtig für die Fortschritte des menschlichen Geistes sind, daß lezte eine Stockung erhalten müssen, sobald iene vernachläßiget werden.

Jeder Kampf, der nicht der Ueberzeugung wegen gekämpft wird, erzeugt Bitterkeit, und diese wächst, ie importanter der Gegenstand, ie näher das Interesse den Kämpfern liegt, das aus denselben resultirt, und ie mehr sich Leute daran beantheiligen, deren Sache Leidenschaftlosigkeit, kalter Forschgeist und Urbanität nicht ist. Dann ists vollends um die Wahrheit geschehen. Wie zahllos sind nicht schon die litterärische Dragonaden unsrer Epoche! Vermittelst dieser Kämpfe und der übrigen Eigenheiten des Zeitgeists hat sich ein gewisser Sanskulottismus auch in die Litteratur eingeschlichen, der so sehr oft der Derbheit und Kraftsprache nahe kömmt, welche die Chefs der Reformatien tion sich vor zwey Jahrhunderten erlaubten, und wobei nichts vortheilhaftes gedeihen kann. Dieser Sansskulottismus ist in die Szienz und selbst in das Privatthun gedrungen, unreife Knaben stürmen, wie Rysbeck sagt, den Parnaß, und nothzüchtigen die Musen; es entsteht eine Anarchie in den Wissenschaften, wie in dem Staate.

Der menschliche Geist bedarf, wenn er gewinnen soll, bei ieder Sache, mit der er sich befaßt, eine gewisse Feinheit, Delikatesse und Eleganz; der Gegenstand erhält ohne solche nie den erforderlichen Grad von Politur, sondern er verliehrt, indem ihm ein eigner Reiz, und — man vergebe mir den vielleicht etwas schwülstigen Ausdruk — der haut gout mangelt. — Im Tumulte eines Kampfs, der mit Kanonen und Gänsekielen so bitter und so auf Leben und Todt gekämpft wird, läßt sich dies warlich nicht erwarten, und es wird sogar noch alles, was ausserhalb des Kampfplatzes liegt, vernachläßigt, und so die Fortschritte aller übrigen Theile der Szienz gehemmt.

Auf der andern Seite nahm die innre Oekonomie der Staaten theils freiwillig, theils gezwungen ihre Richtung zur höhern Aufklärung, Menschenfreiheit und

und Menschenwohl. Niemand fiel etwas darüber
ein, daß die Fortschritte der Aufklärung le den Thro=
nen gefährlich werden könnten; man war innig
überzeugt, daß sie dem grossen gesellschaftlichen Ge=
bäude, Staat genannt, Nutzen schaffen würden.
Man erhob und förderte die Wissenschaften, Kennt=
nisse aller Art und praktische Aufklärung werden ver=
breitet. Die Gelehrten formirten eine Republik, die
man von Seiten der Regierungen so behandelte, wie
sie behandelt seyn muß, indem man sich um sie nicht
bekümmerte, und blos die Hindernisse ebnete, die
ihren Arbeiten entgegenstanden. Diese belebten den
Geist der Nationen, richteten ihn auf, verbesserten
ihn, und die Resultate ihrer Arbeiten warden zum
Wohl der Menschheit praktisch geltend gemacht.

Jezt ist der Despotismus aufsichtiger geworden.
Die Kämpfer desselben erlauben sich nicht blos, mit
Meister Hämmerlein zu drohen, sie machen auch bei
ieder Gelegenheit, wie in London, Wien, Mainz 2c.
ihre Drohungen würklich geltend. Man arbeitet aus
allen Kräften dahin, die Menschen wieder in den
Zustand der Barbarey zurükzudrängen, aus dem sie
sich seit einem Jahrhunderte erhoben hatte, man will
den Genius der Menschheit zwingen, retrogradive

Schritte

Schritte zu thun. Jesuitismus und Aberglaube werden in integrum restituirt, Zeloten und Fanatiker sind wieder willkommen. Meister Hämmerlein cum suis streitet gegen die Aufklärung en detail, wie es die Artillerie en gros thut. Man zieht einen Kordon gegen alles, was zur Erweiterung des Verstandes führt, man bemüht sich, die freie Mittheilung der Ideen und Meinungen, durch die einzig die Wahrheit gedeihen kann, auf jede thunliche Art zu behemmen. Man feiert politische Auto-da-fees, besoldet und unterhält Obscurantenzirkel, und maaßt sich an, über Meinungen herrschen zu wollen. Vernunft ist Sünde, Freimüthigkeit Hochverrath. Besoldet treibt die Spionerie ihr Wesen, nagt an den Herzen der Gesellschaft, und würgt gute ruhige Menschen hin. Man behindert die Freiheit der Presse, fiscalisirt kühnere Denker, und sucht so von allen Seiten die Schwungkraft des menschlichen Geistes zu lähmen.

Ganz hemmen können sie ihn nicht, die Feinde der Menschheit, aber aufhalten können sie ihn doch in seinen Fortschritten. Hildebrands Zeiten sind — Dank sey der Gottheit gebracht — vorüber, und werden nicht wiederkommen. Wahrheit und Vernunft werden

werden siegen, alle die Efforts, sie zu unterdrücken, sind ohnmächtig, sind nur die lezten konvulsivischen Bewegungen des sterbenden Despotismus. Aber auch diese sind noch schröklich genug für die Menschheit, blutig, und ermattend der Kampf, den diese für ihre Rechte kämpfen muß.

Reformen, aber keine Revolutionen, ruft Schlözer,*) und ich rufe ihm in der festen Ueberzeugung, daß die französische Revolution der Menschheit in ihren Fortschritten zum schönsten Ziele geschadet habe, mit inniger Andacht nach, und schliesse, wie dieser berühmte Staatslehrer:

„Im devotesten Vertrauen auf deutschen Men-
„schenverstand, auf immer steigende wahre Auf-
„klärung und im Nothfall auf unsre mit der
„Aufklärung unserer Tage sichtbar fortrückenden
„deutschen Reichsgerichte läßt sich in Deutschland
„alles, was geschehen muß, blos von sachten
„Reformationen, ohne Revolution über kurz
„oder lang sicher erwarten. Wozu auch Revo-
„lutionen, deren Ausgang immer ungewiß ist,
„und die gewöhnlich ihren Unternehmern ver-
„derb-

---
*) Im Staatsrecht. Aphorismen. Nr. 9.

"derblich sind? Sind wir doch der Gegenwart
"wenigstens eben so viel, als der Zukunft schul=
"dig!"

K. H.

VIII.
Selbstbetrachtung und Stof zum Nachden=
ken für andere.

Des dieux, que nous servons, connais la difference,
Les tiens t'ont ordonné le meurtre et la vengeance;
Et le mien, quand ton bras vient de m'assassiner,
M'ordonne de te plaindre et de te pardonner.

Alzire.

Da sitze ich Thor, zur Mitternachtsstunde und kann nicht schlafen, und härme mich für einen alten recht= schaffenen Vater, der seinen Sohn verlohr, weil der Unsinn des Wahns Mord zur Ehre gemacht hat. O wie mögte man die menschlichen Einrichtungen ver=
wünschen,

wünſchen, wenn ſie ſolche Ausſchweifungen zu Geſetzen machen, wie verächtlich erſcheint der Militair-Stand, wenn er ſolche elende Begriffe heiliget! Muth ſoll es ſeyn, ſich zu ſchlagen? Ihr feigen Seelen, ihr wißt nicht, was Muth iſt! Kann es eine gröſſere Poltronnerie geben, als die, nicht rechtſchaffen zu handeln, aus Furcht, als ein Poltron zu erſcheinen? Der lieberliche Burſche in der Schenke, der es mit dreien aufnimmt, hat mehr Muth, als ihr. Käme es darauf an, euch durch Muth zu zeigen, wie elend ihr ſeyd, zertreten mögte man euch dann, fühlloſe, elende Seelen! Es iſt unmöglich, ſagt Rouſſeau *) mit kaltem Blute an dieſe Abſcheulichkeiten zu denken!

O des edlen Muths, der ſolche Thorheiten verlacht, die entweder Bübereien oder jugendliche Poſſen ſind. O des Elenden, der in Bübereien und Jugendpoſſen Ehre ſucht! Einſt kam ein Vater zu mir, deſſen Sohn im Kampfe für ſein Vaterland gefallen war. Mit Rührung erzählte er es, mit Rührung hörte ich es; kein Unwille war in unſer beiden Herzen. Aber jezt dieſer Vater! — Erzählen konnte es

---

*) Le moyen de songer à ces horreurs sans émotion. Oeuvr. de Rousseau XI. 322.

er nicht seine Geschichte, ich hatte sie erfahren und
fluchte dem Thäter, fluchte dem Vorurtheile und hätte
dem Menschengeschlecht fluchen können, das solche
entsezliche Vorurtheile unumstößlich machen konnte.

Mit dem braven Mann wird man nie in den
Fall kommen sich schlagen zu müssen. Nur kindische
Uebereilungen können unerfahrne Jünglinge in der
Hitze dazu bringen, und dagegen muß man sie trefflich warnen. Sind beide Streiter rechtschaffen,
wie leicht werden sie sich verständigen; wie leicht wird
das wahre Gefühl der Rechtschaffenheit und der Ehre
in ihren Busen erwachen! Nur wo wenigstens der
eine ein Bube ist, ist das unmöglich. Da gehören
Duelle zu Hause; da soll der ehrliche Mann gegen
einen verächtlichen Menschen auftreten. Und was
soll entschieden werden? welcher von den beiden der
braveste ist? — Schäme dich, ehrlicher Mann, daß
du dich so messen konntest!

Wie tief ist noch zu unsern Zeiten die Menschheit
gesunken! Welche niedere Stufe betritt sie noch in
der Moralität, welche niedrigere in der Reinheit der
Begriffe! Das soll Helden machen, was allein der
Schuldige, nicht zu seiner Rechtfertigung, sondern
blos dazu bedürfen kann, um seine Ankläger zum

Schwei-

Schweigen zu bringen, was der Mann von Ehre nie bedürfen muß, und was weder über den Strafbaren noch über den ehrlichen Mann entscheidet, mithin eben so albern, als unmoralisch, ist.

Wie elend muß der seyn, der glaubt, daß man ein Duel fürchten könne, wegen der Gefahr, die dabei ist verwundet zu werden oder sein Leben zu verlieren! Nicht um damit zu prahlen, lezt da ich die Schändlichkeit der Duelle laut gestehe, nur damit man nicht glaube, die Furcht habe mir den gerechten Abscheu für Duelle gegeben, führe ich an, daß ich mich fünfmahl in dieser Lage gefunden und mich blos als Thor für mich selbst geschämt habe. Wer ist es, der etwas Feuer in den Adern besizt, und, Herr seines Daseyns, ohne Weib und Kinder, den Tod fürchtet? Und hat der rechtschaffene Mann nicht weit grössere Gefahren zu bestehen, als die? Gehört nicht mehr Muth dazu, tugendhaft zu seyn, als sein Leben in einem gedankenlosen oder leidenschaftlichen Augenblik aufs Spiel zu setzen? Versuche es einmahl, du der den Duel empfiehlst, ob du es wagen darfst ein ehrlicher Mann zu seyn, versuche es, ob du nicht zitterst, einem Grossen eine unangenehme Wahrheit zu sagen, oder einem schlechten Menschen deine Verachtung zu bezeugen.

Ich habe einen Officier sagen hören, auf dem Rok, den ich trage, muß kein Flek haften. Edel ist es, wenn der Mann der Ehre sagt, in der Spiegelhellen Seele des rechtschaffenen Mannes muß kein Flek seyn. Jezt ist kein Stand in der Welt auf den ungestraft so viele Flecken haften können, als auf den Militairstand, wenn nur Duelle den Schmuz bedecken. Glaubst du ich lüge, so will ich dir nicht sagen: Sieh um dich! ich will lieber voll Menschenliebe glauben, daß da, wo du um dich siehest, der Militairstand so rein von Vorwürfen ist, daß dort keine Duelle die Immoralität zu decken haben, und diese folglich so verachtet werden, als sie es verdienen. Ich ehre den erhabenen Beruf, das Vaterland zu vertheidigen und sein Leben für seine Mitbürger und für ihre Rechte zu wagen, zu sehr, um ihm nicht diese Reinheit und wahre Grösse zu wünschen. Aber besizt er sie auch so bleibt dennoch meine Behauptung wahr, daß nirgends so viele Flecken ungestraft haften können als da, wo man blos einen Duel gebraucht, um sie gut zu machen und daß gerade deswegen der

brave

brave Officier, der keinen Flecken duldet, das Duel als die größte Infamie verachten muß.

Glaubst du mir nicht, so höre den unpartheiischen Rousseau. Worin, frägt er, bestehet das Vorurtheil des Zweikampfs? — In der barbarischsten und ausschweifendsten Meinung, die je in dem Sinn des Menschen entstanden; darin, daß die Bravour den Mangel aller gesellschaftlichen Pflichten gut macht; daß ein Mensch nicht mehr hintergeht, betriegt, verläumdet; daß er artig, gefällig, höflich ist, wenn er sich zu schlagen weiß; daß Lügen sich in Wahrheiten verwandeln; daß der Diebstahl gesezmäsig, die Treulosigkeit ehrlich, das verlezte Vertrauen löblich wird, so bald man alles das mit dem Degen in der Hand behauptet; daß eine Beleidigung immer durch einen Degenstoß gut gemacht werden kann, und daß man niemahls Unrecht gegen iemand hat, wenn man ihn nur ermordet. Blut! Grosser Gott, und was willst dy mit diesem Blut, wüthendes Thier! Willst du es trinken? — Es ist unmöglich an diese Scheußlichkeiten zu denken, ohne sich empört zu fühlen!

So redet Rousseau und wer kann widersprechen? Der Verführer der Unschuld, der falsche Spieler, der Verläumder, der Verprasser geborgter Gelder, der

Narr

Narr der dumme Streiche macht, der Nachläſſige, der ſeine Pflichten verſäumt, der Saufbruder, der in Gelagen ſeinen Verſtand verliehrt, der abgefeimte Betrüger, der ſich der Neuheit junger Leute bedient, um ſie aufzuziehen und zu hintergehen, der Mann ohne Charakter und innern Werth, der um etwas zu ſcheinen mit ſeiner Bravour prahlt; das ſind die Elenden, das ſind die leeren Köpfe, die Degen und Piſtolen zur Selbſtvertheidigung gebrauchen. Werth geben dieſe Waffen, ſo gebraucht, nicht; aber da, wo kein Werth iſt, verbieten ſie die Nachfrage nach demſelben; ſie ſind der Küraß des feigen und verdorbenen Herzens, das ſich nicht blos ſehen laſſen darf.

Düvernet erzählt uns hievon ein auffallendes Beiſpiel in Voltaire's Leben. Die Frau von Chatelet verlohr eines Tages im Spiel 80,000 Livres. Voltaire kam dazu. Er glaubte unter den Spielen Einverſtändniſſe zu bemerken, deren Opfer ſeine Emilie war. In der Meinung nicht verſtanden zu ſeyn, ſagte er auf Engliſch zu ihr: Sie ſind zerſtreuet, Sie ſehen nicht, daß Sie mit Gaunern ſpielen. Einer der Spielenden hörte es. Die Sache ward ſo ernſthaft, daß Voltaire, der damals 50 Jahr und alſo in dieſer Hinſicht auch zu alt war, um Betrügern ſein Leben

blos

blos zu stellen, flüchten und sich eine lange Zeit bei der Mareschallin Luxembourg so heimlich verbergen mußte; daß nur sie und ein treuer Bedienter das Geheimniß wußten. Das Essen ward ihm des Nachts hinter sein Bett hingesezt. Solchen Schuz fanden Gauner durch den Ehrenpunct und so mußte der brave Mann sich vor ihnen verstecken, weil er eine Freundin warnte. Und das er sie gegen Gauner warnte, bewiesen diese durch das Duel.

Nie werde ich eine Scene wahren Heldenmuths vergessen, von der ich Zeuge war. Ein junger Offizier von etwa zwanzig Jahren, kam unerwartet zu seinem Vater, der mein alter Freund war. Vater, sagte er mit ernster Festigkeit, ich verlasse einen Stand, in dem ich nicht mehr mit rechtschaffenem Gewissen dienen kann. Ein Verführer der Unschuld spottete der Thränen der Unglüklichen, die er in ein Labyrinth von Elend stieß; ich warf ihm seine Infamie vor. Ein Verschwender, der sein und fremdes Gut verpraßte, borgte unter lügenhaften Erzählungen Geld von mir, das ich selbst nicht entbehren, oder das ich Bedrängten geben konnte, die es verdienten; ich forderte es zurük, und warnte einen jüngern Cameraden vor dem Betrüger; dieser war uns

vor-

vorsichtig und erzählte es wieder. Ein Windbeutel trat mit leeren Prahlereien auf und betheuerte die Wahrheit seiner Erfindungen mit Flüchen; er war im Begrif sich das Ansehen eines Mannes von Einsicht und Erfahrung zu geben, und tausend schädliche Projekte in Umlauf zu setzen; ich entdekte seine Unwissenheit und zeigte die Quelle aus der er das oberflächliche Geschwäz geschöpft hatte, mit dem er bethörte. Ein junger Wildfang hatte eine rechtschaffene Mutter, die sich anständig und ordentlich ernährte; sie hatte ausser ihrem Sohne noch drei Töchter, gute häusliche Mädchen, die für den Bruder nähten und spannen; ich liebte die Reinlichkeit und Ruhe des Hauses. Allmählig sah ich den sparsamen Wohlstand vermindert, schlechtere Meublen erschienen an der Stelle der bessern, einige, als Stuben=Uhr, u. d. gl. verschwanden. Die Heiterkeit, die überall geherrscht hatte, war vermindert. Die blühende Farbe der Jugend verblich auf den Wangen der Mädchen, mehrere Furchen gruben sich sichtbarlich in die Züge der ehrwürdigen Mutter ein. Ich merkte, daß, um ihren Hausstand zu erhalten, sie früher aufstanden, sich später niederlegten und schlechter aßen, als gewöhnlich. Nur dem Wildfang sah ich nichts an.

Seine

Seine Flatterhaftigkeit stieg vielmehr in eben dem Grade, wie das Elend seiner Mutter und Schwestern. Er ging mit zwei Uhren in den Taschen; ich sah ihn auf Bälle und in Schlittenparthien. Ich stellte ihm sein Unrecht vor, er lachte; das Eigenthümliche des Bösewichts, die Schande weglachen zu wollen! Ernst kam er zu mir, um mit mir eine Schlittenparthie zu einem Schmause zu machen. Ich schlug es mit Unwillen ab. Er merkte die Bitterkeit, die er nicht weglachen konnte; wie sagte er, hast du etwas gegen mich, dich geht doch wohl mein Betragen nichts an; ich hoffe nicht daß du meine Ehre kränken wirst. Ich habe es dem Aufführer der ganzen Parthie gesagt, daß du mit mir fährst. Diese Kleinheit empörte mich. Deine Ehre kränken, antwortete ich, die Ehre einer Schlittenparthie, Mensch ohne Gefühl, die Falten auf der Stirn, die verfallenen Backen und die verweinten Augen deiner Mutter, die Blässe und das Schweigen deiner Schwestern, da ist deine Ehre. Jezt grif er zum lezten Rettungsmittel des schlechten Menschen, er trozte, er war niedrig genug auf Kosten seiner gutmüthigen Schwestern mir Vorwürfe zu machen, er schlug auf den Degen. Ich würde ihn die Treppe hinunter geschmissen haben, wenn ich nicht

gewußt

gewußt hätte, daß nie ein Mann von Ehre sich Thät:
lichkeiten erlauben darf, daß ihm nur Rechtschaffen:
heit und Unerschütterlichkeit in Grundsätzen geziemen,
und daß er dem Laster und Verbrechen nur mit Ver=
achtung begegnen muß. Ich ließ ihn stehen und sah
mit Unwillen auf ihn.

In dem grossen Gasthofe ist, wie Ihnen bekannt
ist, ein heimliches Zimmer, öffentlich Hazardspielen
gewidmet. Sie wissen, daß ich nicht spiele; ich war
aber unter der Menge, die spielte und nicht spielte.
Unter den Erstern war einer der ansehnlich gewann.
Ich sah eine falsche Karte in seiner flachen Hand
und erinnerte mich eines Franzosen, der bei einem
ähnlichen Falle dem Betrüger die Karte und die
Hand mit einem Messer durchstieß und beyde auf den
Tisch heftete. Nicht strafbar, wie der Franzose, der
einen Menschen verstümmelte, oder vielleicht mordete,
aber entschlossen wie er, schlug ich, um den Betrüger
zu ertappen meine flache Hand auf die Seinige und
hielt sie fest. Heraus sagte ich mit der falschen
Karte, ich hob die Hand auf, die Karte lag da,
verschiedene der Umstehenden sahen es. In dem Ge=
tümmel gelang es dem Betrüger oder einigen seiner
Freunde die Karte unter den Tisch zu bringen, wo

schon

schon mehrere lagen. Anfangs beschämt und verwirrt, aber immer bemühet zu trotzen, läugnete er endlich alles ab, und keiner der Umstehenden hatte den Muth, die Wahrheit zu bezeugen, obgleich nachmahls unter vier Augen viele mir Recht gegeben haben. Der falsche Spieler wußte Degen und Pistolen zu führen. Dafür fürchtete sich iedermann, so brav sie auch alle gethan hätten, wenn der Elende sie gefordert haben würde. Sie wußten, daß sie, wenn es so weit kommen sollte, brav thun mußten, um für Männer von Ehre zu gelten und in der Zukunft Ruhe zu haben, und würden daher allen Duel Anstand beobachtet haben. Sie vermieden aber klüglich die Gelegenheit dazu, und zeugten daher lieber für einen Betrüger, den sie fürchteten, als für den ehrlichen Mann, von dem sie wußten, daß er ihre Feigheit nur in der Stille verachtete. Der entlarvte Spieler folgte mir beim Weggehen. Er zog und verlangte ich sollte ziehen. Ausgemattet von nächtlichen Wachen und dem unruhigen Leben des Spielens war er mir in der Stärke des jugendlichen Alters nicht gewachsen, ich konnte ihn mit dem Stok abwehren. Mein Degen, antwortete ich ihm, ist für das Vaterland, für die Vertheidigung oder Rettung der Unschuld,

schuld, er dient nicht dazu einem Elenden den Anstrich eines Mannes von Ehre zu geben.

Vorgestern kam ein Mann von Ehre, aber voll von ihren Vorurtheilen zu mir, und trug mir an, mit ihm zu einem rechtschaffenen Hausvater zu gehen, und ihn für einen dritten zum Duel zu fordern. Es scheint besonders, daß man mich zu diesem Geschäfte ausersehen hatte und doch war es natürlich. Man wollte einen Mann von Grundsätzen angreifen, einen Mann in civilen Bedienungen, dem mit Pralereien und Fanfaronnaden nicht anzukommen war. Einem Manne, der Achtung verdiente, glaubte man Männer entgegen setzen zu müssen, die auch er achten würde. Darum hatte man den Mann ausersehen, der mir den Antrag that, und darum hatte man mir die Ehre erzeigt mich zu wählen. Meine Grundsätze waren wenig bekannt, mein ungescheutes Betragen gegen schlechte Menschen kannte man hin und wieder, diese hatten es bisher für gut gefunden, stille zu sitzen, weil sie meine Entschlossenheit und meine körperliche Stärke oder Gewandheit mit Degen und Pistolen durch unsere Uebungen kannten. Dies hatte mir bisher Ruhe verschaft. Bis auf einen gewissen Grad

ist

ist es möglich diese zu erhalten, den Grad hatte ich erreicht, nun kam es zum Bruche.

Ich stellte meinem Cameraden sein Unrecht vor. Der Mann den Sie fordern wollen, sagte ich ihm, ist beleidiget worden, er hat geantwortet, wie er sollte, sein Gegner ist ihm, nicht er seinem Gegner Genugthuung schuldig, und von ihm hängt es ab, diese zu bestimmen. Er hat dazu den Weg der Offenheit und der Wahrheit gewählt. Daß sein Gegner dadurch in einem verächtlichen Lichte erscheint, ist seines Gegners Schuld. Dieser muß nicht seine Schuld mit einem in diesem Falle unverantwortlichen Unrechte bedecken, sondern sie gut zu machen suchen. Dazu biete ich meine Hand, und ich darf auf guten Erfolg rechnen, da ich mit einem vernünftigen Manne zu thun habe, der zwar eine schlechte Handlung schlecht genannt hat, aber darum mit dem Manne, der sie bereuet, gern sich aussöhnen wird. Mein Camerad antwortete mir, das sey nicht Officiers Sitte, hier könne ein Affront nicht anders als mit Blut abgewaschen werden. Blut, antwortete ich ihm, wäscht nichts ab, aber dazu wird es hier nicht kommen. Der Mann, der, wäre er auch ein Bramarbas, der schlechteste Mensch auf der Welt seyn müßte, wenn er

sich

sich in seiner Lage mit Begebung seines Rechts schlagen würde, der aber kein Bramarbas sondern ein Mann von festem Charakter ist, wird wenn wir zu ihm kommen, uns kaltblütig antworten: Meine Herren, Sie sind zu brave Männer um sich zu einer Infamie gebrauchen zu lassen; Sie haben nicht bedacht, wie tief der Schritt, den Sie thun, Sie erniedrigt. Er wird uns zeigen, wie wenig hier überall von einem Duel die Rede seyn kann, und uns dann in sein Arbeitszimmer und zu seinen Kindern führen. Hier wird er sagen, ist mein Muth und meine Pflicht, und wir werden uns schämen einem Manne einen kindischen Antrag, den er verlachen muß, gethan und die Absicht gehabt zu haben, einen dem Vaterlande nüzlichen und den Seinigen unentbehrlichen Mann zum Morde aufzufordern. Mein Camerad war zu brav, um die Wahrheit meiner Einwendungen zu verkennen; er hing aber aus früher Gewohnheit an den Vorurtheilen seines Standes. Er meinte, das Schlagen sey nun einmal für den Officier eine Sache, über die er nicht wegkommen könne, und bei der alles Moralisiren wegfiele; ihm gelte Religion, Tugend, Vernunft nichts mehr; sie wären Ausflüchte der Feigheit, und Feigheit sey das einzige unververzeihbare Verbrechen des Soldaten. Ueber diese Räubertheorie ließ sich nun freilich nicht disputiren. Ich mußte einen andern Weg einschlagen. Ich verstehe Sie, Sie glauben, daß wenn ihr Committente seinen Gegner fordert, und dieser sich nicht schlagen will, jener das Seinige gethan hat und man es ihm nicht vorwerfen kann, daß es seinem Gegner an Bravour fehlt, vielmehr er alsdenn das Recht haben wird, diesen für einen feigen Menschen auszugeben, der sich vor der Klinge und Pistolen fürchtet. Ich glaube das nicht, ich bin überzeugt, daß jedermann sagen wird, der da konnte gut fordern, er wußte zum voraus, daß er abgewiesen werden mußte, und man sieht, daß er seine Sache gerade so angestellt hat, um abgewiesen zu werden. So brav zu seyn, ist keine Kunst. So werden die Leute diesmahl die Wahrheit sagen, nicht weil es eben viele Wahrheitsfreunde giebt, sondern weil im Grunde es das Interesse eines jeden ruhigen Bürgers ist, daß er nicht durch wilde Duel=Angriffe in seiner Häuslichkeit und Ruhe gestört werde. Glauben Sie mir, lassen Sie uns aus dem schmutzigen Handel bleiben, wenn wir ihn nicht rein machen können. Wir würden uns selbst beschmutzen. Mein ehrlicher Freund zukte die Achseln.

Achseln. Ich bin, sagte er, von einem Manne aufgefordert, dem ich nicht nein sagen konnte. Hätte ich mich herausziehen wollen, so würde ich ihn vor den Kopf gestoßen und den Verdacht erregt haben, daß ich feige sey. Eine Ehrensache kann und darf kein Officier ablehnen. Herrlicher Muth, antwortete ich lächelnd, der nicht stark genug ist, einem irrenden Mächtigen zu sagen: Sie sind betrogen, sie geben Ihr Zutrauen einem Unwürdigen, Sie compromittiren sich. Ich nehme keinen Theil an einer schlechten Handlung. Thun Sie was Sie wollen, fügte ich hinzu, ich gehe nicht mit Ihnen.

Mein Camerad mußte meine Antwort überbringen. Meine Weigerung ward gefühlt, meine Gründe erwog man nicht. Einseitigkeit ist das Denken der Menschen, darum ist er Thor oder Betrüger, fanatisch oder gefühllos, Egoist oder Barbar. Man belächelte, bespöttelte meine Weigerung und sprach endlich verächtlich von mir. Dieses ist immer die Art, wie man in der grossen Welt über Männer abspricht.

Bald lief es von Mund zu Mund, ich sey ein Feiger. Die Elenden die bisher stille gesessen, traten näher zusammen, sie wagten es jetzt zum erstenmahl sich über ihre Händel mit mir zu besprechen, sie erzählten

erzählten einander, daß sie Ursache hätten mit mir unzufrieden zu seyn, sie verschwiegen, wie ich sie behandelt, und fingen vielmehr an zu prahlen, wie sie entschlossen gewesen wären, und wie ich sogleich den Feigen hätte blicken lassen, iezt glaubten sie, sey es Zeit loszubrechen. Ihr Herz mogte ihnen wohl sagen, daß die mir angespöttelte Feigheit Grundsäze des ruhigen Muths waren, aber selbst diese Grundsäze gaben ihrer Feigheit Muth, und im allgemeinen Gerede wollten sie sich iezt ein Verdienst machen, indem sie gegen mich auftraten.

Ich erhielt auf einmahl fünf oder sechs Ausforderungen und beantwortete keine, ging aber mit so ruhigem Muthe und so gleichgültig auf der Parade meinen Herausforderern auf den Leib; daß ihre Angst mich lächeln machte und einzeln mir keiner etwas zu sagen wagte, desto mehr wurde nachher heimlich gewürkt. Die Elenden rühmten sich in Schenken und in Gesellschaften, daß sie mich gefordert und daß mir die Nase geblutet habe. Bisweilen hörte ich auch wohl, wenn die Elenden beysammen stunden, entfernte Anspielungen. Mein Regimentschef ward aufmerksam. Er ließ mir durch einen Vertrauten stecken, daß ich dem Gerede ein Ende machen müsse. Ich brauche kein

VI. Heft.   J   Gerede

Gerede zu fürchten, antwortete ich kalt. Aber, hieß es, die meisten Menschen geben alles aufs Gerede.

Diese Wetterfahnen, erwiederte ich, sind denn auch leicht umzudrehen. Heute werden sie sagen, ich müsse mich schämen mich mit Leuten nicht zu schlagen, denen ich laut ins Ohr bis in das Innerste ihres Gewissens geschrieen, daß sie Buben und Bösewichter sind; morgen vielleicht werden sie finden, daß der brave Mann sich nur mit dem braven Manne messen müsse. Auf den Glauben solcher Leute gebe ich nicht ein Haar. Kann der Oberste mich nicht zum Essen bitten, so esse ich allein. Da bin ich gewiß, in keiner bösen Gesellschaft zu seyn, denn mein Gewissen ist ruhig. Antworten Sie dem Obersten, daß ich der Mann bin, der Muth hat, das durchzusetzen, was er sich einmahl vorgenommen hat. Unmöglich, sagte der Abgeordnete, sie haben das ganze Corps gegen sich.

Einige Zeit darauf ließ mir der Oberste sagen, daß er mir zwar keinen Arrest ankündigen lasse, daß er aber glaube, daß ich wohl thun würde, mich eine Zeitlang zu Hause zu halten und die Parade nicht zu besuchen.

besuchen, auch den Exercitien nicht beizuwohnen, weil er sonst genöthigt seyn mögte, mir es anzubefehlen.

Ich verstand die Winke. Der Oberste ist ein sehr edler Mann, der gewiß so sehr als einer die Duelle für die größte Nichtswürdigkeit hält. Er kann sie aber nicht abstellen, denn wenn Anarchie gesezlich oder herrschend geworden ist, kann einer der Beherrschten ihr durch keine Vernunft widerstehen. Unter Robespierre mußte man ein Unmensch seyn, oder scheinen, oder man ward guillotinirt. So muß man im Militairetat den Duellen fröhnen, oder man wird unterdrükt. So mußte auch mein Regimentschef nachgeben. Er sah, daß so bald es ruchtbar geworden, daß ich das Duelliren verachtete, alle Augenblicke Händel entstehen, und ieder Feige, wenigstens hinter meinem Rücken, an mir zum Helden zu werden suchen würde. Diesem wahrscheinlichen und bereits eintretendem Unfuge glaubte er ein Ende machen zu müssen. Ich sah das ein, bedauerte ihn und misbilligte ihn nicht. Wenn man den Thoren nicht klüger machen kann, dachte ich, bleibt nichts übrig, als der Thorheit auszuweichen. Ich sezte mich nieder und schrieb an den Obersten ein kurzes Gesuch ungefähr des Inhalts: Ich bitte Sie meine Entlassung vom Militairdienst zu bewürken, meine Gründe kann ich Ihnen nicht eröfnen.

Meinen Abschied habe ich sehr bald erhalten, weil ich nichts weiter verlangte und Uniform und Port d'epee willig am Altar der Moralität und der gesunden Vernunft niedergelegt habe. Jezt komme zu Ihnen, mein Vater, mit dem freiesten Muthe von der Welt, dem Muthe nie zu einer schlechten Handlung geschwiegen und nie selbst eine begangen zu haben. Jezt wird mir der Muth nicht viel kosten, iedes Vorurtheil zu besiegen, welches nur durch innere Schlechtheit den Glanz der äussern Ehre erkauft. Lassen Sie mich irgend ein bürgerliches Gewerbe ergreifen. Sie wissen, Franklin ist immer mein Muster gewesen. Nicht Franklin, was er ward, der grosse Gelehrte und Staatsmann, den Stolz habe ich nicht, mir diese Laufbahn zu bezeichnen, sondern Franklin, wie er etwas ward, durch Redlichkeit, Fleiß und Arbeit. Sein Beispiel ist mehr werth, als alle Helden Plutarchs. Ich will arbeiten, wie er, dann werde ich fortkommen, wie er; wohin, das mag das Schiksal entscheiden.

Inniger hat nie ein Vater seinen Sohn umarmet, als dieser den Seinigen. Habe Dank, sagte er ihm,

für

für die Vaterfreuden, die du mir giebst. Wie froh sehe ich dich jezt in dem grauen Rocke, den keine Thräne beleidigter Menschheit beflekt, wie würde ich zurükschaudern, wenn du zu mir kämst, die weisse Uniform *) beflekt mit dem Blute eines Ermordeten, und ängstlich mir entgegen riefest! Rettung, Vater, Rettung gegen mich selbst, ich habe einen meiner Mitbrüder ermordet!

Rechtschaffene Männer, redliche Jünglinge, ich weiß es, ihr werdet mir beistimmen, selbst wenn ihr, gebeugt unter dem Vorurtheile, das Joch unserer hassenswürdigen und verächtlichen Einrichtungen nicht abwerfen könnt. Mögte es so weit mit unserer Moralität gedeihen, daß euer Unwillen gegen die Störer der Ruhe, gegen die Stempler der Niedrigkeit und des Lasters, Volksgeist und warmer Bürgersinn würde! Nur dann erst können wir gesittete Menschen und gesicherte Staaten erwarten. So lange noch Europa und die übrigen Welttheile ein Tummelplaz für Räuber und Brandscenen sind, so lange Anarchie, Verwüstung und Empörung ihr Haupt erheben dürfen, werden wir nie das edle Ziel der Menschheit erreichen, immer veredelter zu werden, und so lange

Moras

*) Vermuthlich eine Oesterreichische oder Sächsische.

Moralität nicht unser Hauptbestreben ist, werden wir nie aus der Barbarei und der Anarchie hervorgehen. Wie unklug handeln daher diejenigen, die den Fürsten eine der größten Immoralitäten als eine Sitte zur Befestigung ihres Ansehens empfehlen? Haben wir nicht Zeiten in der Geschichte, wo kein Richter es wagen durfte, ein Urtheil zu fällen, wo kein Gesez in Kraft erhalten werden konnte, weil der Verurtheilte den Richter zum Zweikampf forderte oder zur öffentlichen Fehde schritt? Wollen wir es dahin bringen, daß Bravaden den Weg des Rechts durchkreuzen können, der Verurtheilte sich gekränkt glauben und dem Richter die Oefnung seiner Pistole vorhalten darf? Ich rede nicht von dem, was das Gewissen dem sagen muß, der, verpflichtet über Ordnung und Moralität zu wachen, Immoralitäten freien Lauf lässet. Wie kann er froh und glüklich seyn? Fliessen nicht über ihn die Zähren der Unglüklichen, ängstigen ihn nicht die Drohungen der Empörer, muß er nicht fürchten, daß früh oder spät ieder Bösewicht auf seinen Degen schlagen und sagen wird: hier ist mein Recht!

Doppelt groß ist zu unsern Zeiten die Verantwortung derer, die sich einer Immoralität widersetzen können

können und es nicht thun. Die Tendenz des menschlichen Geistes gehet iezt dahin, aus der Verfinsterung herauszugehen, und ie heller das Licht wird, desto scheuslicher und elender erscheinen alle Sitten der Barbarei und alle Albernheiten kindischer Vorurtheile. Ihr Unwissenden in der Geschichte und in der Moral, führt doch nicht immer und ewig die Ungereimtheit an, daß Duelle zum militairischen Geiste gehören. Die tapfersten Völker kannten diese Narrheit nicht; sie ist von den rohesten Barbaren zu den weichlichsten Völkern, von unsern rauhen Vorfahren, wie wohl in verwilderter Gestalt zu den ehemaligen verworfensten Franzosen übergegangen. Sie verschwand in Frankreich mit dem Vaterlandsgeiste, der überall unwiderstehlich siegte. Zuvor dekte ieder Elende mit ihr seine Verdorbenheit. Wollt ihr das Zeugniß braver Männer? Der Marschall Biron cassirte einen Officier, der sich nicht einem gerichtlichen Ausspruche unterwerfen wollte, weil er glaubte, die Ehre des Soldaten erfordere es, die Sache nur mit dem Degen auszumachen. Wer die Feder fürchtet, sagte Biron, der fürchtet auch den Degen. Und darf man euch zum stillen vernünftigen Nachdenken über Edelsinn und Seelengrösse einladen; wollt ihr eure Blicke ins Allerheiligste

heiligste der Ehre erheben; wollt ihr die wahre Würde des braven Mannes kennen lernen? Nun, dann werdet ihr auch hier lernen, was die Geschichte bestätigt, daß Duelle sich gar nicht mit Tapferkeit oder irgend einer Erhabenheit der Tugend vertragen, daß sie für Sclaven und Barbaren gehören, nicht für freie und aufgehellte Seelen. Sind diese Begriffe euch fremd, prahlt ihr mit Ritterzeiten und Rittertugend, wie unwissend seyd ihr dann noch, wie vieles habt ihr zu erlernen, ehe ihr über Tapferkeit und erhabenen Muth mitreden könnt. Schöpft erst an der Quelle der Wahrheit in Lehren, die euch zu Abbts Verdienste oder zu Türennes Grösse führen; durchlauft die Geschichte, um euch nicht durch Unwissenheit eben so blos zu geben, als durch Roheit. Bis ihr aber dahin gelangt, euern Geist mit weisen Einsichten, reifen Kenntnissen und sichern Erfahrungen zu bereichern, schweigt bescheiden von der richtigen Beurtheilung des Mannes, der das alles kennt, und schämt euch, in unsern Zeiten eure Barbarei sehen zu lassen. Laßt ab von eurem Wahn und stemmt euch nicht mehr für eine Abscheulichkeit, deren Joch die Menschheit abwerfen würde, wenn mächtige Thorheit sie nicht erhalten zu müssen glaubte. Machthaber! Gehet vorau im milden Lichte reiner und rechtschaffener Begriffe, bald wird euch die öffentliche Meinung folgen. Gebt Beifall der Rechtschaffenheit und der Würde der Menschheit, und Verachtung ieder That, die nicht den Stempel dieser Tugenden trägt!

Und ihr, die ihr durch Duelle euch Ehre und Ansehen zu geben sucht, glaubt nicht, daß ihr eure Absicht erreichen werdet. Vernünftige Leute werden euch nie achten, und das, was ihr unter Thoren durch Duelle gewonnen habt, werden andere Thoren euch wieder verliehren machen. Betriegt ihr die Welt, die Tugenden von euch verlangte, mit schnöden Thaten, so säumt der Betrieger nicht, euch wieder mit gleichen Thaten zu betriegen. Man spottet dann eurer, wenn ihr euch beklagt; ihr verdient es, heißt es, daß eure Grundsätze gegen euch selbst geltend gemacht werden. Und nun sagt, wohin soll die Anarchie führen?

Ein Officier, der auf der Parade herbe zu reden gewohnt war, pflegte denen, die empfindlich zu werden schienen, zu ihrer Beruhigung laut zu sagen: Ich bin täglich von eilf bis zwölf zu Hause, da spreche ich mit iedermann. Auf der Parade, meinte er mit Recht, dürfe ihm keiner antworten. Zu Hause war er zu jeder Genugthuung erbötig. Damit erwarb er sich das Recht, unartig zu seyn, gegen Leute, die sich nicht unglüklich machen wollten, und sezte sich täglicher Widersezlichkeit von Untergeordneten aus, die trozen mogten. Ist das Ordnung im Dienst? Ist das Ehrgefühl? Es ist Recht, daß der Vorgesezte im Dienste über Ordnung halte und Fehler verbessere. Er muß aber in Duellen nicht ein Mittel finden, den Anstand und die Grenzen des Dienstes zu überschreiten, und der Untergehörige eben so wenig, sich dadurch gerechten Verbesserungen zu entziehen. Wie weit auf beiden Seiten dieser Unfug getrieben werden kann, ist leicht einzusehen. Und wenn er nicht bis zu Duellen geht; so tritt ein, was Rousseau sagt: in unsern aufgeklärten Zeiten wird alles berechnet; ieder weiß auf einen Heller und Pfenning, wie viel seine Ehre und sein Leben werth sind.

In Frankreich, wo die Duelmanie und der Ehrenpunct zu Hause gehören, vertrieben sie allen Subordinationsgeist, und verbreiteten so die Auflösung aller Unterordnung, die wir so fürchterlich haben ausbrechen sehen. Zulezt wagte kein Vorgesezter mehr einen ernstlichen Befehl. An einen Vorwurf war nicht zu denken. Es hieß nur: Meine Herren, darf ich

ich Sie bitten; haben Sie die Gefälligkeit u. s. w. Zu einer Zeit, als die Franzosen den Preussen ähnlich werden wollten, fielen sie auch auf eine martialische Stellung des Huts. Ein Oberster sezte einem Officier seines Regiments den Hut zurecht. Er dachte an keine Beleidigung, der Officier auch nicht. Beide lachten und waren unbefangen. Die Umstehenden aber fanden, daß der Oberste den Hut zu unsanft zurecht gesezt habe. Es hieß, er habe Hand an den Officier gelegt, und sie liessen keine Ruhe; die beiden Freunde musten sich schlagen.

Ehemals, sagt Rousseau, entstanden Händel in Wirthshäusern, verfeinerte Vergnügungen sind allgemeiner geworden, und haben die rohern verdrängt. Ehemals schlugen sich junge Leute um eine Geliebte; seitdem der Umgang mit dem Frauenzimmer erleichtert ist, finden sie es nicht mehr der Mühe werth, sich darum zu schlagen. Soldaten schlagen sich jezt nur um Zurüksetzungen im Dienst, oder um nicht gezwungen zu werden, den Dienst zu verlassen. Rousseau hatte sehr Recht, bei dem Duelliren der Ehre nicht zu erwähnen; denn so wie überhaupt heutiges Tages nicht leicht etwas angegeben werden kann, was um der Ehre willen geschieht, oder so wie zu unsern Zeiten sich fast

alles

alles mit der Ehre verträgt, und die Ehre, wie ein französischer Schriftsteller *) sagt, das entehrteste Ding in der Welt ist, so kömmt insonderheit bei Duellen nichts weniger in Betrachtung, als die Ehre, da gerade an ihrer Stelle die Duelle treten, und dem Ehrlosesten am heiligsten sind.

Hätten wir aufrichtige Duelgeschichten, so würden wir über das Läppische und Kindische erstaunen, das sie veranlaßt oder beendigt. Es ist wohl nicht zu viel gesagt, daß von allen Menschen, die sich ie geschlagen, nicht ein einziger sich dadurch würde Achtung und Beifall versprechen dürfen, sondern blos Unwillen, Verachtung und Mitleiden. Und eine Handlung, die keine Achtung einflößt, soll edelmüthig und brav seyn? Im Anfange der französischen Revolution ward ein National=Deputirter herausgefordert. Er war beredt, er war der Gegenparthei gefährlich. Leicht war es dieser, einen Klopffechter zu finden, um ihn aus dem Wege zu räumen; widerstehen konnte sie seinen Talenten und seinen Einsichten nicht. Wie armselig erscheint hier das point d'honneur! Wie? Ein Mirabeau, dessen donnernde Beredsamkeit allein die Hyder

---

*) Point de duel ou point de constitution. a Paris, 1790. IX.

der der Anarchie hätte fesseln können, wären seine Tage gefristet worden, soll nur eine Minute früher, als das Schiksal es bestimmt hat, sein Leben verliehren, weil es kühne Fäuste giebt, aber keinen Kopf, der ihn bestehen kann? Armselige Behauptung! Keine Infamie ist stark genug, um einen Nichtswürdigen aus der Gesellschaft zu verbannen, der so verächtlich handeln und der Bandite eines braven Mannes werden mag, blos weil der Mann brav ist! Der Repräsentant, der gefordert ward, antwortete daher dem Herausforderer sehr richtig: Sie machen den Raufer; ich habe lange gewußt, daß das Raufen die Ehre der Leute ist, die keine mehr zu verliehren haben. Sie finden mich zu Hause, aüsser Hause, überall. Ich muß Sie aber benachrichtigen, daß ich immer einen Stok führe gegen Ungezogenheiten, und zwei Pistolen gegen mörderische Angriffe. Die Antwort war so passend, als sie in einem Lande seyn kann, wo das Vorurtheil noch stark genug ist, um die Justiz so zu beugen, daß Raufer der Art nicht dem Büttel übergeben werden.

In dem Roman, der Sonderling, den leder mit Nutzen und Vergnügen lesen wird, nennt ein schlechter Mensch einen rechtschaffenen einen Schurken.

Schurken. Lächelnd antwortete dieser! Sie könnten mich einen Elephanten nennen, würde ich es darum seyn? Unläugbar ist es, und man kann es nicht genug wiederholen, wer einen andern einen Schurken nennt, ohne die Schurkerei dabei zu setzen, begehet eine, und tausend Duelle können nicht eine Schurkerei gut machen.

Wer Gefühl für das Gute und Schöne hat, wer fähig ist, zu bewundern, was bewundernswürdig ist, wer grosse Eigenschaften des Geistes gegen körperlichen Unsinn, erhabene und wohlthätige Tugenden gegen sittenlose Rauheit abwägen kann, der betrachte mit stillem Erstaunen die Ungereimtheit eines Kampfes, wozu ein Herz- und Gehirnloser Mensch, der sich Etwas glaubt, weil er von Geburt zu seyn wähnt, und dadurch den Titel von Etwas führt, das im Grunde Nichts ist, einen Mann von Talenten, von Herz und Geist; wozu ein Müssiggänger, der am Hofe und in Gesellschaften seine Zeit verschleudert, den Arbeitsamen; wozu ein lediger Mensch, den sorgsamen und pflichtvollen Hausvater; wozu ein Bösewicht den gutmüthigen und wohlwollenden Mann auffordert. O! wen diese Betrachtung nicht empört, wen nicht Unwillen und Verachtung der Buben ergreift, die in

Mord

Mord Ehre setzen, welch ein elender Mensch muß der seyn!

Der edle Mann weihet sie der Verachtung mit aller Hoheit, die ihm die Tugend einflößt; er reißt dem Laster die Larve ab, er verschmäht die Schminke, mit der man bisher das scheuslichste aller Vorurtheile, das Vorrecht niederer Seelen, gute und edle Menschen unter der Behauptung der Ehre zu morden, bedekt hat; er zieht sein Schwerdt gegen den entehrenden Unfug und wirft die Scheide weg. Hier zeige er Muth, hier troze er Gefahren, die da, wo Mord das Ziel ist, das man vertheidigt, ihn allerdings erwarten. Sie fürchtet er so wenig, als der brave Krieger den Tod für das Vaterland.

Voltaire, was auch Menschen sagen, die klein genug an Geist und Herzen sind, um den Umfang seines Geistes nicht zu fassen, oder die eigene Ruhmsucht im Verkleinerungs-Neide des größten Genies zeigen; Voltaire, dieses Meteor der Geistesgröße, dem kein anderer zu keinen Zeiten gleich gekommen ist; er, den die Natur so einzig begabt hatte, und dem sie fast ein Jahrhundert zu seiner Laufbahn anwieß, ward eben deswegen, weil er mehr Geist hatte, als andere, mehrmalen in seinem Leben mit einem Zweikampfe bedrohet.

bedrohet. Mögen fühllose Atheisten, die aber alles spotten, nirgends eine weise Oekonomie der Versehung erkennen, mögen Stolze, die ihren kurzsichtigen Eigensinn zum Naturgesez für Menschen und Staaten machen, es für gleichgültig halten, ob ein großer Mann seine Laufbahn vollende, oder gewaltsam aus ihr herausgehoben werde; der Weise, der in Allem höhere Ordnung und Weisheit bewundert, und nie gewaltsam eingreift, wo Vernunft entscheiden kann, sieht mit Erstaunen, wie unsinnig iene Fühllosigkeit, wie ohnmächtig iener Stolz ist; er verehrt die Verkettung, welche in der großen Regierung des Ganzen zum Grunde liegt, und wird unwillig, wenn eine Fliege den Flug des Adlers hemmen will, und die Macht der Thorheit iener den Tarantel Biß giebt, um diesen im höchsten Sonnenfluge plözlich von den Lüften herabreissen zu können.

So suchte der Unsinn Voltaire zu behandeln. In einem Lande, wo das Gefühl äusserer Ehre körperliche Beleidigungen für den höchsten Grad der Entehrung hielt, wo Beschimpfung der Art nur mit dem Tode der einen Parthei abgewaschen werden konnten, durfte ein Elender es wagen, ihn durch angestellte handfeste Leute überfallen und mishandeln zu lassen. Freilich hat

hat es seine Ehre nie gekränkt, und seinem Ruhme nie geschadet, wenn gleich die Welt nicht das Entehrende der That dem Thäter genugsam beigelegt, oder ihn mit der Verachtung bezeichnet hat, die er verdiente. Aber selbst Voltaire, bedekt mit dem Schilde des Ruhms, glaubte sich verpflichtet, um sich vor Schande zu retten, zu einem Zweikampfe zu schreiten, er suchte seinen Gegner auf, eine neue Ungerechtigkeit wendete die Thorheit ab, er ward entfernt, und dadurch ein Mann erhalten, dessen Namen unsterblich geworden ist, und dessen Gegner, einen elenden Rohan, man iezt nicht mehr nennt. Sollen so die größten Geister unter Vorurtheilen erliegen, weil von ihnen das, was iedem Menschen theurer ist, als das Leben, die Ehre abhänget; nun, dann gehört kein Zweikampf für den Elenden, der es in seiner Macht hat, durch eine Banditenthat den größten Mann zu entehren; dann muß der Rechtschaffene sich mit Dolchen und Pistolen bewafnen, und dem das Herz durchbohren, dem das Gehirn zerschmettern, der einen mörderischen Angrif auf ihn thut. Schaudert ihr, Gesezgeber und Gesezhalter! Fühlt ihr die Pflicht eurer Verantwortlichkeit? Sehet ihr in blutige Scenen zügelloser Barbarei die Geseslichkeit verwandelt, deren Aufrechthaltung euch obliegt; wagt ihr wohl gar ein Urtheil über den, der dem Räuber seiner Ehre das Gehirn zerschmettert? — Ihr brecht den Stab über euch selbst! Ihr habt ihn dazu bevollmächtigt. — Und doch wollt ihr verehrt seyn? O ihr könntet es, aber wenn euch die Gleichgültigkeit der Welt trift, wenn euch die Achtung des Volks fliehet, wenn der Seegen der Gottheit euch entzogen wird, wenn die Bande der Ehrfurcht erschlaffen, die allein die menschliche Gesellschaft zusammen halten, wenn man euch trotzen zu können glaubt, so wie ihr erlaubt, Gesetzen zu trotzen, so senkt euer Haupt gebeugt zur Erden, weint bittere Thränen der Reue, und ruft mit Zerknirschung: ich habe es verdient; ich hielt nicht über Gerechtigkeit!

Je mehr Staaten mit Auflösung bedrohet werden, je stärker fast überall die rege Gährung des Volksgeistes gegen den zernagten Zügel der Gesetze ist, desto mehr ist es unsere Pflicht, denen, die schwach genug sind, die Gerechtigkeit zu fürchten, zuzurufen: Regierter, kehrt wieder zu eurer Stärke, ergreift die Zügel der Menschheit, gebietet Menschen und Zeiten, Nationen und Jahrhunderten, stehet empor und sinket nicht!

nicht! Ich weiß wohl, daß wer dieses ausruft, von kleinen Seelen für keinen Freund der Regierungen und der Landesverfassungen gehalten wird. Ich weiß wohl, daß die Stimmenmehrheit aus knechtischen Seelen spricht. Ich weiß wohl, daß die Guten selten zur Stimmengebung gelangen. Aber der brave Mann spricht zu solchen Schreiern, wie Cäsar zu den Räubern, so bald ich ans Land komme, will ich euch alle hängen lassen; und der Regent, der seinen eigenen Vortheil kennt, wird dem braven Manne mehr trauen, als einer Handvoll Räuber.

O Gerechtigkeit, Tochter des Himmels, einzige Besänftigerin der verwilderten Menschheit! Könnte ich dein Bild mahlen, könnte ich die Glükseeligkeit schildern, die du verbreitest! Hört den Dank froher Unterthanen, die Gerechtigkeit beherrscht! Nirgends entfährt ein Fluch den Lippen, und kehrt wie ein Dolchstich in euer Schlafgemach ein. Nirgends herrscht Mistrauen, diese Hyder, die unzerstörlich wieder herauswächst, diese Harpyen, die jeden Genuß des Lebens rauben. Angst, Argwohn, Furcht, diese Tyrannen, die, weil sie keine Grenzen haben, zu allen Greuelthaten verleiten, geben der freudigsten Sicherheit

K 2 Raum.

Raum. Die Hölle verschwindet, in der wir lebten; der Himmel öfnet sich!

Menschen! wollt ihr ein Bild, das stärkste, das ich zu geben vermag, denkt euch einen ungerechten Gott! Er ist schauderhaft, der Gedanke; die schnellste Vernichtung ist die einzige Rettung, die er hoffen läßt. Aber nun denkt den gerechten Gott, nun in seiner Gerechtigkeit ganz seine himmlische Güte und Milde! Brecht hervor, Freuden=Thränen, strömt aus dem innigsten Gefühl des Danks, strömt aus der Wonne einer ewig gesicherten Glückseeligkeit. Ruhe, erhabene Ruhe der Tugend, hier bist du unerschütterlich! O wer kann sein Herz diesem Gefühl versagen! Menschen! jenes Bild des ungerechten Gottes habt ihr Teufel genannt, und Teufel wollet ihr seyn, ihr Ungerechten; ihr, die ihr den Menschen das Bild der wohlthätigen Gottheit durch Gerechtigkeit versinnlichen könntet!

Voltaire ward noch ein paarmal zum Duel gefordert. Einmal von dem Präsidenten der Academie in Berlin, dem eitlen Maupertuis, der sich, wie man erzählt, hinter einem Schirm verbarg, wenn Leute in einer Gesellschaft mehr glänzten, als er. Ein anderesmahl von Pompignan, dem Bruder eines, wie

man

man behauptet, gelehrten Bischofs und schlechten
Poeten. Jezt gab er dem Ernst die Wehdung einer
Posse, so wie die Sache es verdiente. Eben das that
Mirabeau, der in seiner politischen Laufbahn mehr
als funfzigmal zum Zweikampf gefordert ward. Man
grif zu diesem Mittel, seine Beredsamkeit und rast-
lose Thätigkeit zu vernichten, denen man sonst nichts
entgegen zu setzen vermochte. Nepos sagt von Ari-
stides, daß gegen ihn Beredsamkeit über Tugend
siegte. Hier sollte es Mord über beide. Mirabeau
machte eine Liste der Gegner, die ihn nur so zu bestehen wusten. Kam ein neuer, so zog er seine Schreib-
tafel heraus. Gut, sagte er, Sie sind der sechzigste;
sobald ich aufhöre, Pflichten zu haben, wofür ich dem
Volke verantwortlich bin, und in den Privatstand zu-
rüktrete, will ich allen genug thun, und dann auch
Ihnen, nach Ihrer Reihe. So wurde es zum Ge-
spötte, und doch zweifelte Niemand an Mirabeaus
Muth, denn Jedermann sah sein politisches Betragen.

Ich will hier nicht wiederholen, wie unbeweglich
er gegen jeden Widerstand war, und allein das Schiksal Frankreichs auf seine Schultern nahm. Die Geschichte hat diese Züge verewigt. Weniger bekannt
ist vielleicht der Muth, mit dem er dem Tode entgegen
ging.

ging. Selbst die Ursache seiner lezten Krankheit war heldenmüthig. Der Graf von Aremberg war sein Freund, der einzige vielleicht, der sich zu Mirabeaus Freundschaft bekannte. Er hatte große Besitzungen in Frankreich, seine ganze Wohlfahrt hing von ihnen ab, und sie wurden ihm bestritten. Mirabeaus Beredsamkeit allein konnte ihn retten. Der Tag der Entscheidung war da, und gerade an dem Tage überfiel Mirabeau seine lezte Krankheit. Er kam leidend zu seinem Freunde; ich kann, sagte er, heute nicht für Sie reden. Die Nachricht war für diesen ein Donnerschlag. Er sah sich verloren. Mirabeau ward bewegt. Wohlan, sagte er, geben Sie mir Wein, ich will mich zusammenraffen. So zwang er sich zu einer physischen Stärke seiner zerrütteten Gesundheit, führte die Sache aus und gewann sie. Aber die Anstrengung gab ihm ein heftiges Fieber, und verwandelte den Krankheitsstof in seinem Körper zum Uebergang ins Grab.

So lag er, ein Opfer der Freundschaft, und ging ruhig dem Tode entgegen. Er litt entsezliche Schmerzen. Schon war ihm die Sprache genommen, aber noch war sein Kopf frei. Er schrieb auf einen Zettel: wenn man so glüklich ist, seinen Freund zum Arzte zu haben,

haben, so ist es grausam von diesem, ihn leiden zu lassen. Ein bischen Opium würde die Sache machen. Nicht lange vor seinem Tode verlangte er noch einen Bleistift zum Schreiben. Seine Züge waren nicht mehr leserlich. Man unterschied nur das einzige Wort (dormir) schlafen. Vermuthlich wünschte er ruhig hinüber zu schlummern. So stirbt der muthvolle Mann. So stirbt nicht der, welcher, Parthei, Richter und Henker zugleich, um einer Thorheit willen im Zweikampf fällt.

Duelle können nur da häufig seyn, wo die guten Sitten verfallen und die Gerechtigkeit vernachlässiget wird. Sind nun beide die Stützen der Staaten, hat Tacitus sich falsch ausgedrükt, wenn er von dem alten Deutschland sagt, dort galten Sitten mehr, als anderswo Gesetze; hätte er sagen müssen, Gesetze können nur da in Ansehen seyn, wo auf Sittlichkeit gehalten wird, so siehet man, wie viel eine Regierung verliehrt, wenn die Sitten verfallen. Ludwig der Heilige war ein guter König, der Vater seines Volks. Unter der Eiche von Vincennes sprach er Recht, und seine Urtheilssprüche erhielten allgemeine Verehrung. Da hörte die Barbarei der sogenannten Gottesgerichte auf. So verschwand der Unsinn des Faustrechts vor dem

dem hellen Lichte der Vernunft, und eben so verlöschet dieses, wenn der Unsinn der mörderischen Thätlichkeiten das Recht verdrängt. Die einzige Gewalt der Regierungen ist das Gesez. Der Zweikampf kennt kein Gesez, als Gewalt.

Was ist mehr als das Empörung, wäre es auch sonst nicht ein Verbrechen?

Tritt hervor, Egoism! Hier bist du in deiner ganzen Stärke. Hier erscheint nichts als du. Alle Bruder-Bande unter den Menschen sind hier gelöset, kein wohlthätiges, kein gutmüthiges, kein menschliches Gefühl findet mehr statt. Dort liegt ein Verwundeter, hülflos im Dickigt des Waldes. Seine Wunden verbluten, er liegt auf der kalten und harten Erde. Vorübergehender! vielleicht kannst du ihn retten, das Blut hemmen, den fliehenden Geist zurückrufen, oder wenigstens die lezten Augenblicke des Leidenden versüssen. Wie? Du gehst fühllos vorüber? Sein Winseln, sein Röcheln rührt dich nicht? Elender, das konntest du? — Ja, das konnte ich, höre ich antworten; aber wie? Du erkühnest dich, mir Vorwürfe zu machen. Ich ließ den Sterbenden liegen, den ich nicht verwundete; aber du, tausendfach mehr Elender, als ich, du ziehst den redlichen Mann, den nüzlichen Bürger,

Bürger, den guten Hausvater ins Dickigt, und stößest ihm, mit voller Ueberlegung rasend, das Schwerdt in die Brust. Sieh, es ist dein Werk; sieh nun den röchelnden Sterbenden, sieh das Blut, das dir entgegen sprüzt, und sage noch, der sey ein gefühlloser Elender, der unbarmherzig einem Verwundeten vorübergeht. Der, den du mordetest, war dein Bruder; du warest geschaffen, ihm wohlzuthun. Sieh zurük, wie glüklich er ohne dich hätte seyn können; — sieh vor deinen Füssen; Er ist nicht mehr. — Sieh um dich, dort fliessen heisse Zähren, die du vergiessen machst. Armer Vater, gebeugter Greis, armes Weib, arme Kinder! wie dauert ihr mich!

Lache über sie, Held der Ehre! Schlage auf, deine fürchterliche Lache der Hölle. Es ist ja Ehre, was du triebest, es ist Muth und Rittersinn! — Warum stehst du verstummt? Fühlst du die Hölle im Busen; fühlst du, wie du Teufel wardst gegen dich; Teufel gegen die Menschheit?

Folge mir iezt, und sieh das Bild, das ich dir zeigen will!

In sich gebükt saß der Alte und weinte. Eine Thräne rollte nach der andern die Wangen herab. Sterbend lag der Sohn auf einem Ruhebette. Die Foltern

Foltern des Gewissen, mischten sich in seine Todesbläſſe, und machten seinen Anblik schauderhaft. Es schien, wenn man ihn ansah, als hätte er weinen mögen, aber er konnte nichts als bluten. Auch hätte man über ihn weinen mögen, wäre nicht die Wehmuth zu Entsetzen geworden. Seitwärts lag die Mutter in Ohnmacht. Die Schwestern waren beschäftigt, weiche Leinwand zum Verband zu suchen, sie konnten nicht sehen vor Thränen, was sie suchten. Hofnungslos stand der Wundarzt am Ruhebette mit gesenkten Armen, gleich dem Trauernden auf Weſt's schönem Gemälde des sterbenden Wolfs. Ach! Wolf fiel den Tod fürs Vaterland, dieser fiel als Mörder durch Mörders Hand. So hatte man ihn seinem Vater gebracht. Vor der Stadtmauer fand man den einen tod liegen, neben ihm zwei blutige Degen. Der andere saß ohnmächtig nahe beim Kampfplaz auf einer Bank, zu der er sich geschleppt hatte. Und warum hatten sie sich ermordet? Weil sie sich gezankt, wer tapferer sey, der Franzose oder der Deutsche. Jeder stritt für seine Nation und verkleinerte die andere. Die Rasenden! Nur Trunkenheit oder Raserei konnte so etwas bewürken. O daß sie mit einander gewetteifert hätten, wer der beſſere Bürger sey, wer die helleſten Begriffe von

Bürgers

Bürgerpflichten habe, wer dereinst der beste Hausvater, der beste Staatsdiener werden könne!

Wild sah der Sterbende umher, so wild, als matte Augen sehen können. Die Furie des bösen Gewissens erscheint nie schreklicher, als im Verlöschen des Sterbens. Sein Seufzer ward zum Röcheln. Er warf sich umher, die Wunde riß auf und blutete stärker. Vater, wollte er rufen, Vater vergieb mir! Die Worte erstarrten im Munde; er war dahin.

Fürchterlich war sein Hingang; aber die Seinen, welch ein trostloser Anblik! Mein Sohn, rief der gerührte Alte und stützte sich auf den blutigen Leichnam. Starr vor Schmerzen, wie die Töchter Niobes, lag jede Schwester versteinert da, wo sie sich beschäftigte; die eine knieend vor einer Schublade, in der sie weinend Leinwand zum Verband suchte, die andere hingesanken an einem Tische, wo sie noch eben für den Bruder betete, und in frommer Andacht wenigstens um die Rettung seiner Seele flehte. O, ihr Großprahler! die ihr in Duellen Ehre sucht, und ihr pflichtvergessenen Gerichtsstühle oder Geseßhalter, die ihr Duelle begünstigt, spottet immerhin dieser Gefühle, es ist eurer würdig. Bedenkt nie, wie viel daran gelegen ist, daß der Mensch den ruhigen Ausgang

gang aus diesem Leben ohne Nagen des Gewissens als ein Gut betrachte, daß er während seines Hierseyns nie verletzen müsse. Gehet fühllos den Leichnam vorüber, stoßt ihn an mit dem Fuße, und wenn er sich nicht mehr regt, so sagt gleichgültig: der ist auch geliefert! *) Freilich war es nur ein Mensch, der fiel; aber der Verfall der Sittlichkeit ist Schuld daran, daß der Einzelne fiel.

Und ihr, Schwächlinge! fürchtet ihr die öffentliche Meinung, das herrschende Vorurtheil, und wagt nicht, euch dagegen aufzulehnen? Was nennt ihr öffentliche Meinung, was herrschendes Vorurtheil? Etwa das Naserümpfen einiger Gecken und Narren? Sagt ihnen, daß sie Narren sind, und fürchtet sie nicht; das ist männlich und brav.

Ihr irret euch; die öffentliche Meinung ist nicht die Stimme einiger Thoren und Weiber, die blos ein leeres Geschwäz erzeugt. Die öffentliche Meinung ehrt Tugenden, wenn sie sie bewährt findet. Zeigt die, und seyd gewiß, ihr habt sie für euch. Aber um

in

*) Ich mahlte dieses, so wie ich es gesehen habe.

in der Tugend zu beharren, dazu gehört Muth, und Muth, ihr Duel-Schwächlinge, habt ihr nicht.

Aber wäre die öffentliche Meinung so elend, als ihr, so beugt der freie Nacken des rechtschaffenen Mannes sich nicht unter diesem Joche. Er ergreift sie, sie zu leiten, er sinkt nicht als Sclave unter ihr.

Und wollt ihr euch einer öffentlichen Meinung unterwerfen, so folgt nicht dem Trosse leichtfertiger Menschen, die in Vorzimmern Weisheit einathmen und an Spieltischen wieder aushauchen; diesen Männerchen der altfränkischen Bildung, ehemals Leute von gutem Ton genannt, jezt der Spott der Neufranken, die deutsche Heere schlugen, eben weil diese Sitten der Altfranken hatten. Charakterlose Menschen entscheiden freilich lächelnd über alles, verwerfen oder loben, kriechen oder treten mit Füssen. Aber nie hat einer unter ihnen eine Meinung. Meinen scheint ihnen sogar ein Verbrechen, und der ein Frevler, wer freies Meinen vertheidigt. Willst du dich also nach Meinungen richten, brauchst du eine andere, als deine eigene, so sieh dich nach einer um, suche sie auf unter denkenden Köpfen und nicht in leeren Hirnschädeln. Da wirst du Männer finden,
die

die Menschenwürde und Wahrheit ehren, nicht Thoren, die Sclaven der größten Erniedrigung und Einfalt sind.

Könnte wahre Männlichkeit iene, nur für feige Weichlinge geschaffene Sitte des Zweikampfs verdrängen, wie sehr würde dadurch alles was gut und edel ist ermuntert werden. Männer würden reden, wie es Männern gebührt, ernst und voll Anstand gegen Frevel und Thorheit, voll Wärme fürs Vaterland und für die Menschheit. Jezt schmeicheln sie ienen und schweigen vor diesen, weil iedes derbe Wort der Wahrheit eine Beleidigung werden kann, die Degen und Pistolen zu rächen berechtigt sind. Widerlegung, Untersuchung, Prüfung findet nicht statt. Man frägt nicht, ist das Gesagte wahr, ist es falsch. Ich will nicht, daß gesagt werde was wahr ist, sagt der Raufer, bei Pistolen und Degen will ich es nicht! — Man lacht nicht über diese Sprache, man glaubt nicht, sie gezieme sich nur für einen Verrükten. Man ehrt sie, es ist die Heldensprache des Duellanten!

Als Rousseau über die Unzwekmäßigkeit des Marschalsgerichts in Frankreich verschiedenes an Alembert schrieb und seinen Brief drucken ließ, antwortete ihm

ihm iemand, ohne sich zu nennen: On ne peut justement devoiler aux yeux de la nation les fautes de la legislation. Man kann nicht rechtlich vor den Augen der Nation die Fehler der Gesezgebung enthüllen. Rousseau antwortete: Si quelqu'un de nos citoyens m'osait tenir un pareil discours à Genève, je le poursuisrais criminellement, comme traitre à la patrie. *) Wenn in Genf einer unserer Bürger sich erkühnte, mir eine solche Rede zu halten, würde ich ihn hochgerichtlich (peinlich) verfolgen, als einen Verräther gegen das Vaterland. Das ist brav, das ist männlich. Die Gesezgebung kann nicht gründlich genug untersucht werden, um immer auf das aufmerksam zu bleiben, was unpassend oder gar ungerecht ist. Laut redet so der gute Unterthan der Geseze, wo der Adel des freien Muthes, wo der brave Mann etwas gilt. Wo der Zweikampf gilt, fällt dieser Seelenadel weg. Da tritt einer auf, der sich durch entdekte Fehler der Gesezgebung verlezt glaubt, wie gegen Rousseau der Vertheidiger der Marschalsgerichte, und fordert den redlichen Bürger zum Zweikampf, weil er rede als Mann. Ist es nun wahr, wie Rousseau sagt,

*) T. XI. S. 450.

sagt, daß derjenige vor ein peinliches Halsgericht als Verräther gezogen zu werden verdient, der nicht die freie Prüfung der Geſezmängel erlaubt, ſo bedarf es wohl keines Beweiſes, wie übel dem Staate gerathen iſt, wo der nüzlichſte Bürger ſeines Muths halben mit einem Zweikampf bedrohet werden kann.

Lächerlich und widerſprechend iſt es, zu behaupten, die Rüge der Unordnungen könne Unordnungen bewürken, oder die Ordnung könne geſtört werden, wenn ſie unzeitig als Unordnung gerügt werde. Eben ſo unbedeutend iſt der Einwurf, daß Menſchen ungeſittet werden würden, wenn die Furcht vor Duelle ſie nicht in Ordnung hielte. Es iſt nicht zu viel behauptet, wenn man ſagt, daß die Stände, die keinen Duel unter ſich eingeführt haben, bei weitem die geſittetſten ſind, und daß ſich wahrhaftig nur ungeſittete Menſchen duelliren. Ich will blos von dem franzöſiſchen Adel reden, da doch die Franzoſen von der vorigen Regierung für die feinſte Menſchenart gelten. Ein ieder, der Gelegenheit gehabt hat, mit den iungen Leuten unter ihnen näher bekannt zu werden, wird, wenn er ſelbſt Feinheit des Gefühls und der Sittlichkeit hat, geſtehen müſſen, daß im Ganzen genommen,

unter

unter ihnen ein Ton der Ungezogenheit und Roheit herrschte, der ganz das war, was man nachmahls als Sansculottism verschrie. Der Major Tench, wo ich nicht irre, beschreibt einige Züge der Art als Beweise der Grobheit, worin die Franzosen zur Zeit des Jacobinersystems verfallen waren. Er irrt sich, eben die Sitten herrschten zur Zeit des Hofes. Das hieß guter Ton, das nannte man toués. Dinge für die sich der gebildete Kaufmann und der Gelehrte geschämt haben würden.

Freilich würde ein freimüthiger Ton herrschen und der lästige Zwang, der iezt die Gesellschaften so kalt und unbedeutend macht, würde wegfallen, so bald man nicht fürchten dürfte, daß ein Widerspruch für ein Dementi gelten könne. Aber doch würde der ungezogene Mensch, der weit entfernt, aus Furcht vor Duelle gesittet zu werden, durch sie seine Ungezogenheit zu schätzen weiß, nicht ungestraft geduldet, der Schreier, der seine albernen Einfälle lachend zu Markt bringt, würde belächelt und verspottet, der Windbeutel, der seine Lügen als Wahrheiten verbreitet, würde beschämt werden. Wo Sittenverfeinerung herrscht, hat man nicht Ursache, Rükfall in Roheit, sondern vielmehr Ueberverfeinerung zu befürchten, oder eine Abgeschliffenheit, bei der sich das Gepräge der Menschheit ganz verliehrt. Wir haben mehr nöthig, die Menschheit durch freie Wahrheitsliebe und offene Manhaftigkeit zu ermuntern, aus ihrer Schlafheit hervorzugehen, und Muth und Kraft zu zeigen, als Stumpfheit und Zurükhaltung durch Begünstigung der Duelle zu befördern.

Möchte gerader Sinn überall der Leiter der Menschen seyn! Ueberspannung und Erschlaffung sind immer bei einander. Je weniger die Vernunft würkt, desto mehr würken Leidenschaften und Einbildungskraft, stören die Ordnung, verwirren die klaresten Begriffe und erschweren die leichtesten Dinge. *)

Ehr-

*) Die mehresten Händel entstehen bekanntlich in öffentlichen Häusern, Billiarden, Wirthstafeln. Leute die hier gleichsam Besiz genommen haben, massen sich gemeiniglich einen unerträglich hohen Ton an, tatoniren den Neuling, geben sich auf seine Kosten ein Ansehen, prellen auch wohl den Unerfahrnen im Spiel und in der Zeche und üben ihren Witz gegen Leute, über die sie sich wegsetzen zu können glauben. Ungezogenheiten in öffentlichen Häusern verdienen nicht die Aufmerksamkeit des sittlichen Mannes, sie gehören für den Richterstuhl der Polizei; aber Muthwillen und Roheit werden auch da abnehmen, wenn die Größte aller Roheiten, das Duel, sie nicht mehr unterstüzt, und der ehrliche Mann den Gecken und Prahler bemitleiden darf.

Ehrwürdig sind Krieger, wenn sie Bürger sind, Bürgertugenden haben, Bürgerpflichten üben; wenn sie Roheit verachten, über Mordprahler wie über Banditen unwillig werden, und das wahre Wort, der Stänker, der Duellant ist ein schlechter Mensch! höher achten, als die mit einem Mordgewehre behauptete Unehre. Ehre läßt sich nie mit Waffen behaupten. Ehre ist gute That, oder ausgeübtes Gute.

Wundert euch nicht über die Zerrüttung der Staaten, den ewigen Wechsel der Dinge. Menschen, noch habt ihr alles für den Schein gethan, nichts für die Wahrheit. Ihr wollt frei seyn, rief Sieyes vor acht Jahren den Franzosen zu und wißt nicht gerecht zu seyn, und noch kann man euch dieses in jedem Augenblicke zurufen. Ihr habt Regenten, aber wie selten ist einer der regieren kann, und an welche elende Leitfäden, von was für elenden Leitern werden die meisten geführt! Ihr habt Gesetze und wollt sie nicht ehren; Ihr habt Verstand und entsetzet euch ihn zu gebrauchen. Ein gesellschaftliches Band soll euch binden und ihr spottet der Sittlichkeit. Sehet alle Stände durch, beobachtet alle eure

Einrichtungen, ſehet eure Lebensart, eure Begierden, eure Gröſſe, eure Vergnügungen, eure Erziehung, euer ganzes Seyn von der Kindheit bis zum Greiſen, von dem auf Stroh gebohrnem Armen bis zu dem in geſtikten Windeln prangendem Kinde. Wo iſt wahre Menſchheit, wo iſt ein Bild, das Mitgefühl, Liebe, Freude, Achtung, Ehrerbietung, Bewunderung einflößt? Ihr wollt alle dieſe Empfindung, und wo iſt der Stof dazu?

O daß ich euch mahlen könnte, wie ihr ſeyd, und wie ihr ſeyn ſolltet. Aber ich müßte euch mahlen, klein wie ihr ſelbſt ſeyd, in einer Nußſchale; damit ihr euch da liegen ſähet, ekelhaft wie der Wurm der den Keim nagt. Ganz das Bild zu überſehen und zu beurtheilen, dazu ſeyd ihr zu klein. Ihr habt es ja täglich vor Augen, ihr ſehet es, und ihr hänget ihm nach, wie das Kind, das bei ſeinem Spielzeuge ermüdet, und es immer wieder hervorſucht. Der Augur der Römer lachte zwar wenn er dem Augur begegnete, aber doch ſchien ihm ſeine Würde heilig, und wehe dem Vernünftigen der über ſie gelacht hätte! Aber dafür begegnete auch nie ein gerader Mann dem andern mit einem geraden Sinn und Worte, oder mit einem traulichen Händedruck.

Wollt

Wollt ihr nie einsehen, wie sehr ihr euch schadet, welch ein Spinnengewebe eure prächtigsten Einrichtungen sind, wie der Wurm an Blüten und Früchten nagt, wie Moder unter Gold und Seide glänzt, oder um ohne Bild zu reden, wie Laster, Betrug und Kleinheit für Tugend, Wahrheit und Grösse gelten! o so laßt mir die einsame Verborgenheit meiner Wohnung, laßt mich die Thräne in Frieden weinen, die manches Andenken an die Vorzeit, manches Bild der Gegenwart aus meinen Augen preßt. Sie fließt aus bitterer Erinnerung, aber unvermerkt gehet sie in die Zähre ruhiger Erwartung über, und milde Hofnung versüßet die Gegenwart. Mutter Natur, dann öfnet die Seele sich dir, und die Fülle deiner Reichthümer strömet ihr zu. Wie unendlich ist hier der Genuß. Pestalozzi, o daß es Menschen gäbe, wie du sie schilderst, aber eine solche Menschheit giebt es, und diese Menschheit sey mein!

Menschheit du riefst mich zur Feder, Menschheit dir allein habe ich sie geweiht. Partheilos für mich habe ich keine Forderungen mehr. Ich klage keinen Menschen an; es ist keiner, gegen den ich Genugthuung bedarf; Rache und Haß haben keinen Antheil

theil an meinem Gefühl. Möge iedem das Glük werden, was ich suche, in Rechtschaffenheit und Frieden meine Tage zu beschliessen! Ich habe freilich nur zu oft für mich reden müssen, ich werde es vielleicht auch in der Zukunft thun; auch für mich soll Wahrheit und Recht, wie wohl nie um meinetwillen, gelten. Aber an den Inhalt dieser Schrift, ich bezeuge es feierlich, nehme ich nur den Antheil der Menschheit, auf deren Altar ich sie niederlege.

A. H.

IX.

Alfonzo.

Vorerinnerung.

Ich laß im Journal Frankreich (1798. 4 St.) aus Düvernets Leben Voltaires, daß dieser eben so kluge als berühmte Mann bei einigen Indiscretionen seiner Freunde zu sagen pflegte: Je prie Dieu de me delivrer de mes amis; quant à mes ennemis je m'en charge.

Wen erinnert das nicht an Hiobs Freunde, diese leidigen Tröster.

Gewisse Dinge erregen oft zufällig unsere Aufmerksamkeit, ohne daß wir einen Grund davon angeben können. So ging es mir mit dieser Stelle. Sie folgte meiner Phantasie auf einem einsamen Spaziergange. Wahr ist es, dachte ich, der Eifer unserer Freunde, die Erlaubniß, die sie zu haben glauben, uns zu beurtheilen, die oft ins Vorschnelle ausartet,

artet, das Gewicht, welches die Freundschaft ihnen über uns giebt, und das sie bisweilen zu gebieterisch benutzen, schadet uns mehr als selbst unsere Feinde. Die Phantasie übertreibt; so ging auch die meine in Hyperbolen über, und spann den Faden eines flüchtigen Gedankens zum Gewebe der nachstehenden Erzählung.

Alfonzo war in einem der romantischsten Thäler des Scenenreichen Grenada aufgewachsen. Ein heiterer Sonnenhimmel, die mit ihrer Gegenwart unsere Empfindungen sanft beseeligende Natur, die in den Bildern der Vorzeit die Phantasie hinreissende Erinnerung an ehemals hier entflammte Gefühle des Ruhms und der Liebe, und mehr als alles, der innige Bund der Liebe und des Zutrauens, der in Alfonzos Hause herrschte, hatten frühe schon des Jünglings Seele die Stimmung gegeben, die bald in der grossen Welt Verstimmung werden mußte; sich seiner Phantasie mit Würklichkeiten bemeistert, die wenn wir sie im Fortgange des Lebens erhaschen wollen, als Phantome entfliehen; und seine Seele mit Gefühlen geschwängert, deren Befriedigung immer ein heisser,

ver-

vergeblicher Wunsch bleibt. Alles um ihn athmete Liebe und Eintracht; alles Achtung, Schonung und Freundschaft. Ach! es war so wie es in der Welt seyn sollte, um uns glüklich zu machen, und so wie es der Glüklichste nicht findet, und daher nicht glüklich ist. War nicht das Haus, in dem Alfonzo erzogen ward, wie der Alhambra, alter Siz der Maurischen Beherrscher, mit erhabenen Inschriften geschmükt, so bedurfte es deren nicht, da, wo Bäume, Thäler, Ströme, und mehr als alles freundliche Gesichter und liebreiche Herzen so laut redeten. Unter den Fenstern erschollen nicht Serenaden und erklangen nicht sehnsuchtsvolle oder klagende Romanzen, aber Alfonzo sang oder las sie mit seinen iugendlichen Freunden und Ge spielinnen im Schatten der Granatlauben an kühlenden Quellen. So ward er gebildet, als noch alles um ihn Jugend mit seiner Jugend war.

Schöner Morgentraum des Lebens, wie bald flatterst du vorüber! Unvermerkt naht sich der heissere Mittag mit sengenden Strahlen, nicht gleich merkt man den Uebergang, bis er brennend da steht. Umsonst wünscht man sich die lieblichen Morgenlüfte zurük. Wir sinken zum Abend unter Gewittern und finstern

finstern Wolken und bald nach ihm zur verschleiernden
Nacht. Bild des Lebens! wie vieles in der Natur
mahlt dich so warm und so treu! Ich erkenne dich in
der Entknospung des Frühlings bis zum Blätterabfall
des Winters, in der Spiegelhelle des Meeres, bis
zu dem brausenden Toben der Wellengebürge, in der
reinen Aetherbläue des Himmels, bis zur finstern
Umwölkung der Stürme, im Sturze des Stromes
zum verschlingenden See, in der Blüte, die oft ein
giftiger Hauch welket, oder die, wenn sie zur Frucht
übergehet, gestochen vom Wurm, bald reif, bald unreif, dem Stamme entfällt.

Schön seyd ihr, Jahre, Tage, Stunden, Augenblicke dieses Frühlings. Eine unendliche Aussicht zur reichen Erndte eröfnen die, Haine und Felder
bedeckenden Blüten. Der frohen Erwartung ist iede
Hofnung unendlich, ewig iedes Band, das sie knüpft,
unsterblich iedes Gefühl, welches sie athmet. Jeder
Augenblik ist nicht Glauben, nicht Ueberzeugung,
nicht Sehnsucht, er ist gleichsam ein feierlicher Eid-
schwur einer unzerstörbaren Dauer. Indem wir so
wähnen, rauscht neben uns die Sense des Todes,
sie entreißt uns die Geliebte, auf deren Lippen wir
den Bund der Ewigkeit siegelten, den Freund, in

dessen

dessen Umarmung wir jede fernste Zukunft von der Gegenwart unzertrennlich fühlten, oder, was noch trauriger ist, Kälte, gehüllt im Gewande der Vernunft, das den Eigennuz verschleiert, beschleicht unsere Herzen, wir verliehren den Freund, die Geliebte, und nicht einmal das tröstende Nachsehen der Trauer in unsterbliche Gefilde bleibt uns beim Anblik der von uns abwärts Irrenden zurük.

Alfonzo vertauschte das einsame Thalleben seines Frühlings und seiner Gefühle mit den weitern Gefilden unserer Begriffe. Toledo bot ihm Wissenschaften und Kenntnisse für seine unbefangenen Freuden dar, schwerbenante Weisheit für namenlose Gefühle. Er sollte sich bilden für die Welt und die Menschen, nicht für den Menschen in ihm, dieser ward nur anpassend für jene, in so ferne er seine Bildung verlohr.

Wissenschaften sind wie die ausgestrekte hölzerne Hand an Wegen, sie zeigen uns die Straße die sie gebahnet, und das Ziel wohin sie führen. Aber wie wir dahin kommen, welche Unfälle wir unterwegs bestehen, welche Mühseligkeiten wir überwinden sollen, das überlassen sie uns und dem Schiksal. Und so wandern nur wenige richtig vorbereitet und gehörig gerüstet die breite geebnete Straße.

Auf

Auf diesem Wege erreichte Alfonzo das rauschende Madrit. Noch waren alle Jugendgefühle in seiner Seele rege, ihre Fülle hatte nichts durch den Ideen-Reichthum seiner erlernten Kenntnisse verlohren, durch die mancher Gelehrter und Staatsmann so am innern Seyn verarmt, daß in ihm nichts vom Menschen zurükbleibt, und so am innern Sehen verblindet, daß er alles, nur nicht den Menschen kennet.

Neuer Genuß schmiegte sich an seinen gewohnten, neue Freuden gesellten sich zu denen seiner Kindheit, wie sich in manchen Blumen, auf üppigen Boden sprossend, Blumen aus Blumen entfalten. Was in der frühern Jugend so oft seine Phantasien erfüllt hatten, hielt er jezt für spielende Bilder der Unschuld, und was jezt weit mehr noch als damals Phantasie war, schien ihm unvergängliches Reisen der selbstständigen Seele zu seyn.

Einst war er beim Eintritte des Frühlings mit einem Vertrauten von Madrit zur väterlichen Heimath zurükgekehrt. Froher ward seine Freude, weil ihn noch alles erfreuete, was ihn ehemals ergözte. Gegenwart und Vergangenheit strömten auf ihn aus allen Gegenständen herab, wie einst auf Rousseau, den Edlen, beim Anblik der vaterländischen Vinca.

Und

Und wir, sagte er hier seinem Freunde, wir sollten Vergänglichkeit fürchten? Tändelnde Bilder mögen es scheinen, wenn die leidenschaftlose Jugend nirgends gefesselt, über alles hinweg hüpft, die Nektarien der Blumen leicht und leise berührt, und zu ihrer Nahrung nur einen Honigtropfen braucht. Aber wenn die reifende Vernunft selbst in den Leidenschaften diesen Genuß fesselt, und so in ihrer Veredlung zur höhern Bestimmung der Menschen führt, immer reiner und vollkommener zu werden; wenn unsere Brust für Wahrheit glüht; wenn wir nur das Gute aufsuchen, wie kann sich da die Seele in eine so enge Mönchscelle verkriechen, in welcher ihr alles vergänglich scheint?

Echo, Schatten, Einsamkeit, trauliches Hinwandeln der Unbefangenheit, ihr waret Zeugen dieser Unterredung, dieser Gefühle! Vorgemächer der Grossen, Säle der königlichen Schlösser, versammelte Menge glänzender Gesellschaften, Nichtigkeit der Welt, ihr waret es nicht!

Allmälig tratet ihr zurük, ihr Zeugen der Vorzeit, und ihr tratet weiter hervor, ihr die ihr ganz andere Gefühle — es giebt ja auch seelenlose Gefühle! — bezeuget. Gerne mögte ich euch Leere nennen;

nen; eine unaufhaltsame Thätigkeit zum Vernichten scheint diesen Namen zu verdienen. Leer ist die Vernichtung, aber die geschäftige Thätigkeit, die zu ihr führt, ist es nicht.

Wie manches schwand unvermerkt dahin, das Alfonzo zu seiner Unsterblichkeit gerechnet hatte, verdrängt von den sterblichsten Gestalten! Die lodernden Gefühle verlohren ihre Wärme, die festesten Bande erschlaften, die lebhaftesten Freuden ersturben, die ehemals unentbehrlichsten Gewohnheiten bereiteten sich zur Langeweile, die immer aufgefrischte Neuheit fing an zu veralten. Dort schliffen sich Charaktere im sanften Reiben so aneinander ab, daß sie ganz ihr Gepräge verlohren und sich in Unbedeutenheit auflöseten. Hier war ihr Reiben in Abstossen verwandelt. Andere bedienten sich der Reibung, drükten ein neues Gepräge auf die Abgeschliffenheit, oder schnellten die Abstossung weiter, so daß Bilder erschienen, die den vorigen völlig entgegen waren, und daß da unvereinbare Entfernungen entstanden, wo sonst die größte Annäherung geherrscht hatte.

Glüklich ist der, welcher im Wechsel der Dinge mit ihnen wechselt, und nicht mitten im Vergangenen nach der alten Dauer sucht. Wirft ihn ein Schif

Schifbruch auf einen Felsen, so sucht er nicht heimische Kräuter, nicht Schatten und Blumen, er nährt sich am Ufer von ausgeworfenen Fischen und sucht Schuz in den Klüften. Versezt ihn das Schiksal, so rührt es ihn nicht, nie war seine Empfindlichkeit rege, nie hing er an etwas mit voller Seele. Sieht er Gestalten verschwinden, ihm sind sie immer nur Schattenbilder gewesen, andere Gestalten ziehen vor ihm eben so gleichgültig vorüber. Er weiß, daß iede Stunde ausschlägt, und dann eine neue beginnt. Die Zeit, die dahin rollt, kümmert ihn nicht, die Zukunft, die sich herannahet, überrascht ihn nicht.

Nein ich tadle den Glüklichen nicht, der so lebt. Unser Leben ist nicht Seyn; unser Genuß ist nicht Ruhe. Jenes ist Hinsterben; dieses ewiger Wandel.

Alfonzo verstand diese Wahrheiten nicht, und nuzte daher die Welt nicht, wie sie einzig und allein genuzt werden kann, wenn man anders sie nüzen mag. Immer noch unverändert, stand er auf seiner Stelle, unter seinen Füssen höhlte sie sich aus, er sah es nicht; näher und näher bröfelte die Höhe sich ab, sie rollte nieder; iezt sah es

Alfon-

Alfonzo, er stand am Rande des Abgrunds, noch in seiner Täuschung wollte er sich halten, er glaubte den Boden befestigen zu können, und merkte nicht, daß er mehr aufwärts blicke, als niederwärts. Plözlich stürzte er in den Abgrund hinab. Er und sein Schiksal wurden aus ihren Angeln gehoben. Er sah um sich andere Scenen, andere Gestalten, und doch hatte ihn seine Täuschung noch nicht verlassen. Er glaubte noch eben so fest an Menschen und Menschheit, und wer kann diesen Glauben verliehren, und isolirt stehen bleiben?

In Madrit mußte er sich freilich von allem losreissen, was ihm einst so theuer gewesen war, und so unvergänglich geschienen hatte, auch suchte er nicht wieder die Höhe zu erklimmen, auf der er gestanden. Still und friedlich war sein erster Gang zum Frühlings-Schauplaz seines Entstehens, zu Grenadas lieblichen Thälern. Funfzehn Jahre waren entflohen, seitdem er sie gesehen. Er glaubte wieder zu finden, was sich ihm ehemals ungesucht darbot. Er hoffe die Vergangenheit zur Gegenwart zu machen und — alles Gegenwärtige ward für ihn Vergangenheit. Leicht würde er iede Umformung der Gegend vergessen haben, die der ge-
gen-

genwärtige Besitzer Verschönerung nannte, und die ihm Zerstörung schien, hätte er die neue Verzierung mit eben den Gefühlen ausfüllen können, als die ehemaligen. Er ließ sie leer, und glaubte sie so. Von den Freunden und Gespielinnen seiner Jugend waren noch einige da, sie hießen noch seine Freunde, sie meinten es auch ehrlich und redlich mit ihm, aber seine Freunde waren sie nicht mehr, das was einzig und allein Freundschaft ausmacht, der gleich gefühlte Genuß des Schönen, Wahren und Guten in zweien einstimmenden Seelen fehlte ihnen ganz. Sie waren verheiratet, sie trieben Geschäfte, sie hatten ihre Lieblingsneigungen und ihre Gewohnheiten, alles was dahin einschlug, behandelten sie ganz richtig und ordentlich, wacker und brav, und wer da mit ihnen einstimmte, den nannten sie auch wohl Freund oder Mann von Herz und von Gefühl. Was außen vor lag, das kümmerte sie an und für sich wenig, sie nahmen freilich Antheil an allem, aber an allem, nur so wie es kam; dann urtheilten sie im Vorübergehen, lobten oder tadelten; aber länger verweilten sie nicht dabei, als nöthig war, um ihre Meinung zu sagen, ohne sich die Mühe zu geben sie zu begründen. In andere Sachen hinein zu gehen, als in die ihrigen, dazu waren sie zu vernünftig. Das schloß indessen die größte Gutmüthigkeit und Liebenswürdigkeit nicht aus, wenn man nur das Glük hatte mit ihnen einzustimmen und nicht verlangte, daß sie mit andern einstimmen sollten. Vielleicht sollten alle Menschen so seyn, um sich von aller Abhängigkeit von andern los zu machen.

Man kann leicht denken, daß Alfonzo aus einem solchen ruhigen Gleise herausgeworfen war. Er war in manche Weitläuftigkeiten und Verwickelungen gerathen, die der Umsturz seines Schiksals in der großen Welt noch verwickelter gemacht hatte. Dieses hatte ihn unmerklich verstimmt, und so war es auch wohl nicht von einem schwärmerischen Jünglinge, aus dem ein Weltmann geworden ist, ohne daß er seine Schwärmereien verlohren, zu verlangen, daß, plözlich in eine andere Lage versezt, er auf einmal alles Dichten und Streben der vorigen verliehren, und, wie Dionys in Corinth sein Syracus sogleich vergessen sollte. Auch war er nicht reich genug, um wie Chriseul in Chanteloup sein Hofmachen bei andern in eine Hofhaltung bei sich zu vertauschen, oder wie Hastings dem Volke in Asien das Schauspiel eines

Allein

Alleinherrschers, und dann dem Volke in London das Schauspiel eines Angeklagten zu geben, und am Ende über beide Betrogene zu lachen. Alfonzo hatte sich nie in die hohen Regionen der Gewaltigen verstiegen, denen, wie es ihnen auch geht, immer soviel übrig bleibt, daß sie dem Schiksale gebieten können, so wie sie den Menschen geboten. Alfonzo war in der unglüklichen Mittelregion, in seiner Abhängigkeit von Menschen, denen er mit ganzer Seele anhing, von Wahrheiten, die er mit ganzer Seele verehrte, und vom Guten, das er mit ganzer Seele wollte, auch eben so abhängig vom Schiksal geblieben.

So hing das, woran er hing, nicht mehr an ihm, oder vielmehr er hing an nichts, indem er an alles zu hängen glaubte. Auf der blossen Erde zu stehen, da Schritt vor Schritt fortzugehen, iedes Körnlein aufzupicken, ieden Weg zum Weiterkommen einzuschlagen, und ieden Umstand zu benutzen fiel ihm nicht ein. Er war verstimmt, ohne es zu wissen, und voll von seiner Harmonie empfand er nicht, wie disharmonisch er in der Welt und die Welt mit ihm war.

Das konnte ihn freilich zu nichts führen, als zu lauter neuen Täuschungen. Er war nicht so glüklich als Mendelssohn, der zwar als Philosoph seinem Freunde Abbt zurief, o Wahrheit, Wahrheit, diejenigen, die dir folgen, möchten dir mit Steinen nachwerfen! aber als Seidenfabricant, so viel ich weiß, nie über etwas geklagt hat. Dahero sagte mir einmal ein sehr eleganter Jude in Berlin: der Moses ist ein Phantast, und als ich ihm bedächtlich antwortete, ich glaube doch, daß er bei seiner Seidenfabrik nicht übel fährt und recht gute Sachen macht, antwortete er mir mit beifallender Weisheit: ia, das ist wahr, und dabei sollte er bleiben!

Alfonzo hatte eben den Rath nöthig, würde ihm aber vermuthlich so wenig gefolgt seyn als Mendelssohn; darum ging es ihm auch, wie es ihm ging. Er verstieß es mit iedermann.

Daß das Glük, wie bekannt, blind ist, könnte man dem Glücke vergeben, taub mögte es allenfalls auch noch seyn; aber es hat weder Kopf noch Herz, weder Verstand noch Gefühl und das ist übel, es hat nur Hände und Füsse, iene um seine Günstlinge darauf zu tragen, diese um diejenigen, denen es den Rücken wendet, zu untertreten. Darum lasse sich keiner mit dem Glücke ein, der sich ihm nicht in den Schooß setzen

sezen kann; man kann in der Welt auch ohne Glük sehr glüklich seyn.

Seitdem Alfonzo die Gunst des Glüks verscherzt hatte, sah er erst wie sehr er davon abhängig gewesen war. Von allem dem worauf er wie Felsen gebauet, und wie Ewigkeiten gerechnet, blieb ihm wenig zurük. Vor ihm floh, was sich nicht gegen ihn wandte.

Damals war die Inquisition in Spanien noch nicht, wie iezt liebreiche Seelen behaupten, so menschenfreundlich, daß sie für die erste Stütze der Sicherheit des Throns und des Volks angesehen werden konnte. Man hatte noch nicht ausgefunden, daß in einem Staate etwas seyn kann, was nicht Gesez ist und doch gesezliche Ordnung erhält. Vernünftige Leute sahen in der Inquisition gerade zu eine ausserseszliche nebenregierende Autorität, die eben so sehr das Ansehen der Landes-Regierung, als die Sicherheit der Unterthanen bedrohet.

Zwar hatte Alfonzo nie die Inquisition beleidigt, sondern so fehlerhaft er sie auch glaubte, sie als einen sanctionirten Misbrauch der Sanction halben geehrt. Kaum aber hatte ihm das Glük den Rücken gewendet, so fehlte es nicht an Eiferer aller Art, bald der Religion, bald der politischen Meinungen, bald sogar

ästhe-

ästhetischer Schönheiten, welche ihn für die Sache Gottes, der Könige und des guten Geschmaks mit der Inquisition zu verwickeln, und daher soviel als möglich zu verketzern suchten. Er gerieth dadurch oft in eine sehr ernsthafte, wo nicht bedenkliche Lage.

Sich hier gut zu benehmen war nicht wenig schwer. Ich sage gut und nehme das Wort so wie es ist, ohne daß es schlecht wird. Sich zu benehmen hätte ganz leicht seyn können. Mit etwas Selbstverläugnung, mit Aufopferung seines Charakters, mit geschmeidiger Nachgiebigkeit windet man sich leicht durch die Welt, deren Gänge so verwickelt durch einander laufen und so voll Menschen sind, daß wer festen Schrittes gerade hindurch gehen will, überall anstößt. Sich hier hindurch zu schmiegen, nennen manche, sich gut benehmen. Ich habe es nie so finden können, und Alfonzo scheint auch der Meinung gewesen zu seyn.

Er verleugnete seinen Charakter nicht, redete und handelte wie er dachte. So benahm er sich gut, mögte man sagen. Ehrlich freilich wohl, aber darum noch nicht gut. Um das zu thun, müßte er immer so wie er sollte gehandelt, und nie fehlerhaft gedacht und geurtheilt haben. Aber wo ist der Mensch der
hievon

hievon frei ist, besonders wenn ihn das Unrecht drükt und das Schiksal verfolgt?

Auf allen Fall handelte Alfonzo nicht klug. Klug handeln heißt in der Sprache der feinen Welt seinen Zwek erreichen. Der Bösewicht, der Betrüger, der sich bei seinen Schandthaten zu erhalten weiß, ist ein kluger Mann, der rechtschaffene Mann, der bei seiner Redlichkeit zu Grunde geht, handelt unklug. Der Klugheit vergiebt man in der Welt alles, dem, der unklug handelt, nichts. Was konnte unkluger seyn, als daß Alfonzo sich mit den Dienern der heiligen Hermandad in Streit verwickelte? Auch hatte er jedermann gegen sich.

Wie er es nun machte, war es nicht recht. Wollte er beweisen, daß er so rechtgläubig sey, als irgend ein Sohn der Kirche und daß man ihn mit Unrecht anklage, so hieß es, er ziehe sich mächtige Gegner auf den Hals. Schwieg er, so sagten einige, er erkenne sich schuldig, andere glaubten desto lauter gegen ihn werden zu können, je weniger er antwortete. Eben so vielem Tadel waren seine Antworten unterworfen. Sprach er mit Ernst und Nachdruk, so warf man ihm Unmuth und Leidenschaft vor. War er gemäßigt, so machte er seine Gegner kühn und mehrte ihre Zahl.

Jeder

Jeder beurtheilte ihn nach schnellen Eindrücken, Launen und Leidenschaften, keiner drang in das Innere seines gepreßten Busen, keiner fühlte mit ihm den Druk einer gegen Unrecht und Verfolgung kämpfenden Seele, keiner fragte nach den Leiden, die ihn beugten. Nirgends bot sich ihm eine hülfreiche Hand dar, um ihn über die schlüpfrigen Pfade des Lebens zu führen, oder schmiegte sich traulich seiner Seele an, um ihr ihren Kummer zu entlocken, und theilnehmend zu versüßen, ehe er in Unwillen und Bitterkeit überging; er stieß nie auf das Lächeln der Heiterkeit und der besänftigenden Milde, welche so leicht die umwölkte Stirne entfaltet. Wahren, brauchbaren Rath fand er nirgends, noch weniger Theilnahme und Mitempfinden. Ueberall hörte er Vorwürfe, die lautesten von seinen Freunden. Diese erlaubten ihrem Unmuth über seine Verwickelungen mit seinen Gegnern und vielleicht auch ihrer Besorglichkeit für die Inquisition, sich mit einer Bitterkeit zu äußern, die weit heftiger war, als diejenige, welche er je gegen seine Gegner bewiesen. Und warum, dachte er dann wehmüthig, soll nicht auch die Freundschaft die Grazie der Anmuth haben, die man vom kalten Weltmann fordert? Zählt sie unter ihren Tugenden

den nicht die Urbanität, die alle Pflichten uns lehren!

Seine lezte Zuflucht war die Natur, diese wahre Freundin gefühlvoller Seelen, die immer sanft, milde und zuvorkommend dem Grame zulächelt, den Wunden Balsam bereitet, und dem Unmuth liebkoset. Alfonzo warf sich in ihre Arme; auf einer einsamen Insel in der Südsee hätte er noch durch sie glüklich werden können. Jezt war er unter Menschen, und, was noch trauriger war, unter sogenannten Freunden. Oft machte der eine oder andere mit ihm einen vertraulichen Spazirgang. Da wo er Vergessenheit seines Verdrusses suchte, brachte ihm dann ein finsterer Blik, ein bitteres Wort, ein unerwarteter Vorwurf alles wieder in Erinnerung. Mit ihm sah keiner, aber jeder bildete sich ein, ihn zu übersehen; das was er sah, rükte ihm keiner sanft und schonend aus den Augen, und doch wollte jeder seine Art zu sehen ihm vorschieben. Wie oft wünschte er mit lauter fühllosen Menschen umgeben und sich selbst überlassen zu seyn! Meine Gegner, dachte er oft, treffen mich nicht, aber meine Freunde martern mich zu Tode.

Dieses würkte stärker auf seine Seele, als jede andere Ungerechtigkeit des Schiksals. Er ward immer unmuthiger. Und warum, rief er aus, soll ich meine Gegner, die mich mit Unrecht verfolgen, nicht den Unmuth sehen lassen, welchen meine Freunde mir zeigen, die ich nie beleidigte, und die an meinen Händeln gar keinen Antheil nehmen? Seine Seele verfinsterte und vergällte sich. Er ward bitterer und heftiger. Leidenschaften fachen Leidenschaften an, so wie im Gegentheil Sanftmuth Sanftmuth gebiert. Dadurch wurden seine Verwickelungen immer unangenehmer, seine Freunde immer abgeneigter, seine Stunden immer trüber. Zulezt fand er nichts mehr freundliches um sich, und so erstarb alle Heiterkeit in ihm. Körperliches Leiden gesellte sich zum moralischen.

Anhaltender Verdruß hat nicht selten die Folge, daß er die Sehkraft der Augen schwächt. Alfonzo gerieth in Gefahr sein Gesicht zu verlieren. Seine Augen dekte ein Schleier, er sah trübe, in sich und ausser sich. Alles dieses flößte ihm eine grosse Gleichgültigkeit gegen das Leben ein. Sie nahm in dem Maaße zu, wie er sah, daß er andern zur Last war. Gefühlvolle Seelen ertragen das nicht. Alfonzo glaubte, er sey jedermann im Wege, denen am meisten, die ihm am nächsten angingen. So wie er gegen das Leben gleichgültig ward, achtete er auch die Gefahren minder,
und

und handelte daher mit immer weniger Vorsicht. Seine Gegner wurden kühner und mächtiger. Endlich gelang es ihnen das heilige Gericht gegen ihn aufzubringen. Ein Alguazil kam, um ihn zu verhaften.

Warmes Leben, das in unsern Adern quillt, wie wenig bedarf es um dich aufzufrischen, wie leicht ist es dem guten Menschen gut zu seyn, und wie groß ist sein Einfluß, wenn er es ist. Aber wenn nichts deine Wärme unterhält, dann erstarrt sie leicht, desto tödtlicher für den, der sie am lebhaftesten gefühlt. Der Unmuth weicht dem leisen Druk der Hand eines Freundes, er steigt auf zur finstern Verzweiflung beim unfreundlichen Blik. Wohl dem Ermatteten, der es müdet von den Intriguen der Welt am Busen eines Freundes niederfällt, und wenn alles ihn verläßt, dort noch immer die sanften Worte wiedertönen hört: Ich bedaure dich, ich wünsche dir Freudigkeit und Muth! Theilnahme des Freundes! du bist mehr als die Welt. Herzlichkeit! wer dich antrift, der hat nichts verlohren. Ich habe ein sanftes Weib gekannt, deren Mann durch unvorsichtige Schriften sich viele Unannehmlichkeiten zugezogen hatte, die er leicht hätte vermeiden können. Sie fühlte es gewiß, aber nie kam ein Vorwurf über ihre Lippen, nie ruhte er da, wo er noch mehr schmerzt, in ihrem Blicke. Sie hatte viel Talent zum Zeichnen. Einst besuchte ich den Mann in seinem Studierzimmer; ich fand verschiedene Ideen aus seinen Schriften in schönen Zeichnungen an der Wand hängen. Edles Weib, dachte ich, wer muß nicht deine Tugend ehren. Dir konnte gewiß nicht die Schwäche dieser Schriften entgehen, aber du sahst nur deine Pflicht, deinem Manne gerade da mit schmeichelnder Hand das Leben zu versüßen, wo es ihm zur Bitterkeit ward, und so das Uebel zu heilen, das er sich zuzog.

Hätte Alfonzo irgend eine theilnehmende Seele gefunden, leicht wäre er vom dornigten Pfade des Unmuths zu den Blumengefilden freundlicher Gefühle übergegangen. Jezt verschwand immer mehr sein Glaube an Menschheit; er ward mehr und mehr isolirt. Die Welt verstieß ihn, er sie. Als der Alguazil in sein Zimmer trat, fand er ihn nicht. Auf seinem Tische lag ein offenes Billet: "Ich stand allein, ich "bin hingegangen, wo ich ungestört einsam seyn "werde."

———

X.

X.
Der alte Hans. *)

Da fiz ich nun
Auf harter Bank!
Nicht Bier, nicht Wein,
Den Wasserkrug
Und Brod vor mir!
Nachdem ich all'
Mein Lebelang
Bei Tag und Nacht,
Bei Hiz und Frost
Im Dienst geharrt,

Dabei

---

*) Dieser Ausbruch eines Herzens, das von Mitleid und Menschenliebe durchdrungen ist, rührte den Einsender, dem dies Blatt, das auf den Rang einer Poesie im strengern Sinn keinen Anspruch macht, handschriftlich zu Gesichte kam. Wer las nicht Göckings dankbare Empfindungen gegen seinen alten Jäger Grünewald mit Theilnahme! Hier ist ein Gegenstük von der traurigen Art. Denn leider giebt es noch genug Originale zu der Schilderung des edlen Forstner!

Der Einsender.

Dabei nun grau
Und invalid
Geworden bin.
Dies ist mein Dank
Für all' die Müh,
Für alle Treu',
Für jede Nacht,
Die ich im Dienst
Auf offner Straß'
Zu Pferd durchwacht!
Dies ist mein Dank
Für funfzig Jahr
Getreuen Dienst!
Wo Arm und Bein
Ich dreizehnmal
Bald da, bald dort
Gebrochen hab';
Wo hundertmal
Mein Leben ich
Als braver Kerl
Für meinen Herrn
Mit Freud' gewagt;
Mit Kutsch und Pferd
Durch tiefe Fluth

Gefahrvoll schwamm;
Und meinem Herrn
So treu wie Gold
Gewesen bin!

Dies ist mein Dank,
Mein Dank dafür! —
Daß ich nunmehr —
— Ich alter Mann —
Als Krüppel hier
Mit grauem Haar
Auf harter Bank
Ohn' Bett und Stroh
Aus Gnaden noch,
Gleich einem Dieb,
Im Kerker lieg',
Mir wie dem Hund
Im Herrschaftsstall
Nur schimmelnd Brod
Und Wasser wird!

Nicht eine Seel',
Die nach mir fragt.

Sonst

Sonst hieß es: »Hans,
»'s fehlt Euch doch nichts?
»Sagt: Wollt Ihr Bier?
»Ein Gläschen Wein?
»Was wollt Ihr, sagt's!«
Damals war ich
Gesund und stark!
Da brauchte man
Den guten Hans,
Und ließ darum
Nichts mangeln ihm.
Da schmeichelte
Der gnädge Herr,
Die gnädge Frau
Dem lieben Hans,
Dem guten Hans,
Dem braven Hans!
Da schäkerten
Die jungen Herrn
Gar mit dem Hans;
Da äugelten
Die Kammerfrau,
Die Stubenmagd,
Die Köchin — all,

All mit dem Hans;
Da nannte ihn
Die Dienerschaft,
Die aus und ein
Im Schlosse geht,
Gar anders nicht
Als immerfort:
Herr Hans! Herr Hans!
Kurz in dem Schloß
War unser Hans
Der Hahn im Korb.
Doch jezt — ach Gott!
Jezt ist er todt!
So gut wie todt;
Denn invalid
Und todt ist eins.
Man speißt die Kirsch'
Und wirft sodann
Den Stiel hinweg! —

 Jezt kömmt der Herr
Von Tag zu Tag
Herunter wohl;
Gleich neben an

Da liegt ein Hund,
Der krank und matt
Vor Alter ist!
Der dauert ihn!
Da kömmt er meist
In aller Früh,
Besucht den Hund
Aus Dankbarkeit;
Doch seinen Hans,
Der auch alt, krank,
Daneben seufzt, —
Besucht er nicht! —
Die gnädge Frau
Ist fertig kaum
Mit ihrem Thee:
So hör' ich schon
Daneben an
Dicht an der Wand
Auch ihre Stimm':
»Du guter Greif,
»Du lieber Hund,
»Du dauerst mich!
»Ach könnt' ich dich
»Du treues Thier,

„Vom Tod befrein,
„Was gäb' ich drum!"
So klagt sie oft,
Daß ich es hör',
Um diesen Hund;
Doch ihren Hans,
Sonst lieben Hans,
Jezt alt und schwach,
Doch treu noch hier —
Beklagt sie nicht!! —

Und wie der Herr,
So das Geschirr!
Da kömmt nicht Eins,
Das nach mir fragt.
Den ganzen Tag
Seh' ich niemand,
Als um Mittag
Den alten Toms,
Der hier im Schloß
Der Hunde pflegt,
Und mir auch dann
Vom Hundefras
Ein Stückchen Brod

Und Wasser reicht.
Ohn ihn wär' ich —
— Und besser wär's —
Wohl längst schon todt.

Garrenberg, in Franken.

Georg von Forstner.

XI.
Enthauptung und Verbrennung einer vermeintlichen Hexe, im Jahre 1648.

Gern mögte wohl der Leser von Gefühl dieses traurige Bruchstük aus der Geschichte des Aberglaubens, zur Ehre seiner Brüder im vorigen Jahrhunderte, in Zweifel ziehen; aber die Acten, aus denen es gezogen ist, bürgen leider nur zu sehr für die Wahrheit desselben.

Die näheren Umstände selbst sind folgende: Als im Herbste des Jahres 1647 eine Bäuerin zu Hasede im Hildesheimischen einiges Leinen vermisset, und

der

der Verdacht der Entwendung auf die bei ihr im Dienste stehenden Mägde fällt, geht die eine von ihnen, um ihre Unschuld an den Tag zu bringen, und den Dieb selbst zu entdecken, zu einer alten Wittwe, Nahmens Bauermeistern, die im Rufe einer sogenannten Nachweiserinn steht. Die Alte entläßt sie, ohne ihr bestimmte Auskunft zu geben, bescheidet sie aber nach 14 Tagen wieder zu sich. Nach Verlauf der festgesezten Frist findet sich das Mädchen wieder ein, und erhält nun eine braune Wurzel, mit der Anweisung, daß sie und die andern Mägde diese Wurzel, ungefähr so groß, wie eine Wallnuß, wechselsweise unter dem Arme tragen sollten, worauf sich der Dieb schon einstellen würde. Die Vorschrift der Alten wird strenge befolgt, allein der Dieb bleibt so unsichtbar, wie zuvor. Das Mädchen beklagt sich über den schlechten Erfolg des angewandten Mittels, und erhielt zur Antwort: eine andere, aber auswärtige Frau sey geschikter im Nachweisen, als sie; wenn diese nach Hasede käme, wolle sie die Sache gern einleiten und besorgen; übrigens verlangt sie für ihre Bemühung einen neuen Topf, drei neue Nähnadeln und 21 Groschen, was sie auch von den Mägden erhält.

Eben

Eben so schlecht bewährt sich ihre Kunst bei einem andern Falle. Es frägt sie nämlich eine andere Frau wegen einer Lade, die ihr abhanden gekommen, um Rath und sie verspricht, daß am grünen Donnerstage die Lade ihrer rechtmäsigen Besitzerinn wieder gebracht werden solle. Der bestimmte Tag erscheint, sehnsuchtsvoll sieht die Frau der Ankunft des Entwandten entgegen, aber vergeblich; hier will die Lade der Nachweiserinn so wenig gehorchen, wie oben der Dieb.

In einem glänzendern Lichte erscheint ihre Kunst bei folgender Geschichte. Ein Junge, der bei dem Schaafmeister zu Hasede im Dienste stehet, verschwindet plözlich, ohne daß Jemand weiß, wohin? der Schaafmeister fällt in den Verdacht, den Jungen todt geschlagen zu haben, und aus christlicher Liebe geht seine Frau, um wegen des Verbrechens, das man ihrem Manne aufbürden will, zur Gewißheit zu erlangen, zu der berüchtigten Nachweiserinn. Sie frägt diese, ob der Junge noch am Leben sey? die Alte bejahet es und sezt hinzu, daß sie den Entlaufenen 5 Donnerstage hintereinander so nachdrüklich quälen wolle, daß er am 5ten nach Hasede zurückkommen würde. Zur bestimmten Zeit stellt sich der arme Junge wirklich wieder ein, sagt, daß er an den oben

ge=

genannten Tagen eine fürchterliche Angst ausgestanden habe und deswegen zu seinem Herrn zurükgekehrt sey. Daß die Alte auch diese Probe ihrer Kunst nicht ganz umsonst werde abgelegt haben, läßt sich leicht denken.

Sie wird nun über die Beschuldigung des Nachweisens gerichtlich verhört, und sagt aus: Sie hätte die Wurzel, welche sie dem Mädchen gegeben, von einer Bekanntinn, Nahmens Thies, erhalten, die auch um Maitag einige Nächte sich bei ihr aufgehalten habe; die Lade hätte sie aber, so wenig, wie ihre Freundin herbeischaffen können, weil sie schon in der dritten Hand und unten mit 3 Kreutzen bezeichnet gewesen sey. Es thäte ihr übrigens herzlich leid, daß sie sich in diesen Dingen habe brauchen lassen, ihre drückende Armuth habe sie gezwungen, dieses Mittel zu versuchen, um sich die nothwendigsten Bedürfnisse verschaffen zu können. Von ihrer eignen Lebensgeschichte sezte sie folgendes hinzu: Sie sey iezt 70 Jahr alt, auf dem Lande gebohren, aber 10 Jahre in Herford gewesen. In ihren jüngern Jahren sey der Teufel in sie gefahren, grade, wie sie am heiligen Dreykönigstage in der Kirche das Abendmahl genossen hätte. Warum Gott dies Unglük über sie verhängt habe, wisse sie nicht, da sie doch immer

fleissig

fleissig gebetet und auch den Catechismus gelernt hätte. Zwei Jahre sey sie vom Teufel besessen gewesen, und davon lahm geworden. Hierauf habe sie ihr seliger Mann nach Schaarby, einem Dorfe, 2 Stunden von Bremen, gebracht, wo sie ein mitleidiger Mann mit sich in die Kirche genommen und das ganze Dorf aufgeboten habe, das mit den Nonnen aus dem Kloster fleissig neben ihr hätte beten müssen, worauf der Teufel ausgefahren sey. Beym Ausfahren hätte er sie um ihr Haarband ersucht, sey aber mit seiner Bitte von ihr abgewiesen worden.

Ein Zeugniß des Rathes zu Herford bestätige dies alles, ein anderes von dem Prediger, der ihr den Teufel ausgetrieben hätte, sey während der Belagerung verlohren gegangen. Die Wurzel, welche sie dem Mädchen gegeben, heisse Schampannia, würde gebraucht, wenn man im Trunke zu unvorsichtig gewesen sey und wäre auch gut gegen böse Leute, unter welchem Namen sie solche verstände, die dem Teufel dienten. Wer diese Wurzel unter dem rechten Arme trüge, dem könnten diese Leute nichts thun, wie ihr seliger Mann ihr oft aus des Alberti Magni Buche vorgelesen hätte. Die Thies, welche sich vom Kräutersammlen nährte, hätte sie zu Minden kennen gelernt, und

und weil verschiedene Leute sie des Nachweisens wegen zu Rathe gezogen hätten, habe sie die angefangene Bekanntschaft fortgesetzt. Ihre Bekanntinn hätte das Nachweisen von ihrem Vater gelernt, wie es aber eigentlich damit zugehe, wisse sie nicht. Daß die Schampannlawurzel den Dieb endlich an den Tag bringe, stände auch in dem oben erwähnten Buche. Das Mädchen habe sie nach 14 Tagen wieder zu sich beschieden, weil sie geglaubt hätte, daß die Thies unter der Zeit ankommen würde, da aber diese ausgeblieben sey, habe sie dem Mädchen die Wurzel gegeben, in der Hoffnung, daß sie eben so gut wirken werde, als wenn die Thies sie selbst verordnet hätte. Wie nun die vorhin abgehörten Zeugen ihre ihnen wiederholt vorgelesenen Aussagen feierlich beschworen hatten, wurden die Acten an eine auswärtige Universität geschikt, die folgendes Urtheil darüber einsandte:

Da der Vater der in den Acten erwähnten Thies im Stifte Paderborn ein bekannter und berühmter Teufelsbanner gewesen sey, so könne man mit Wahrscheinlichkeit vermuthen, daß seine Tochter das Nachweisen von ihm gelernt habe. Da nun die Bauermeistern mit der Thies vielen Umgang gehabt und

sich

sich ihrer Hülfe zum Nachweisen bedient habe, so wäre sie höchst verdächtig, daß sie um diese Künste wisse und sie selbst ausgeübt habe. Und da sie ferner die Wurzel Schampannia, welche die Aerzte weisse Nieswurz nannten, und die in der Medicin ein höchst gefährliches aber kein zwekmäßiges Mittel sey, einen Dieb zu entdecken, dem Dienstmädchen gegeben, Geld dafür genommen und vorgewendet habe, daß dieses Mittel im Albertus Magnus empfolen sey, — so müßte 1) wenn es möglich, die Thies eingezogen; 2) in der Bauermeistern Hause sorgfältig nachgesehen werden, ob daselbst verdächtige Sachen an Büchern, Kräutern oder andern Sachen vorhanden wären; 3) die Bauermeistern zu Rede gestellt werden, wer sie das Nachweisen gelehrt, wie lange sie es getrieben, und ob sie es auch Andere gelehrt habe; 4) müsse sie den Albertum Magnum herausgeben; 5) Rede und Antwort geben, wo die Thies sich aufhalte. Sollte sie endlich 6) nicht beweisen können, daß sie ihre Kunst von der Thies gelernt habe, so bleibe aller Verdacht auf ihr selbst ruhen, weswegen sie auch nicht nur mit der Tortur geschrekt, sondern, wenn sie nicht bekennen wolle, auch damit belegt werden müsse.

Die:

Diesem Erkenntnisse gemäß wird der Angeklagten gütlich zugeredet, die Wahrheit zu gestehen; sie bleibt aber dabei, daß sie nicht nachweisen könne; wenn sie die Leute betrogen habe, so hätte sie es bloß in der Absicht gethan, um sich Lebensunterhalt zu verschaffen; das erwähnte Buch habe sie nicht mehr in Händen, und überhaupt wäre sie unschuldig. Mit diesem Geständnisse ist aber der Richter nicht zufrieden. Die Alte wird daher in die Folterkammer geführt. Sie bleibt anfangs fest dabei, daß sie die Wahrheit gesagt habe. Wie ihr aber von dem Scharfrichter die Folterinstrumente vorgelegt, und die Wirkungen derselben erklärt werden, sie sich auch auskleiden muß und der Scharfrichter Hand an sie legt; so gesteht sie: daß die Thies ein Feuer von neunerlei Holzarten, nämlich Kirschen, Zwisselbeeren, Hollunder, Büchen, Hagedorn, Eichen, Stachelbeeren, Weiden, und Hardernholz in aller Teufel Nahmen gemacht habe, wodurch der Schäferjunge zurükgebracht sey. Unter Bedrohung der Tortur bringt der Scharfrichter ferner von ihr heraus, daß sie einem Manne für 1½ Thaler neun Bilsenknospen gegeben und ihm geheissen habe, jeden Freitag eine Knospe mit einem weissen Hagedornstocke ins Teufels Nahmen in ein Feuer zu werfen,

fen, um einen verlohrnen Ochsen wieder zu erhalten; ob sich dieser wieder angefunden habe, wisse sie nicht. Auch hätte einst eine Wittwe sie um Rath gefragt, wie sie es anzufangen habe, daß ihr Geselle bei ihr bliebe und sie heirathe. Sie habe geantwortet, sie solle, wenn der Geselle wegreisen würde, einen neuen Topf, und drei neue Nähnadeln ins Teufels Nahmen kaufen, und etwas von des Gesellen zurükgelassenen Strümpfen oder Schuhsolen in einem Topfe in aller Teufel Nahmen ans Feuer setzen.

Der Geselle sey zwar abgereiset, wie aber die Wittwe die oben erwähnten Sachen 24 Stunden durchgekocht hätte, wäre er wieder gekommen und hätte die Wittwe geheirathet. So glaubt die Unglükliche dem Verlangen des Richters Genugthuung geleistet zu haben, aber sie hat sich schreklich geirrt. Nun ist erst die Neugierde des Abergläubischen rege gemacht und nur die Tortur kann sie völlig befriedigen. Die kümmerliche 70jährige Alte wird daher wirklich gefoltert, und die unmenschlichen Martern pressen ihr abscheuliche Geständnisse ab. Unter andern sagt sie: Alles, was sie der Thies zur Last gelegt, habe sie selbst gethan; einer Frau zu Irinsen habe sie eine Summe Geldes, einer andern Wittwe ihren Sohn

nach=

nachgewiesen, der 7 Jahre im Kriege entfernt gewesen sey und habe den leztern gezwungen, zu seiner Mutter zurükzukommen; vor 5 Jahren habe sie auf Kreuzwegen und dem Brocken getanzt, ein Kind und ihren Schwager bezaubert, der davon gestorben sey; endlich sezt sie noch hinzu, daß sie ein Bündniß mit dem Teufel habe, wozu sie auf folgende Art gekommen sey: der Teufel wäre ihr erschienen, und hätte ihr den Vorschlag gethan, daß er sie das Nachweisen lehren wolle, wenn sie sein seyn wollte. Sie hätte es sich gefallen lassen und darauf hätte sie in einem Baumgarten auf ihres neuen Herren Befehl 2 Finger aufheben und sagen müssen: sie entsage Gott, seinen Geboten und seinem Evangelio.

Nach der Tortur bestätigt die Bauermeistern ihre Aussage nochmals und wird darauf wieder in Verwahrung gebracht. Die Acten werden weiter verschikt und es erfolget das Urtheil: daß die Bauermeistern auf Klage, Antwort und hinlänglich eingezogene zuverläßige Erkundigungen ihr selbst zur wohlverdienten Strafe, andern aber zum abschreckenden Beispiele mit dem Schwerdte vom Leben zum Todte gebracht, der todte Körper aber verbrannt werden solle.

Und

Und dieses Urtheil ist am 18ten Febr. 1648 wirklich an ihr vollzogen worden.

XII.

Nuguez.

———

Die Tugend, in welchem Stande sie auch angetroffen wird, verdient Achtung, ja gar Ehrfurcht: sie weiß nichts von dem verhaßten Ansehen der Titel und Würden; sich selbst allein hat sie ihr Daseyn und ihren Glanz zu danken. Ihr Adel ist vom Stande unabhängig; und ihr Werth richtet sich nicht nach dem äusseren Glanze, wovon sie umgeben seyn kann. Sie erhebt sich, ohne fremden Beistand über die Vorurtheile einer von einem falschen Glanze verblendeten Welt, und in der Zufriedenheit mit sich selbst findet sie ihre Belohnung.

Nuguez, aus einer kleinen Landstadt des Königreichs Portugall gebürtig, war ein bloßer Bedienter,

ter, er war von niedriger Abkunft, wie der Uebermuth glüklicher Umstände, und der thörichte Stolz der Geburt es zu nennen pflegt. Allein, dieser im Staube gebohrne Diener ist geschikt, nicht allein Leuten von seinem Stande, sondern allen Menschen ohne Unterschied, zum Muster zu dienen; und man kann sein Gedächtniß nicht genug ehren und hochschätzen.

Er diente einem Herrn, der seiner würdig war. Alonzo hieß er, war ein portugiesischer Edelmann, der in Brasilien rechtmäsiger Weise ein Vermögen erworben hatte, das hinlänglich war, den Plan eines philosophischen Lebens, den er sich entworfen hatte zur Wirklichkeit zu bringen. Nach seiner Zurükkunft nach Lissabon, seiner Vaterstadt, strebte er nach nichts anders, als für sich selbst ungestört leben zu können. Die Unglüksfälle, die ihn in seiner Jugend getroffen hatten, waren für ihn ein nüzlicherer Unterricht, als die Lehrgebäude schöner Geister, deren angebliche Kenntnisse nicht ermangeln, an der Klippe der Erfahrung und Wahrheit zu scheitern. Er liebte Betrachtungen, und floh besonders das Geräusch der grossen Welt, vollkommen überzeugt, daß das, was man da Gesellschaft nennt, nichts als ein Mischmasch vom Lächerlichen, von Lastern, und öfters von Verbrechen

brechen ist, die mit einem glänzenden Firniß der Zierlichkeit und treulosen Politesse überzogen sind. Er hatte auf seine eigene Kosten gelernt, daß von allen wilden Thieren der Mensch das undankbarste und gefährlichste ist. Indessen hinderte ihn seine Misanthropie, die nur einen gar zu guten Grund hatte, doch nicht, seiner Neigung nachzuhängen: dies war eine mit Wohlthätigkeit verbundene Menschenliebe, und er hielt sie, welches seinen vortreflichen Eigenschaften einen neuen Werth gab, mit eben so vieler Sorgfalt verborgen, als die meisten Menschen ihre Thorheit und öfter ihre Schande bekannt zu machen suchen. Seine tägliche Beschäftigung war, alle Abend in seinem Mantel gehüllt, Unglükliche zu besuchen, ihnen Almosen auszutheilen, sie zu trösten, von ihren Zähren gerührt zu werden, um desto besser das Vergnügen zu schmecken, mit ihrem Schiksale Mitleiden zu haben, und sie zu verbinden. Unsrem Nuguez vertrauete er seine Geheimnisse und seine guten Handlungen an. Dieser treue Diener empfand für seinen Herrn die Liebe und Ehrerbietung eines Sohns gegen seinen Vater. Er hatte bei einer gewissen Gelegenheit dem tugendhaften Alonzo das Leben gerettet, der, mit Dankbarkeit erfüllt, ihn als seinen

einzigen

einzigen Freund liebte. Er war der einzige, in dessen Busen er sein Herz ausschüttete.

So viel Tugenden schienen den Herrn und Bedienten gegen die Streiche des Schiksals in Sicherheit setzen zu müssen. Und gleichwohl wurden sie bedauernswürdige Opfer desselben. Welches sind denn die Schlüsse dieser höhern Macht, welche sich vor unsern Blicken mit einem undurchdringlichen Schleier verhüllt, und die Tugend auf eine so grausame Art auf die Probe stellt? Man muß bei dergleichen Umständen gänzlich seine Vernunft still stehen lassen, und sich in einem ehrfurchtsvollen Stillschweigen vor dieser so wirksamen und so unsichtbaren Ursache demüthigen.

Einige Schritte von dem Hause, das Alonzo bewohnte, hatte er einen reichen Italiener, Namens Baretti, zum Nachbar. In ihm waren alle schlimme Eigenschaften und Ausschweifungen, wovon das Glük begleitet wird, vereinigt anzutreffen. Er war stolz, unverschämt, grausam, und konnte besonders nicht leiden, daß man ihm auch in seinen geringsten Begierden im Wege war, so wie er sie als eben so viel unverbrüchliche Gesetze ansah, welchen man sich schlechterdings unterwerfen müßte. Er war indessen seiner selbst überdrüssig, und sehr eifersüchtig

VI. Heft.   O.   darauf,

darauf, in seinem Verdrusse abzuwechseln. Es gibt wenig Reiche, die sich in diesem Bilde nicht erkennen; und Baretti war, so zu reden, ein sehr starker Abdruk dieser eben so lächerlichen, als verachtungswürdigen Menschen. Ein Trieb der Neubegierde vielmehr, als ein lobenswürdiges Verlangen, mit einem Manne von Verdienste in Bekanntschaft zu gerathen, bewog ihn, den Umgang des Portugiesen zu suchen. Es war für einen reichen Mann, der von allen gesucht ward, eine empfindliche Kränkung, daß er den Umgang eines andern suchen mußte, und doch nicht darinn glüklich wär. Des Alonzo Betragen sezte ihn so sehr in Erstaunen, als es ihn beleidigte. Dies war in seinen Augen eine Kühnheit, die an ein Wunderwerk gränzte. Er machte neue Versuche, mit welchen es nicht glüklicher ablief. Alonzo war unveränderlich in seiner Entschliessung, ein einsames Leben zu führen, und die Bekanntschaft mit dem Baretti hätte ihn gewiß nicht darzu bewogen, sich wieder in die Welt, den Gegenstand seines Hasses, oder vielmehr seiner weisen Gleichgültigkeit, zu begeben. Er nahm sogar ein wunderliches Betragen an, um die Politessen des Italieners abzuweisen; dieser sah die Kaltsinnigkeit des Alonzo als einen strafbaren

Stolz

Stolz an. Sie begegneten sich einst des Abends in einem volkreichen Spaziergange. Baretti erkundigte sich ungeduldig, warum Alonzo sich nicht die Ehre, dies war sein Ausdruck, die er ihm durch seinen Umgang zu erzeigen gedenke, zu Nutze machen wolle? Er redete den Portugiesen mit dem hochmütigen Betragen, und demjenigen Stolze an, den sich Leute in glüklichen Umständen, Dank sey es der Niederträchtigkeit ihrer Schmeichler! verzeihen. Alonzo beobachtete in seinen Antworten diejenige Ruhe und Gelassenheit, welche den Stolz verwirrt machen, und ihm grausame Wunden versetzen. Die Unterredung ward hitzig. Man gab einander von beiden Seiten sehr lebhafte Antworten. Es kam bis zu Drohungen; wenigstens murmelte Alonzo, der die beleidigenden Reden des Baretti nicht länger ausstehen konnte, einige Worte, welche befürchten liessen, daß er mit dem Degen in der Faust Genugthuung fordern würde. Alle, die Zeugen von diesem Vorgange gewesen waren, ermangelten nicht, den Baretti zu rechtfertigen, und dem Portugiesen Unrecht zu geben. Diese Ungerechtigkeit war gegründet. Baretti hielt offene Tafel; er lebte prächtig; er konnte Schmeicheleien und Niederträchtigkeiten bezahlen, und Alonzo machte keine

Figur bei Hofe. Sein Haus war den Schmeichlern und Müßiggängern verschlossen; wenn man ihm auch Lobsprüche ertheilt hätte, so würde man nur einen Weihrauch ohne Nutzen verschwendet haben.

Nach diesem unangenehmen Vorfalle hatte unser Einsiedler sich vorgenommen, Lissabon zu verlassen, und sich auf das Land zu begeben, mehr als iemals entschlossen, grosse Gesellschaften zu meiden, und sich bloß auf den Umgang mit seinem Diener einzuschränken. Dieser redliche Mensch ward ihm von Tage zu Tage theurer. Die Erkenntlichkeit und der Diensteifer des Nuguez nahmen mit den Gütigkeiten seines Herrn zu. Er hatte gleichwohl um Erlaubniß angehalten, sich auf ein Paar Monate zu entfernen, um seinen alten Vater zu besuchen, der am Rande des Grabes war. Alonzo, der die Rechte der Natur kannte, gab ihm Erlaubniß; er ließ den Nuguez, iedoch nicht ohne Schwierigkeit, reisen, nachdem er versprochen hatte, zur bestimmten Zeit wieder zu kommen. Diese Trennung kostete ihm Thränen, und seine Philosophie wunderte sich über diese Schwachheit. Sollten Ahnungen eine geheime Stimme seyn, die der Himmel unserm Herzen gegeben hat, und

die

die der Mißbrauch unserer Vernunft zu ersticken sucht?

Alonzo lebte indessen in der Einsamkeit, und war entschlossen, sie nicht eher, als nach des Nuguez Zurükkunft, zu verlassen. Betrachtungen und Bücher waren sein einziger Zeitvertreib. Allein, tausend Stimmen trieben ihn aus derselben heraus, die ihm Nachricht gaben, daß man den Leichnam des Baretti, mit einem Degenstoße durchbohret, todt auf der Gasse gefunden habe. Seine Menschlichkeit triumphirte über seine Empfindlichkeit. Er konnte nicht umhin, das Schiksal dieses Unglüklichen zu beklagen.

Er dachte noch an diese traurige Begebenheit, als ein Haufen Soldaten wüthend in seine einsame Wohnung drang, sich seiner bemächtigte, und ihn in einen Kerker schleppte, wo man ihm Fesseln anlegte. Eine mit Eisen beschlagene und mit grossen Riegeln versehene Thüre ward mit grossem Geräusche verschlossen, und alle diese Streiche, wovon ein einziger hinlänglich gewesen wäre, ihn zu tödten, waren das Werk eines Augenbliks.

Nachdem sich Alonzo aus dem stillen Erstaunen, worin grosse Unglüksfälle uns stürzen, erholet hatte, öffnete er die Augen, besah seine Hände und Füsse,

die

die von der Last der Ketten beschweret waren, fragte sich selbst, an welchem Orte er sich befinde, wie er dahin gekommen sey, und was für ein Verbrechen er begangen habe! Nun verließ ihn sein Muth. Bisher hatte er die Standhaftigkeit behalten, welche die Unschuld unterstüzt; nun aber konnte er sich der Thränen nicht erwehren. O mein Gott, rief er aus, mein Gott, der du die Herzen erforschest, was habe ich gegen das menschliche Geschlecht begangen? Höchstes Wesen, ohne Zweifel habe ich dich beleidigt! Aber was haben die Menschen mir vorzuwerfen? Was kann mir von ihrer Seite eine so harte Begegnung zuziehen? O mein einziger Beschützer! Dir übergebe ich mich! Ach! Jederman verläßt mich! Niemand auf der ganzen Welt nimmt sich meiner an! Niemand! Niemand! Und wenn ich noch meinen getreuen Nuguez bei mir hätte; er würde mein Unglük empfinden, und mich trösten.

Alonzo blieb ganzer acht Tage in diesem fürchterlichen Zustande; er zweifelte fast daran, ob alles, was er erduldete, wahr sey. Kaum reichten die elenden Nahrungsmittel, die ihm ein wilder Kerkermeister brachte, der sich beständig auf das unbarmherzigste weigerte,

weigerte, ihm die geringste Erklärung wegen seines Schiksals zu geben, hin, sein Leben zu erhalten.

Endlich ward er durch bewaffnete Leute aus dem Kerker geholet, und in einen Saal geführt, den er für denjenigen Ort erkannte, wo sich das Gericht versammelt. Er war gar bald von seinen Richtern und von Gerichtsdienern umgeben. Es ist nicht möglich, sein Erstaunen auszudrücken, welches aber noch mehr zunahm, als man ihn befragte, und ihm den Tod des Baretti schuld gab. Allein, dieß war noch nicht genug, man sezte noch hinzu, er habe ihn beraubt. Man beschuldigt mich des Raubes, rief Alonzo aus, indem er seine Ketten schüttelte, und die Augen zum Himmel empor hob! Ja! versezte man, du bist des Baretti Mörder, und hast ihm ein Taschenbuch von grossem Werthe geraubt. Der unglükliche Alonzo sank halb todt nieder; er erhob sich aber mit einem übernatürlichen Muthe wieder, sammlete alle Kräfte seiner Seele, und bewaffnete sich mit derjenigen Hoheit, die der unterdrükten Tugend so trefflich steht. Ich hatte viel Unglük ausgestanden, sagte er, das Schiksal hatte seine Wuth an mir erschöpft; das einzige war mir noch übrig, daß auch meine Ehre beleidigt werden mußte. Dieß macht das

Maaß

Maaß meines Unglüks voll! — und der Himmel gestattet es, daß die Verläumdung mich so sehr erniedrige! — Meine Herren, ich bin ein Edelmann, und bin würdig, es zu seyn; eine Lüge ist niemals aus meinem Munde gekommen. Ich habe den Baretti nicht getödtet. Was das andere Verbrechen, die Niederträchtigkeit betrifft — meine Ehre erlaubt mir nicht einmal, den Namen davon auszusprechen. Auch den Gedanken davon muß ich mir verbitten. Man wendete ihm ein, er habe einen heftigen Zwist mit dem Italiener gehabt; eine Menge Zeugen sey wider ihn. — Ich glaube es, Baretti war reich, und ich lebte in der Einsamkeit. Er sezte noch andere Gründe der Vertheidigung hinzu; er berief sich auf Gott, den höchsten Richter: aber was half es?

Alonzo ward in den Kerker zurükgeführt. Hier bemächtigte sich die Natur ihrer Rechte wieder, und seine Seele ward von der ganzen Abscheulichkeit seiner Situation erfüllt. Ein Thränenbach stürzte aus seinen Augen; er ließ laute Klagen erschallen, welche nur die Wände seines Kerkers hörten. Er genoß nichts; seine Thränen waren seine Nahrung. Er bat den Kerkermeister um eine Gnade, die er endlich für Geld von ihm erhielt, daß er an seinen treuen Nuguez schrei-

schreiben durfte. Er gab demselben von seinem Unglücke, und von der Gefahr, worin sein Leben schwebe, Nachricht. Der Brief ward durch einen Boten weggeschikt. Nuguez befand sich einige Tagereisen von Lissabon. Man gab dem unglüklichen Alonzo nicht Zeit, die Zurükkunft seines Bedienten zu erwarten. Man drang auf seine Verurtheilung. Die Anverwandten des Baretti trieben die Sache mit dem größten Eifer, und bedienten sich aller Mittel, die den Geiz der Menschen reizen können. Mit einem Worte, Alonzo, dieser untadelhafte Mann, dieß Muster der Tugend und Wohlthätigkeit, ward zum Tode verurtheilt. Als ihm sein Urtheil vorgelesen ward, schien er schon halb todt zu seyn; nur bei dem Punkte des Raubes machte er eine Bewegung, die seinen Unwillen zu erkennen gab. Ein liebreicher Geistlicher, der ihn umarmet hielt, rieth ihm den Königl. Schuz zu reklamiren. Mein Vater, versezte Alonzo, wir wollen von der Erde und den Menschen Abschied nehmen: redet mit mir vom Himmel; Gott allein müssen wir anrufen.

Mit niedergesenktem Haupte begab er sich zum Richtplaze, von der Schreklichkeit seiner Lage ganz betäubet. Ganz Lissabon war zu einem so rührenden

Schau-

Schauspiele herbei gekommen. Niemand konnte sich überreden, daß dieser unglükliche Edelmann schuldig sey; man sah nichts, als Thränen, man hörte nichts, als Seufzer. Nachdem Alonzo einen Blik gen Himmel gethan hatte, sagte er nichts, als diese Worte: Ungerechte Richter, ich sterbe unschuldig, und verzeihe euch. Sogleich reichte er seinen Hals der Hand des Henkers dar. Plözlich geschah derselben Einhalt; es erhob sich ein Getöse, das immer zunahm; man erblikte einen jungen Menschen mit zerstreuetem Haare, der sich aus den Armen eines weinenden Greises, der ihm folgte, windet. Alle eure Mühe ist umsonst, sagte der junge Mensch, und eilte zum Blutgerüste. — Haltet ein, haltet ein, ich bin der Verbrecher, seht den Mörder des Baretti! Nuguez! rief Alonzo aus; und in der That war es dieser treue Diener. Ich bin es, antwortete er, und warf sich in die Arme seines Herrn. — O mein liebster Herr! ich, ich muß sterben! O Himmel, du erlaubst es, daß die Unschuld gerettet werde! Fort, führt mich zu den Richtern!

Von Alonzo und dem weinenden Alten begleitet tritt Nuguez in den Gerichtssaal. Kaum konnte er von seinen Richtern gehört werden, als er sie mit

diesen

diesen Worten anredete: Man nehme diesem ehrwürdigen Manne, der mir aufgeopfert werden sollte, die Fesseln ab; ich muß sie tragen; mich muß man strafen, wenn die Gesetze mich deswegen für strafbar erklären, weil ich mich dem Unglücke, des Baretti Mörder zu seyn, ausgesezt habe.

Er erzählte hierauf seine Begebenheit. Er habe sich am Abend vor seiner Abreise mit einem Degen zur Reise versehen; er habe den Baretti auf der Gasse angetroffen, der in Schimpfwörter gegen seinen Herrn ausgebrochen sey. Dieß sey ihm unerträglich gewesen; er habe seiner Wuth nicht Einhalt thun können, habe gezogen, und den Baretti gezwungen, dasselbe zu thun; das Glük habe sich für ihn erklärt, und er habe seinem Gegner einen tödtlichen Stich versetzet.

Alonzo ließ seinen Bedienten nicht ausreden. — Unglüklicher, was willst du thun? O mein Freund! denn ich rechne es mir zur Ehre, dir diesen Namen in dieser Gesellschaft zu geben. Das Verlangen, mich zu rächen, hat dir den Degen in die Hand gegeben; ich habe gewissermaaßen deine Hand geleitet, den Baretti zu ermorden; ich muß also der Gerechtigkeit Genugthuung leisten. — Mein lieber Herr,

ver-

versezte Nuguez, Sie können mir dieß lezte Zeugniß meiner Liebe und Schuldigkeit gegen Sie nicht rauben. Mein Tod wird Ihnen beweisen, wie sehr ich Sie liebte. Ich empfing Ihren Brief; ich eilte nach Lissabon, der Thränen dieses Greises ungeachtet. Er ist mein Vater, sezte er unter einem Strome von Thränen hinzu, er ist mein Vater; die einzige Gnade, um welche ich sie anflehe, ist, mit seinem Alter Mitleiden zu haben, und ihm den Beistand zu erzeigen, den er von mir gehabt haben würde. Was den Raub betrifft, so will ich mich deswegen nicht rechtfertigen; Sie kennen mich. Ob ich gleich arm und ein Bedienter bin, so wissen Sie doch, daß ich solcher Niederträchtigkeit nie fähig gewesen. Wie es mit dem Raube zugegangen seyn mag, weiß ich nicht: genug, ich habe mir nur den Tod des Baretti vorzuwerfen; und ist dieß ein unverzeihliches Verbrechen, so beschleunige man mein Urtheil. Mein würdiger Herr! lieben Sie mich beständig; und Ihr, mein Vater, glaubet, daß der großmüthige Alonzo durch seine Güte euch meinen Verlust bald werde vergessen machen. Der Trost, den ich sterbend mitnehme, ist, daß weder der eine, noch der andere nöthig hat, sich meines Andenkens zu schämen,

Die

Die ganze Versammlung ward auf das äusserste über dieß Schauspiel gerührt; die Richter selbst weinten: gleichwohl handelten sie ihrer Pflicht, wenn man einer sklavischen Beobachtung der Formalitäten diesen Namen beilegen kann, gemäß, und liessen den Nuguez in den Kerker führen, den Alonzo vorher bewohnt hatte. Alonzo wendete alles an, den Nuguez zu retten, aber umsonst. Man verdammte ihn zum Tode. Nuguez blieb standhaft bei den Anstalten zu selbigem. Alonzo und sein Vater begleiteten ihn zum Blutgerüste. Alonzo wendete sich an die Zuschauer. »Meine Freunde, sagte er, rettet meinen unglücklichen Diener; man nehme mir lieber das Leben! Ich bin Ursache an seinem Tode.« — Bevor Nuguez sich dem Nachrichter übergab, umarmte er vorher seinen Vater und seinen Herrn, und erklärte nochmals, daß er den Baretti nicht beraubt habe. Der Streich, welcher diesem ehrwürdigen Diener das Leben nahm, traf auch zugleich den Alonzo; er sank ohnmächtig nieder, und man trug ihn in sein Haus, wo er einige Tage darauf vor Betrübniß starb, nachdem er den Vater seines Bedienten zu seinem Erben ernannt hatte.

Nach

Nach der Zeit erfuhr man, daß Räuber den Leichnam des Baretti in der Gasse gefunden, und ihm sein Taschenbuch abgenommen hätten.

XIII.

Bericht über das Gute und Böse der artikulirten Libelle.

Sie mein gnädigster Herr! haben mir befohlen, über diesen Gegenstand meinen pflichtmäßigen Bericht abzustatten. Ungeachtet ich mich hierdurch bei mehreren Mitgliedern Ihres Ministerii nicht empfehle und an eine weitere Beförderung nicht denken darf; so hält mich doch nichts ab, meiner Pflicht, meiner Ueberzeugung, und der allgemeinen Wahrheit Gehör zu schenken.

Es ist gewiß wahr, daß die artikulirten Klag-Libelle ihren grossen Nutzen haben, wenn man nur immer annehmen könnte, daß die Gerichte, die Parthien und ihre Gehülfen gewissenhafte, ehrliche und

mit einer gesunden Vernunft und gutem Willen aus≠
gerüstete Personen wären. In diesem Unterstellungs≠
fall würden blos solche Thatumstände artikulirt, die auf
die Entscheidung der Sache einen wesentlichen oder
doch wenigstens einen nicht ganz entfernten Einfluß
hätten. Alsdann könnte und müßte der Beklagte mit
dem cathegorischen Ja oder Nein antworten, und es
wäre für den Richter eine wahre Kleinigkeit, den
Beweiß der abgeleugneten Artikuln kurz und deutlich
festzusetzen. Der wichtigste Prozeß würde, um den
Zwek der artikulirten Libelle zu erreichen, bis zur Fest≠
setzung des Beweißthums sowohl von der klagenden
als der beklagten Seite keine 6 Bogen wegnehmen
dürfen, und dann würde es doch keine Hexerei seyn,
aus einem so kleinen Actenstücke gründlich und deutlich
zu referiren, und hierdurch eine Gott gefällige und
den Staat einzig belebende gerade und vernünftige
Justiz schnell auszuüben. Es würden alsdann viele
weitläuftige Untersuchungen wegfallen, die bei der
ietzigen Verwirrung über die Fragen angestellt wer≠
den: ob die Antwort des Beklagten cathegorisch aus≠
gefallen seye? ob sie etwa ein stillschweigendes Ge≠
ständniß enthalte? welchem Theile also der Beweiß
aufgelegt werden müsse? u. s. w. Allein, gnädigster
Herr,

Herr, mit Diogenes Laterne würde man doch vergeblich suchen, wenn man in den Richtern, Parthien und ihren Advokaten alle Eigenschaften vereiniget finden wollte, die zusammen treffen müssen, wenn das Gute der artikulirten Libelle nicht verfehlet werden soll. Dieses haben die weisen Mitgliedern der vortreflichen Reichstagsversammlung eingesehen, und daher sind die artikulirte Libelle bei den höchsten Reichsgerichten schon vor langer Zeit abgeschafft worden, und ich würde ohne Bedenken meinem gnädigsten Herrn das nehmliche anrathen. Mit gnädigster Erlaubniß will ich die Mißbräuche entdecken, die zu unendlichen Beschwerden und Weiterungen Anlaß geben, und das Gerüchte einer schlechten Justizverwaltung nothwendig machen. Lassen Sie gnädigster Herr, sich ohne Auswahl Acten von ihren Gerichtsstellen vorlegen, und Sie werden keinen Augenblik an dem zweiflen, was ich iezt anführen werde. Mir ist noch kein einziger Actenstoß zu Gesicht gekommen, worinn man nicht Mißbräuche von allerlei Gattungen mit Händen greifen könnte. Die meisten Klaglibelle enthalten 20, 30 ia oft 100 Artikul. Im Durchschnitt kann man gewiß den Satz annehmen, daß $\frac{1}{4}$ Theil dieser Artikul gar nicht zu der Sache

gehören

gehören und keinen entfernten Entscheidungsgrund abgeben, oder vielleicht Rechtssätze enthalten, die auf den vorliegenden Fall nur selten passen. Hierdurch entstehet ein mannichfaltiger Schaden. Die Kosten werden 3 bis 4fach vermehrt. Die Sache selbst wird aber auch in ein wahres Labyrinth gebracht, zumal wenn die Advokaten einen dunklen Styl haben, und von dem was sie schreiben selbst keine Begriffe haben mögen. Es ist ganz begreiflich, daß diese Verwirrung zunehmen müsse, wenn der beklagte Theil in seiner Antwort auf alle die überflüssigen Artikul aus gerechter Besorgniß sich einläßt, daß sie unbeantworteten Falls für gestanden und entscheidend angenommen werden möchten, und diese Besorgniß erregt der Nachläßige oder der um sein Gewissen eben nicht sonderlich bekümmerte Richter. Seine Pflicht wäre es gleich beim ersten Vortrag über die Klage alle solche Artikul, die nicht zum Zusammenhange der Geschichte gehören, oder zur Entscheidung der Sache nichts beitragen können, oder die Rechtssätze enthalten, von Amtswegen zu verwerfen, den Kläger darüber zu bestrafen, seinem Advokaten die deshalbige Gebühren durchzustreichen, und den Beklagten von der Beantwortung solcher Artikul gleich im ersten Bescheid zu befreien.

befreien. Hat aber der Richter solche Artikul zugelassen, und die Antwort darauf befohlen; so muß ja der Beklagte auf den Gedanken kommen, daß sein Richter diese viele Artikul für schlußbar und entscheidend gehalten habe, und so antwortet er aus Angst. Es war aber auch die Pflicht des Richters die vielen Artikul zu reinigen, die mehrere Puncte in sich enthalten, und in einem falschen Zusammenhang mit vieler Arglist aufgestellt sind. Dies thut aber der Richter nicht, und seine nicht zu entschuldigende Nachläßigkeit zwingt den Beklagten, da weitläuftig zu werden, wo er mit einem blosen Ja oder Nein hätte abkommen können. Enthält nemlich der Artikul mehrere Facta, so muß sie der Beklagte sorgfältig absondern, und hierdurch unnöthige Wiederhohlungen machen, wenn er bestimmt antworten und nichts schädliches zugeben will. Oft ist der Artikul wahr, aber in dem Zusammenhang wo er steht, ist er Grundfalsch. Ein gewissenhafter Beklagter kommt hiebei in keine geringe Verlegenheit. Sein Gewissen leidet nicht die Wahrheit zu verheelen oder zu verkleistern. Antwortet er mit einem simplen Ja, und hängt eine Erklärung an, in welchem Zusammenhang der Artikul nur wahr seyn; so läuft er bei einem mechanischen

Richter

Richter Gefahr, mit einem Beweiß beladen zu werden, der ihm von Rechts wegen nicht zukommt, und dessen Erbringung wohl gar eine Unmöglichkeit ist. Was ich von dem Kläger gesagt habe, trift auch gar oft den Beklagten. Er und sein Advokat antworten oft so verworren, zweideutig und verfänglich, daß der Kläger oft in die nemliche Verlegenheit kommt, und nicht weiß, wie er es in der Replic anfangen solle, um in kein unübersehbares Labyrinth verwickelt zu werden. Aber auch hieran ist meistentheils der Richter schuld. Er sollte sogleich die Beantwortungsschrift von allem überflüssigen und zweideutigen reinigen, Parthie und Advokaten strafen, und dem Kläger bloß aufgeben sich in der Replic über das zu erklären, was erheblich und einer weiteren Untersuchung bedürftig wäre. Aber alles dieses geschiehet nicht, gnädigster Herr! und wird nicht geschehen, wenn nicht landesherrliche Machtvollkommenheit entweder die artikulirten Libelle, und den damit verbundenen Mißbrauch der Eidschwüre auf ewig verbannt, oder doch dem Unfug gehörige Schranken sezt, und von ihm eine besondere Visitation niedergesezt wird, die auf die Befolgung beständige Obsicht halten, und die den Gerichten hierinn zu gebieten hat. Diese Visitation sion müßte aber aus Gliedern bestehn, die unter den Gerichtspersonen keine Verwandte zählten, und die nicht zu der grossen Kette gehörten, welche sich die Besetzung der Gerichtsstellen erblich zu haben schmeichelt. Freilich werden Richter, Advokaten und alle Maschinen derselben alles anwenden, diese und andere eben so nöthige Justizverbesserungen zu hintertreiben. Sie verlieren hierdurch grosse Einkünfte, auf die sie als auf ein seit Jahrhunderten erworbenes Recht, nachdrükliche Ansprüche zu machen sich nicht scheuen werden. Unerlaubte Misbräuche können aber kein Herkommen begründen, und ich würde gleich diejenigen ausser Activität setzen, und meines Zutrauens nicht würdigen, die solche Grundsätze geltend machen wollten. Jeder Unpartheiische würde solchen Querulanten Moralität, Kenntniß einer reinen Justizverfassung, und ächte Begriffe von dem wahren Wohl des Staats absprechen. Sie, als Landesherr, haben die schwere Pflicht auf sich Ihre getreue Unterthanen gegen solche drükkende Mißbräuche zu schützen. Sollen unzählbare Unterthanen blos deswegen das 3 und 4fache mehr bezahlen, damit nur wenige Personen im Ueberfluß leben, schwelgen, oder erpreßte Reichthümer sammlen können? Sie denken hier viel zu aufrichtig und edel,

und

und werden eilen, diesem Druk zuvor zu kommen! Aber, gnädigster Herr, da Sie doch ohne alles Ansehen der Person strenge und schnelle Gerechtigkeit gehandhabt, alle richterliche Willkühr und Hochmuth verbannt, und die Justiz in ihren Landen durchaus verbessert wissen wollen; und da Sie hierdurch den Seegen der iezigen und der Nachwelt einernbten werden; so bitte ich im Beistand aller Rechtschaffenen, in Zukunft kein Subiect mehr zu einer Richterstelle oder Advokatur zu bestellen, das nicht die gehörigen rechtlichen Kenntnisse besizt, und durch seinen Probeaufsaz und mündliche Prüfung beweißt, daß es auf eine vollkommene Beurtheilungskraft und also auf einen gesunden Menschenverstand gerechten Anspruch machen, und seine Gedanken so lichtvoll darstellen kann, daß sie ein ieder denkende Kopf, wenn er auch kein Rechtsgelehrter ist, begreifen mag. Dieses, gnädigster Herr, können eben nicht Viele von sich behaupten, wenn Sie nur die Gnade haben wollen, sich von iedem Richter und Advokaten Acten vorlegen zu lassen. Sie werden darinn viele Schriften antreffen, worinn man auch bei der größten Anstrengung oft keinen Sinn und Menschenverstand entdekt, oder worinn wenigstens ein solcher verworrener Styl herrscht,

herrscht, daß man sehr geübt seyn muß, wenn man einen ungefähren Sinn herausstudiren will. Und lesen Sie gar die Bescheide von manchen Gerichten; so werden Sie darinn noch weniger Menschenverstand antreffen, und oft auf Bescheide stossen, die 6 Bogen lang sind, und sich mit den läppigsten und unverständlichsten Dingen beschäftigen. Und was noch das schlimmste ist, viele Subiecte bilden sich auf einen solchen Galimathias und zwar desto mehr ein, je weniger ihr Machtspruch verstanden werden kann. Oft mögen sie wohl zu unwissend, oft aber auch zu sehr von der Sportulersucht angestekt seyn, weil alsdann wieder eine Menge Streitschriften nothwendig wird, oder manch neues überflüssiges Beweißverfahren entsteht, folglich Kosten verursacht werden. Und wer fällt nicht von selbst auf den Gedanken, daß durch solche verkehrte Proceduren viele unnöthige Appellationen verursacht, und die Kosten also wieder vermehrt werden? Wo aber der Unterrichter für die Füllung des Beutels des Oberrichters entweder aus Unwissenheit oder aus Nachlässigkeit oder gar aus Gewissenlosigkeit sorgt; und der Oberrichter die nemlichen Eigenschaften hat; da ist freilich an keine Besserung oder an reformirende Entscheidungen zu denken.

Visita-

Visitationen Ihrer Gerichtsstuben sind daher unumgänglich nothwendig. Tragen Sie solche, wenn ich bitten darf, Ihren Landständen und zwar denen auf, die zu viele Kenntnisse und Erfahrung besitzen, als daß sie sich durch die geheimen Ränke des Gerichtspersonale von dem Weg der Gerechtigkeit abbringen liessen. Auch ihnen könnte die Prüfung der Jünglinge, die sich dem Rechtsfach widmen wollen, anvertraut werden, die bisher meistentheils den nächsten Verwandten oder besten Bekannten derselben überlassen war. Für diesmal schliesse ich mit jenem erhabenen Gedanken:

"Fürsten der Erde, wendet einen Blik des ver-
"achtenden Unwillens auf den elenden Schmeich-
"ler, der euch klein genug glaubt, das wahre
"Lob der Tugend und des Verdienstes, und
"den wahren Tadel der Laster und der Fehler
"nicht hören zu können! Sehet in ihm den
"Beleidiger der einzigen Majestät, in der ihr
"glänzen könnt! Wer das Gute erhebt und das
"Unrecht tadelt, kann nie das Böse wollen;
"er ist ein rechtschaffener Mann und ein guter
"Bürger."

XIV.

XIV.

Gedanken über Lehre und Lehrart, wie auch über nöthige Verfügungen in geistlichen Sachen, in Bezug auf die Aufsätze in Henke's Magaz. für Religionsphilos. Exeg. und Kirchengesch. 1 B. 1 St. I. und 3 B. 2 St. VI.

―

Der Verfasser des Aufsatzes über Lehre und Lehrart drehet und windet sich, um, so viel möglich, es Allen recht zu machen. Es hat den Schein der Billigkeit und Mäßigung, wenn man den Mittelweg geht: allein mir, der ich das Entscheidende liebe, ist das eben so widrig, als das Knirrknarren des Wetterhahns auf dem Thurme.

Man spricht ein Langes und Breites über Lehre und Lehrart, — weil man den rechten Gesichtspunkt verrükt. Denn bald gibt man sie aus für ein Mittel zur richtigen Belehrung, bald für ein Mittel zur Beglückung der Menschen. Aber wo bleibt die Achtung gegen die Religion, wenn man sie nicht an sich für heilig ansieht, und nur als **Mittel wozu** betrachtet! Und dann auch, was sind das für Zwecke, richtige Belehrung und Beglückung der Menschen! Liegt denn daran etwas? Wem? — Was thuts, wenn die Menschen auch noch so unbelehrt und unbeglükt sind? Wie still war es, und ist es stets, in Zeiten der sanften Dunkelheit, wo

> ruhen alle Wälder
> Vieh, Menschen, Städt' und Felder,
> und schläft die ganze Welt!

Sind sie elend und geplagt: wer weiß denn nicht, daß sie durch das Feuer der Trübsale geläutert, und zum Himmel bereitet werden! O plagt nur die Menschen, ihr geistlichen und weltlichen Herrscher: dadurch thut ihr ihren Seelen wohl! Laßt sie nicht denken und vernunften, damit sie nicht bezweifeln, was sie nicht bezweifeln sollen, daß Ihr die Götter der Erde seid; damit nicht Wünsche in ihnen erwachen, die nie erwachen sollen. Alles eigenen Denkens, alles

Frei

Freiheitsinnes müssen sie sich begeben, und andächtig nach dem vortreflichen alten Kirchenliede singen:

>Ich soll, Herr, — was soll ich bitten?
>Meine Seel hat kein Gesicht
>in der finstern Leibeshütten;
>mein Verstand verstehet nicht,
>was von dieser Erde Sachen
>ihn recht könne glüklich machen.
>Blind, wie eine Fledermaus;
>Sünd' ihm sticht die Augen aus.
>
>Oftmals meint er wol, er sehe,
>sezt ihm Fleischesaugen ein.
>Sollte, der blind in der Nähe,
>in der Ferne sehend seyn?
>Fleischeswill' ist sein Verlangen;
>es nimmt seinen Wunsch gefangen;
>Wollust, Ehre, Gut, und Geld,
>und der falsche Schein der Welt. *).

Der eigentliche Zwek der Religion, wie das Jeder aus seinem Katechismus wissen sollte, ist — die Menschen

---

*) Stadt=Hildesheimisches Gesangbuch 598. p. 2. 3.

schen zur Seligkeit zu führen. Was gehen ihr also die ganz fremden Dinge, als Belehrung und Beglückung an! — Auf jenes also muß Lehre und Lehrart gerichtet, einzig und allein gerichtet seyn, damit, wenn die Menschen in dieser Welt elend sind, sie doch in der Zukünftigen selig werden. Der Abstich hebt. Je elender sie hier sind, desto leichter können sie dort selig seyn. Wer begreift das nicht, oder findet es nicht den Augenblik wahr!

Das Ansehen der Religion beruhet einzig und allein auf dem Ansehen des Alterthums. Wie läßt sich eine Religion in ihrem Anfange und Ursprunge beleuchten! So wenig als das Entstehen des Kindes im Mutterleibe. Mag es natürlich seyn; das genaue Wie weiß man doch nicht, und nach allen Umhersanzen muß man doch immer darauf zurükkommen — Kinder sind eine Gabe, und Leibesfrucht ein Geschenk des Allerhöchsten. Wie sind auch alle Versuche mißglükt, die unmittelbare göttliche Abkunft einer Religion zu beweisen! — In heiliges Dunkel ist der Ursprung gehüllet, und muß darin gehüllet seyn und bleiben. Weg mit allen Untersuchungen! Weg mit aller neuen Lehre und Lehrart! Weg mit allen neuen

Entwürfen! — Je älter, desto besser, desto heiliger! *)

O ihr geistlichen Obern, ihr Fürsten und Könige,
und wer irgend Gewalt in Händen hat, wollet ihr
eure Religion schützen und erhalten, wollet ihr für
die Seligkeit eurer Unterthanen sorgen: so erdrücket
und ersticket so früh als möglich in den Schulen den
Verstand der Kinder, verleidet ihnen alle Fragen,
gestattet den Leuten kein Denken, kein Forschen,
kein Untersuchen, keine andere Meinung, Lehre und
Lehrart, als die durch Ueberlieferung, Bekenntniß-
bücher, Verträge und Friedensschlüsse wohl gegründet,
und durch das Alter längst geheiliget ist. Liegt euch
eure Religion, liegt euch das Seelenheil der Menschen, unzertrennlich mit euren Vortheilen verknüpft,
am Herzen: so macht eine L e h r o r d n u n g, eine
S p r a c h o r d n u n g, und eine K a s e l o r d n u n g.
Wichtigers in der Welt, wichtigers zur Ehre und
zum Glanze des untergehenden Jahrhunderts, wichtigers für die Nachwelt und die Ewigkeit könnet ihr
nichts

---

*) Je unbegreiflicher, desto heiliger, sagte Hermes diesen
Sommer in einer Predigt — Heil dem, der mit ihm
in das heilige B a t h o s hinabsteigen kann!

nichts thun. O welche Beinamen wird die Geschichte einst euren Namen zugesellen, was wird sie von eurem Verstande, von eurem Herzen, von euch als Menschen und als Machthaber, von Christen will ich nicht einmal sagen, nach Gebühr zu rühmen wissen!

In der Lehrordnung setzet fest, daß Alles beim Alten bleiben soll. Mag die ganze Natur sich ändern, mag die Zeit noch so viele und verschiedene Ansichten der Dinge vorführen, mag der Geist des Menschen noch so sehr nach immer hellerer und richtigerer Erkenntniß streben: dennoch soll in der Lehre keine Veränderung, kein Zuwachs, keine Abnahme statt finden; kein Tüttel der alten Lehre soll erlöschen oder verloren gehen. Ich will selbst den alten heiligen Schmuz nicht missen. Blaset mir nicht den Staub von dem Golde, der dessen Glanz so wohlthätig dekt, um schwacher Augen zu schonen. Wie viel lieblicher ist Dunkel und Dämmerung, als Licht, besonders blöden Augen! Wie viel ehrwürdiger eine alte staubigte Lehre, als eine funkelneue! Wie eine Haarmütze um so häßlicher wird, je mehr sie Haare verlieret, daß dann nur das Schmier noch das Nez bedekt: so viel häßlicher wird die alte Lehre, wenn man hie und da davon abthut. Und wie jene um so stattlicher ist,

ist, je dicker und von je feinerem Haare sie ist: so auch der Inbegriff der Lehre, je dicker, desto besser; und der erwirbt sich ein grosses Verdienst um sie, der die struppigen Haare derselben noch spaltet, ja spaltet bis ins Unendliche. *)

Die Sprachordnung muß festsetzen, wie die Lehrer sich ausdrücken sollen. Da die Begriffe der Menschen sich an die Worte hängen, wie Mücken an Pechnelken, so kann es den Predigern nicht überlassen werden, welcher Worte sie sich bedienen wollen. Sie müssen bei der alten heiligen Sprache **) bleiben, nichts davon abthun, und nichts daran ändern, oder anders deuten. Ohnehin haben sonst ihre Vorträge weder Kraft noch Salbung, sondern werden vernünftig und nüchtern. Die Salbung verträgt sich nie weder mit dem neuen, noch mit dem durchschaulichen oder bestimmten, das ist immer weltlich, sondern fodert durchaus alte Sprache mit heiligem Dunkel umgeben. Ein Halleluja, ein Kyrieleis, ein Hosianna,

*) Scholastische Terminologie.

**) Es sey in einer Phthartik und Phthengik, in einer Religion innerhalb der Grenzen der blossen Vernunft, in Freimaurerreden, oder worin es sonst wolle.

Hosianna, ein kräftiges Maran Athan, erwekt, rührt, erbauet, erschüttert mehr, als die längste und gründlichste Rede ie thun kann. Wie viel von diesen Kindern der Salbung, vorzüglich wie oft der Name Jesus in ieder Predigt vorkommen muß, und mit welcher Inbrunst, welchem Feuer, welchen Augenverdrehen muß ia wohl festgesezt, und ieder Prediger erinnert werden, sich eines solchen Vortrages zu befleißigen, der geschikt ist die Zuhörer in den heiligen Dös zu versezen, welcher die selige Empfindung der Religion gewährt, und zum wahren Glauben führt, wenn er es nicht schon selbst ist.

Die Kaselordnung aber darf bei diesem nicht fehlen. Denn sonst wäre Seele ohne Leib. Auf Menschen macht das Aeussere mehr Eindruk, als das Innere; und durch das Leibliche werden sie am leichtesten auf das Geistliche geführt. Das weite faltenreiche Oberkleid mahlt ihnen den weiten Umfang und die Verwickelung der Religion; die schwarze Farbe, welche zwar Trauer über den Abbruch ist, den die Aufklärung den Auserwählten schon gethan hat, erinnert an Tod und Ewigkeit; der Bolzenkragen,

*) Dem Clerus.

gen, daß dem, der einen der kleinsten durch neue Lehre ärgert, besser wäre, daß ein Mühlenstein an seinen Hals gehänget, und er ersäuffet würde im Meere, da es am tiefsten ist: die Kasel aber, oder vielmehr die Wolke, zieret ein geistliches Haupt, nimmt weg alles natürliche Ansehen, und umwölket die Stirn, wie den Himmel. Es muß festgesezt werden, wie groß und schwer iede seyn muß, ohne Ansehen der Person, welche sie tragen soll. Denn beim Glauben macht man keinen Unterschied, ob er für den passet, der ihn annehmen soll, oder nicht. So muß auch bei den Kaseln, wie überhaupt bei der priesterlichen Kleidung kein Unterschied statt finden. Schwarz und dunkel, wie die Lehre, muß selbst das Nachtwams seyn. Bei den Kaseln aber muß bestimmt werden, wie viele Locken iede haben muß, um rechtgläubig zu seyn, welchen Grad der Kräuse, wie viel Schmier und Puder, — gerade wie bei den Glaubenslehren das alles aufs genaueste bestimmt wird — damit nicht die eine schwerer oder leichter, grösser oder kleiner als die andere sey, wodurch das Volk könnte verleitet werden, zu glauben, es gäbe in der Kirche — mehrere Glauben.

Nie

Nie aber muß ein Geistlicher sein eigenes Haar tragen dürfen. Denn sonst zeigt er sich als einen natürlichen Menschen, der er nicht seyn soll, und verräth geradezu den Naturgläubigen. Ein Gemisch von Missethäterhaaren und unschuldigen gefärbten Ziegenhaaren ist zu dem Zwecke, die Sündhaftigkeit des Menschen, und die durch das Färben mit dem Blute der Unschuld zu erlangende Gerechtigkeit und Seeligkeit vorzustellen, das passendste was sich ersinnen läßt.

Diese Verfügungen macht, ihr Gewalthaber, um Euch an der verfluchten Aufklärung zu rächen, Euren Heiland zu schützen, und es so zu machen, daß selbst — der Teufel euch Beifall zulächeln muß.

XV.
Aus dem Meklenburgischen.

In einem kleinen Städtchen unsers Vaterlandes trug sich ohnlängst eine Anecdote zu, die es verdient, näher bekannt zu seyn, weil sie einen Beweis mehr abgiebt,

abgiebt, mit welcher eisernen Ruthe manche kleine Tyrannen ihre Untergebenen beherrschen, und wie unweise sie dadurch in unsern bedenklichen Zeiten, wo so viele feuerfangende Materie umherschwärmt, den Funken des Unmuths hervorlocken. —

In dem Städtchen Teterow wurde vor nicht langer Zeit eine Diebesbande von 8 Personen in gefängliche Verwahrsam gebracht, um in Untersuchung genommen zu werden. Da an dem Oertchen keine eigene Stadtwache ist; so wurde den Bürgern angesagt, daß sie die Wache beziehen, und die Gefangenen hüten sollten. Die Bürger ließen sich dies bereitwillig und gehorsam gefallen, ob gleich, da der Rechtsgang etwas schneckenartig vor sich ging, so wohl die Versäumniß ihrer Berufsgeschäfte, als auch die Strapatzen der Nachtwachen sehr nachtheilig und lästig für sie wurden. Am unangenehmsten war ihnen jedoch die Langeweile, die sie auf der Wache empfanden, die ihnen um so empfindlicher seyn mußte, je mehr sie an eine stete Thätigkeit und Geschäftigkeit gewöhnt waren. Die Meisten suchten sich daher die Zeit durch Trunk und Spiel zu kürzen, aber beides war für ihre Finanzen wie für ihre Gesundheit gleich ruinirend. Zum Glücke traf es sich, daß einst Einer

aus

aus der Bürgerschaft, der die Wache bezog, ein Buch mitbrachte, und den Vorschlag that, zur Zeitverkürzung aus demselben laut vorzulesen. Der Vorschlag fand allgemeinen Beifall; man warf Karte und Würfel bei Seite, stopfte sich ein Pfeifchen, sezte sich im traulichen Zirkel rings um den Tisch, und hörte mit gespannter Aufmerksamkeit dem Vorleser zu. Das Buch war interessant und launig geschrieben, man scherzte und lachte dabei, und die Nacht verging auf solche Art frölicher und schneller als je eine der vorhergehenden. Diejenigen, welche am folgenden Tage die Wache bezogen, fanden das Buch vor, und es wurde ihnen mit grosser Ruhmredigkeit empfohlen. Auch sie verkürzten sich mit dem Vorlesen desselben die Stunden der langen Nacht auf eine angenehme und unschädliche Art, und dachten dabei weder an Spiel noch Trunk. So ging das Buch drei Tage von Hand in Hand, und Alle, die es lasen, ergözten sich daran. Aber am vierten Tage schikte der gestrenge Herr Stadtrichter, der von dem Unwesen des Bücherlesens auf der Wache gehört hatte, und von dieser Aufklärung gefährliche Folgen, vielleicht gar eine Revolution in seinem kleinen Staate befürchtete, — seinen Gerichtsdiener hin, und ließ

das

das famöse Buch confisciren. Es war des Herrn von Knigge Reise nach Schilda, ein gewiß höchst unschädliches und dabei sehr launiges Buch, wie jedermänniglich bekännt ist. Aber der Herr Stadtrichter muß politische Ketzereien in selbigem besorget, und deshalb sein Veto und Interdict haben ausgehen lassen! — Die Bürger in Teterow waren gutmüthig genug, sich dem inhumanen Befehle ihres herrischen Gebieters zu fügen, und das geliebte Buch, das ihnen so viel Vergnügen gemacht hatte, herauszugeben. Sollten sie es aber wohl nicht mit Unwillen gefühlet haben, daß ihnen Unrecht geschah, und daß ihr Herr Stadtrichter kein Recht hatte, ihnen ihre unschuldige Freude zu stöhren?

XVI.

XVI.

Ein Zug von Wohlthätigkeit unter den Waffen.

Die Annalen der leidenden Menschheit fodern in der Vorrede des ersten Bandes dahin auf, einzelne Züge von Wohlthätigkeit, Herzensgüte, höherer Moralität, kurz gute und schöne Handlungen mitzutheilen, um diese dem Publikum darstellen zu können. Leider eine sparsame Aehrenlese! Allerdings müßte es iedem Leser von Gefühl doppelt willkommen seyn, dergleichen Züge unter den mannichfaltigen Trauerauftritten, die uns diese Zeitschrift, welche unbestreitbar ganz ausgezeichnete Verdienste hat, und ganz vorzüglich viel Gutes stiftet, liefert, wie ein Veilchen unter Disteln und Schierling zu finden. Dies wäre gleichsam die Ruhstelle, an der ein fühlendes Herz von der Betäubung über die mannichfaltigen Sottisen und

Sot-

Sultanaden des lezten Jahrzehends des aufgeklärten philosophischen Jahrhunderts ausruhen und ve. schnaufen könnte. Leztre würden dann die betrübte Folie zu erstern seyn, und es kann nicht fehlen, daß sie durch diese Nachbarschaft ausnehmend gewinnen müssen.

Ich theile Ihnen daher folgende Anekdote mit, die ich vor einigen Tagen von einem verlässigen Manne erfuhr. An sich betrachtet ist sie wenig hervorstechend; sie wird es aber durch die Umstände, unter denen sie geschah, wie Sie nachher sehen werden. — Doch lassen Sie mich erst erzählen, und dann moralisiren.

Unter den mancherlei Geschenken, welche die kombinirten Armeen während ihrem Aufenthalte am Rheine den dasigen Ländern machten, gehört ganz vorzüglich auch die rasende Sucht des Pharospiels. Dies sinnlose elende Hazardspiel, das jeden Mann, der nur halbwegs Kopf hat, ennuyren und anekeln muß, war den Rheinländern zwar bekannt, aber von niemand, als grade der allerverworfensten Klasse von Menschen geliebt. Man sah es, Frankfurt, wo es mit zur Industrie der vielen sich dort aufhaltenden Glüksritter gehört, und einige Kurorte, als Wisbad,

Wisbad, Schlangenbad, Schwalbach, Embs ꝛc. ausgenommen gar nicht spielen. In Mainz selbst war es als sinnlos und langweilig verachtet. Dagegen brachten es die Preußischen, und mehr noch die Oestreichischen Offiziere in Schwung, und die guten Rheinländer mit dem flüchtigen, die Absprünge liebenden Karakter ließen sich mithinreissen. Die Raserei ist unbeschreiblich, und es ist allerdings drollig, den Mann von Glanz in Assembleen um Gold und den schmuzigen Stoskärger mit einer Gesellschaft von Rothmänteln und Warasdinern auf der Gasse um Pfennige dies fatale Spiel spielen zu sehen, beide mit gleicher Spannung und mit gleichen Grimassen der Freude und Wuth. — In diesem fatalen Spiel nun verlohr ein gewisser Kaiserlicher Offizier an einem Abend seine ganze ihm anvertraute Kasse, die gegen 8 bis 900 Gulden enthielt. Die Sache ward ruchtbar, und dem Thäter stand Kassation und Infamie nach militairischen Gesetzen bevor. Man bedauerte ihn, und hielt ihn für verlohren. Indeß erfolgte der Ersatz von unbekannter Hand bevor die Sache zum gerichtlichen Ausbruche kam, und der Mann war gerettet. Bis iezt weiß weder der gerettete noch das

Pub-

Publikum den grosmüthigen Unbekannten; mein Freund, der mir diese Geschichte erzählte, schmeichelte sich, wie er sagte, daß seiner Aufmerksamkeit nicht leicht etwas entgehe; gleichwohl hat er erst ein Vierteljahr nachher durch einen Zufall erfahren, daß das Mainzer Offizierskorps durch den Mainzischen Generaladjubanten Hauptmann Grafen von Herzan diese Summe unter sich sammlen, und mit sorgfältigstem Geheimniß an die Behörde fördern lassen.

Ich muß Ihnen hier bemerken, daß der gerettete, der seines etwas rauhen Karakters wegen gar nicht geliebt ist, mancherlei Differentien mit den Mainzer Einwohnern hatte, deren Parthie das Mainzer Militair auf alle Fälle hält, und sich bei dieser Gelegenheit an diesem Militair und dessen Offizieren, so oft er konnte, rieb, was er bei der Stelle, die ihm übertragen war, recht gut konnte. Das wusten die Mainzischen Offiziere, und gleichwohl retteten sie ihn, um den sich seine eignen Kameraden nicht bekümmerten, denn er hatte ja Weib und Kinder und wäre ja selbst unglüklich geworden.

Es

Es waren damals vielleicht gegen 50 bis 60 subalterne Mainzer Offiziers in Mainz anwesend, die diese Kollekte veranstalteten, (denn die kurfürstlichen Staabsoffiziere erfuhren hievon nichts, die leichte kurfürstliche Infanterie war nicht in Mainz, und verschiedne Offiziere von den drei in Mainz garnisonirenden kurfürstlichen Regimentern auf Transporte ꝛc. kommandirt,) es kam nun freilich auf einen nicht viel über 14 Gulden, oder gegen 9 Thaler. Dagegen muß man auch bedenken, daß ein Mainzer Unterlieutenant noch nicht 18 Gulden, oder 10 Thl. ein Oberlieutenant noch nicht 22 Gulden, ein Kapitain noch nicht 33 Gulden und ein würklicher Hauptmann mit Compagnie noch nicht 42 Gulden monatlich Gage hatte, daß ein noch immer frugales Mittagessen in Mainz dermalen einen Gulden, und ein Zimmer (die kurfürstl. Offiziere hatten kein freies Quartier) daselbst gegen sechs bis acht Gulden monatlich kostet, und so alle Preise dermal bei der starken Anzahl der Konsumenten und der überhäuften Menge des in diese Gegend durch den Krieg in Kurs gebrachten Geldes fast um zwei Drittheile erhöht sind, daß in Mainz überdem der Luxus groß und allgemein ist, daß die meisten dieser Offiziere noch filiifamilias waren, und

nicht

nicht viele sind, die ein beträchtliches Vermögen haben, und dann wird man dies Opfer der Wohlthätigkeit gegen einen Fremden, und noch dazu gegen einen Beleidiger allerdings sehr groß finden. — Ohne das kann die Quantität bei Fällen der Art nur wenig mit zur Schätzung kommen, das meiste kömmt hierbei immer auf die Umstände und die Art an, die auch hier in dem unterliegenden Falle entscheiden. — Und dann das edle sorgfältige Geheimniß von so vielen Menschen so lange Zeit gehalten! Auf ieden Fall ist Wohlthätigkeit immer eine seltne Blume auf den Steppen des Kriegs.

XVII.

XVII.

Geist der Zeit.

On n'a cessé de repeter, que les nations n'etoient pas encore assez eclairées, pour qu'on put rompre utilement leurs fers. — Courtisans flatteurs, ministres infideles! apprenés, *que la liberté est le premier droit de tous les hommes*, que le soin, de la diriger vers le bien commun doit etre le but de toute société raisonnablement ordonnée, et que le crime de la force est, d'avoir privé la plus grande partie du globe de cet avantage naturel.

Rainal.

In der moralischen, wie in der physischen Welt folgt unmittelbar auf die höchste Anstrengung die größte Ermattung; eben so liegt es in der Natur des Menschen, bei schnell ergreifenden und sich drängenden Vorfällen erst zu handeln und dann zu raisoniren.

xiren. Herkulesse im physischen so wie im moralischen Sinne machen auch hier Ausnahmen, und bestärken als solche die Regel, die bei gewöhnlichen Menschen überall richtig ist.

Glüklicherweise scheint diese Mattung lezt nicht mehr ferne zu seyn. Die Epoche des Raisonnements beginnt, der Menschenverstand macht seine Rechte geltend, er ist, wie überall, und immer stärker als die ohnmächtigen Machinationen der Kämpfen der Finsterniß. Die Sonne, die über den Trümmern der Bastille aufgieng, zerstreut alle die Nebel der Dumnheit und Vorurtheile, welche der Despotismus amsenartig bei Nationen auffütterte, und an dereit Stelle tritt reiner Sinn für Wahrheit und Recht. Umsonst windet sich die Bande der Obscuranten ab, alle ihre Anstrengungen sind blos die lezten konvulsivischen Bewegungen des sterbenden kirchlichen und politischen Despotismus. Das neunzehnte Jahrhundert verspricht die Wiederbringung saturnischer Zeiten. Aber mancher Kampf bleibt wohl noch zu kämpfen, die Krise ist bei weitem noch nicht erstanden, der Despotismus ist selbst im Tode noch gefährlich, und vielleicht dann gefährlicher noch, als zu den Zeiten seines höchsten Wohlseyns.

Wü-

Wüthender war nie die Anstrengung iener wilden Horden des Despotismus und Aberglaubens, als in diesem Zeitlaufe, wo Vernunft, Verbrechen, und Niedrigkeit und Feigheit Tugend heist, wo Autodasees gegen ieden Freund der Wahrheit bereitet, und gegen ieden politischen oder kirchlichen Ketzer von niedrigen Buben Bekehrungsfeuer angezündet werden, wo man so gerne Hildebrands Zeiten wiederbringen möchte, wo Wahrheiten, sonst von iedem Katheder gelehrt, Hochverrath sind, und Kanonen und Dragoner die Völker belehren sollen, welche Verfassung ihren Bedürfnissen am besten zusagt.

Indes zeugt dies alles von dem nahen Sturze dieser Parthei, bei welcher, genau so wie im Fieber, auf die höchste Anstrengung die gröste Ermattung folgen wird. Sanft und still und bescheiden rükt die Sonne der Wahrheit immer höher am Firmamente der Menschheit, und beleuchtet täglich einen grössern Horizont. Die aufblühende Generation ist in ihrer entschiedensten Maiorität für die Sache der Wahrheit gewonnen, und dies verspricht eine herrliche Zukunft. Die meisten der Jünglinge, die eben in der Epoche der Vollendung sind, die immer der Epoche der Würksamkeit vorangeht, sind warme Anhänger

der

der guten Sache, und die einer beſſern Zeit entgegen
blühende nächſte Generation verſpricht es noch mehr
zu werden. Die Efforts der Tyrannen, und ihrer
getreuen Spiesträger, der Obcuranten, ſind dann
wohlthätig, nöthig ſogar im Plane des Ganzen, wie
es die Vipern und Scorpionen im Plane der beſten
Welt ſind, weil ohne Reibung keine Funken entſte-
hen, und weil ohne Bewegung das gröſte lebendigſte
Ganze todt wird und modert; ſie ſind die ſchmutzige
Folie zum ſchönen Ganzen, ſie ſind der hölzerne Rieſe,
an dem die kampfluſterne Jugend ihre Kräfte übt,
daß ſie nicht ſchlapp werden. — Doppelt genießt
ſich der Genuß, durch Anſtrengung und Opfer erkauft, und doppelt wird die Generation die Wohlthat
der Freiheit fühlen, die ſie mit Anſtrengung und
Opfern erkauft hat. Der Gedanke iſt groß und herrlich, ſich für das Wohl des Mutterlandes und das
Wohl der Menſchheit zu opfern; aber es iſt göttlich
ſchön, und über alle Ausdrücke erhaben, wenn die
gegenwärtige Generation groß genug iſt, ſich der folgenden zu opfern; eine Wolluſt, von der gemeine
Seelen ſelbſt nicht einmal Begriffe haben.

Es iſt eine der unwahreſten Angaben, die ich
kenne, daß der groſſe Hauſe zur Emanzipation nicht
reif

reif sey. Als ob die Menschen nicht Sinn für das so deutliche Gefühl des Wohl- und Misbehagens hätten, als ob die Menschen im Wohlstande nicht besser gediehen, und weiser, sanfter und besser würden, als im Unglücke, als ob Freiheit und Emanzipation vom Drucke der Tyrannei Wohlthat wäre, und nicht Pflicht? Es ist ein ungeheures Verbrechen, die Menschen so zum Stande der Hausthiere zu erniedrigen, wie sie es in den meisten Staaten sind; aber es ist ein noch grösseres Verbrechen, sie hiervon nicht emanzipiren zu wollen.

Dies ist indeß die Meinung der Despoten unsrer Zeit nicht. Bedächtig hüllen sie ihren Egoismus unter den Grundsaz, daß die Generation zu mehrerer Freiheit nicht reif sey, und bieten zugleich alles auf, um zu behindern, daß sie es nie werde.

Despotismus, Aberglauben und Dummheit halten immer gleichen Schritt mit einander. Dies haben die Feinde der Menschheit berechnet, und in dieser Ueberzeugung strengen sie ihre Kräfte an, die Zeiten des 14ten Jahrhunderts wiederzubringen, und man muß bekennen, daß sie in ihren Bemühungen konsequent sind. — Ob sie reussiren werden?

Der

Der Kampf, welchen seit der lezten Hälfte des gegenwärtigen Jahrhunderts Aufklärung gegen Dummheit und Vorurtheilen und seit dem Jahre 1789 Freiheit gegen Tyrannei in offner Fehde kämpfen, ist bei weitem noch nicht ganz zum Vortheile der Menschheit entschieden. Noch tausende von Hindernissen sind zu überwinden. Zu glauben, daß die Vernunft und Wahrheit nicht siegreich aus diesem Kampfe ausgehen würde, hieße indeß an der Harmonie der Schöpfung, an dem Daseyn einer Gottheit verzweifeln. Aber wie viele und schrökliche Erschütterungen wird die arme Menschheit noch zu leiden haben, bis sie zum Ziele gelangt!!)

Nie war der Despotismus aufsichtiger, aufgeklärter über sein Wesen und seine Verhältnisse, und konsequenter in seinen Handlungen als iezt. Macchiavell und Naudá *) sind Stümper blos gegen die Höflinge

*) Da Naudá weniger bekannt ist, so glaube ich den Lesern einen Dienst zu erweisen, wenn ich sie mit demselben durch die Anführung einer ihn betreffenden Stelle aus der der Uebersetzung des Macchiavells, Frankf. und Leipz. 1745, vorgedrukten Nachricht von Macchiavells Leben und Schriften mit demselben bekannt mache. Sie heißt: „Der Cardinal Mazarin wollte in der Mitte des vori„gen Jahrhunderts versuchen, ob es nicht möglich seyn „sollte,

Höflinge unsrer Zeiten, mancher Kanzleirath eines Reichsgrafen ist ihr Meister. Die grossen und kleinen Unterdrücker, die noch jezt die Menschheit in Pacht zu haben glauben, handeln ohne Verabredung, ohne Vereinigungspunkt und ohne Anweisung im schönsten Einklange, nach den nämlichen Grundsätzen, und mit genaustet wechselseitiger Unterstützung; es hat sich in dieser Rüksicht unter ihnen ein gewisser Esprit

„sollte, den Macchiabell zu übertreffen. Er munterte
„den Gabriel Naudäus, einen gebohrnen Pariser,
„Prior zu Artige und Domherrn zu Verdun auf, eine
„dergleichen Arbeit zu übernehmen. Naudäus that es
„auch in seinen politischen Betrachtungen
„über die Staatsstreiche, und man muß geste-
„hen, daß er es weit höher getrieben habe, als sein
„Vorfahrer. Kenner wissen, daß des Macchiabell Re-
„gierungskunst eines Fürsten vor diesen Betrachtungen
„die Seegel streichen muß. Man darf beide Bücher
„nur durchblättern, so muß man bekennen, daß die
„Regeln des Florentiners gegen jene des Parisers zu
„rechnen, sehr gelinde sind. Die Lehren des Secretairs
„haben zwar die Welt in Schrecken und Erstaunen ge-
„sezt, wenn man aber die Staatsstreiche des Priors da-
„gegen hält, so sind es doch nur die ersten Anfangs-
„gründe." Das Werk desselben ist unter dem Titel:
bibliographia politica & arcana status zu Leipzig 1712.
in 8vo erschienen,

VI. Heft. R

Esprit de Corps formirt, der unter keinen andern Umständen möglich war. Was man ehedem von der Pfaffheit sagte, daß, wer nur ein schwarzes Flekchen berühre, die ganze Hierarchie gegen sich aufreize, trift bei ihnen ganz ein. Dagegen wird von den Kämpfern der Wahrheit und des Menschenrechts immer einer um den andern abgerissen. Hier fehlt Einklang und Unterstüzung; und so isolirt, wie jezt von ihnen gewürkt wird, kann nichts geschehen. Sie vollends zu versprengen, zu unterdrücken und zu zernichten, ist der Hauptzwek der immer zahlreicher werdenden, wohlbesoldeten und unterstüzten Obscurantenhorde.

Man bekämpft Opinionen mit Opinionen, Aufklärung mit Aberglauben, Wahrheiten mit Sophismen. Man hat berechnet, daß die Köpfe der Majorität noch nicht hell genug, daß diese noch nicht empfänglich für jede Wahrheit ist, daß die Augen derselben noch zu schwach für höheres Licht sind, und hierauf hat man den Plan gebaut, die Menschheit dahin zurükzudrängen, wo sie in der ersten Hälfte des gegenwärtigen Jahrhunderts stand.

Deutschland insbesondere ist weniger, als ein Staat Europas geschikt, aus innrer eigner Kraft sich

von

von dem Feudaldrucke zu emancipiren. Ohne gemeinschaftlichen Verbindungspunkt, in Verfassung, Sitten, Gebräuchen und selbst der Mundart verschieden, haben die Völker, die dasselbe bewohnen, eine kaum mehr, als ideelle Verbindung. Das Interesse der verschiednen Völkerschaften, die es bewohnen, ist so mannichfaltig, als geschieden, und die verschiednen kleinen Nationen, die oft kaum mehr als eine grosse Familie sind, haben sogar ein gewisses Vorurtheil gegen einander, das sich bei jeder Gelegenheit, die sich darbiethet, in Neckereien aller Art, äussert; es ist ein fortgeseztes Faustrecht, das noch immer, nur methodisch, und nicht mehr mit Schwerdt, Kolbe und Lanze, sondern im Geiste unsers Jahrhunderts gekämpft wird.

Bey diesen Umständen läßt sich in Deutschland keine Revolution befürchten, und wenn auch ein Volk oder Völkchen, wie die Lütticher, es unternimmt: so ist es den Nachbarn leicht, im gewöhnlichen Gleise der Dinge den Erfolg zu hemmen.

Aber noch mehr. Der Despotismus, immer so feig als selbstsüchtig sucht sich durch Aberglauben und Dummheit ein Bollwerk zu errichten. Er nimmt den Aberglauben und Fanatismus in Schuz, behemmt die Freiheit der Meinungen, indem er aus Druk‑ und Denkfreiheit entzieht, bearbeitet die öffentliche Meinung durch Sophismen, wüthet gegen die Verbreitung ieder nüzlichen Wahrheit, lähmt den Geist der Menschheit durch Polizeiedikte und Luxus, sucht das Volk durch Zirzensen und Promenaden, kirchliche und politische Feten zu amusiren und zu hintergehen, misbraucht zu seiner Absicht die Religion Jesus durch die ersten Feinde des Menschengeschlechts, sonst gegen ihn im Kampfe für eignes Interesse, iezt mit ihm gemeine Sache machend, die Pfaffen, besticht den bessern Theil der Nation durch höhern Luxus, durch Produkte für den feinern Sinn, debauchirt ihren Geist durchs angenehme, indem er ihn dadurch von dem nüzlichen abzieht, die Seele durch Vergnügen erschlaft, und für reinere Eindrücke und höhere Empfindungen unempfänglich macht, und bestreitet mit Dolchen und Schwerdtern die, die er nicht gewinnen kann. Dies ist das Summarium der Politik der Obscuranten unsrer Zeit.

Aber Staatstrug und Despotism ist wie Pfaffentrug und Fanatism nicht mehr haltbar in Europa. Die Wahrheit hat die Eigenschaft, daß sie allergreifend und aswürkend ist. Unaufhaltsam rükt der Ge‑

nius

nius der Menschheit voran; erschweren kann man ihm dies Fortrükken, Hindernisse ihm in den Weg legen; aber ganz ihn aufhalten, ihn gar zwingen, rükwärts zu gehen, das vermag menschliche Schwäche nicht; die ohnmächtige Bemühung, dies zu erwürken, ist blos die lezte konvulsivische Bewegung des sterbenden Despotismus und Aberglaubens. Die Wahrheit ist zu weit verbreitet, um wieder verdrängt werden zu können.

Alle die Bemühungen aufsichtiger und künstlicher Thyrannen, die Menschheit retrogradive Schritte machen zu lassen, um wieder Terrain zu gewinnen, und ihre Herrschaft dauernd zu befestigen, verfehlen daher ihren Zwek, und führen nur dahin, eine gewaltsame Revolution, die mit dem deutschen Karakter, und selbst der deutschen Verfassung so wenig zusammen paßt, herbeizuführen. Mittel, die sich in andern Zeiten mit dem sichersten Erfolge anwenden liessen, vertragen sich schon längst nicht mehr mit der Tendenz, die der menschliche Geist genommen hat, und stündlich mehr nimmt; sie dienen blos dazu, Erschütterungen zu erzeugen, und das gewaltsam zu vollenden, was sich erst in Generationen und in einem sanften gemäsigten Gange von selbst vollenden würde.

Gleich-

Gleichwohl scheint man den Gang, den der menschliche Geist, wie die Geschichte aller Völker zu allen Zeiten bewiesen hat, jederzeit einhält, nicht zu kennen, oder nicht kennen zu wollen; man scheint die Verhältnisse der Zeit nicht studirt und beherzigt zu haben, da wo man Maasregeln geltend macht, die mit demselben im direktesten Widerspruche stehen, und die einzig dazu dienen können, die Entwiklungskrise, die nun einmal nicht mehr zu verhüten ist, gewaltsam und erschütternd zu machen. Man hat bei einer ähnlichen Krise in Frankreich Schauerthaten üben gesehen, vor denen die Menschheit erbebte; aber weit entfernt, diese verhüten zu wollen, legt man es vielmehr darauf an, diese, die bei dem ohnehin phlegmatischern, also rauhern, wildern, weniger zu befriedigenden und weniger gefühlvollen Karakter der Deutschen ohne das schon an sich den Karakter d. Barbarei und Wildheit noch weit mehr haben müssen, in Deutschland wieder zu bringen, um die Geschichte eines Jahrhunderts mit Schande und Blut zu bezeichnen, dem man im Taumel glüklicher Verhältnisse den Namen des aufgeklärten und philosophischen wohl zu voreilig gab.

Möchten doch alle Grossen bedenken, daß die Wahrheit zwar bekämpft, aber nicht unterdrükt werden kann, möchten sie den Geist der Zeit und seine Erfoderniſſe genauer ſtudiren, um ſich zu überzeugen, daß ihre Bemühungen ohnmächtig und gegen ſich ſelbſt gerichtet ſind!!

So wenig, als es möglich war, Wodans ältre Söhne mit Kabinetsreſcripten und höchſten Handbilletts zu regieren, ſo wenig iſt es möglich, die iezige Generation auf die Kraft und Lieblingsſpeiſe jener, auf Eichelkoſt zu reduziren; jede Zeit hat ihre eigne Erfoderniß, der man nachkommen muß; der Menſch iſt zu ohnmächtig, die Umſtände zu ſchaffen, er kann ſie, iſt er weiſe, blos benutzen, wenn und wie ſie da ſind.

Wenden läßt ſich die Kriſe, welche die Menſchheit regeneriren wird, nicht mehr; nur das läßt ſich erwürken, daß ſie ſo ſanft, als möglich erfolge; jene Blutſcenen, welche die Revolutionen Frankreichs entſtellten, können verhütet werden; die Generation kann reifer zu einer Vollendung gemacht werden, die nicht mehr fern iſt. Man darf nur die Menſchheit nicht aufhalten wollen, man darf nur keinen Druk geltend machen, man darf nur nicht vergeſſen, daß

die

die Regenten des Volks wegen, und dieses nicht der Regenten wegen da ist, man darf nur mit dem Genius der Zeit Schritt halten, und dann ist schon alles gethan. Dem Fortschreiten des menschlichen Geistes keine Hindernisse entgegen stellen, und die ihm noch entgegenstehenden ebnen und beseitigen, dies wäre das ganze Summarium iener Politik, die einzig wahr, haltbar und dauernd ist, die einzig die Thronen sichern, die grosse Entwiklungskrise unblutig, die Vollendung sanft machen kann. Jene hartköpfigen und schwachköpfigen Menschen, die wie Ludwigs XVI. Rathgeber prozediren, haben es einzig sich selbst zuzuschreiben, wenn sie wie Ludwig XVI. enden.

K. H.

XVIII.

XVIII.
Frankreichs Einfluß auf Europa.

Als in Frankreich noch Gallier wohnten, da war zwischen ihnen und den Deutschen der Rhein die Gränze. Beide Nationen nekten einander, und nahmen wechselsweise die anstossenden Striche in Besiz. Aber die Gallier bestanden nicht gegen die Deutschen und gegen die Römer. Erst unterlagen sie diesen und nach Jahrhunderten mit ihren Besiegern mehrern deutschen Stämmen unter denen zulezt die Franken Alleinherren blieben. Nun hörten diese auf, Deutsche zu seyn, wenn auch gleich ihre väterliche Sprache noch eine lange Zeit, bis sie mit der sogenannten römischen Landsprache (lingua Romana rustica) vertauscht ward, die Hofsprache blieb.

Dieser Nation war es gleichsam aufgetragen von jeher auf die Völker Europens zu wirken, und man
wird,

wird, wenn es mir vergönnt ist, den Blik auf sie zu leiten, gewiß finden, daß meine Behauptung nicht ganz ungegründet sey.

Die Franken gaben sich unter allen deutschen Stämmen zuerst ordentliche Gesetze; hatten auch die andern alle gute oder wenigstens gemeinschaftliche Einrichtungen, so waren sie doch nicht niedergeschrieben, nicht geordnet. Dies geschah von den Franken zuerst, die also auch am frühsten lesen und schreiben gelernt hatten. Bald folgten die übrigen Stämme nach.

Frankreich nahm zuerst die christliche Religion an, ward nicht allein das Muster der übrigen Völker, sondern nöthigte auch die übrigen Heiden, wo es nur konnte, vorzüglich in Deutschland hereinzukommen. Wir verdanken daher den Franken unser Christenthum.

In Frankreich entstanden die ersten Schulen, hier keimten die Wissenschaften wieder empor, und so ward es die Axe, um die sich von ieher die Denkart der Europäer, und der Lauf der Wissenschaften drehte.

Die Kreuzzüge, dieses grausame Mittel, dessen sich in der Folge die Päbste bedienten, um die Macht der

der Fürsten zu zernichten, und ihre stolze Hierarchie zu befestigen, nahmen in Frankreich ihren Ursprung.

In Frankreich entstanden unsre Abgaben vorzüglich die verderblichste und unangenehmste, die Akzise welche von den mehrsten Fürsten begierig angenommen ward.

In neuern Zeiten befahl uns Frankreich, wie wir uns kleiden und betragen sollten; die mehrsten Völker, vorzüglich die Deutschen gehorchten den Befehlen.

Die Aufklärung im guten und bösen Sinne, denn jedes Ding hat zwei Seiten, entstand in Frankreich. Von den Franken erhielten wir die Erlaubniß, die barbarische lateinische Sprache wegzuwerfen, und wie sie in der Sprache des Volks zu schreiben. Durch ihre Kultur ward die französische Sprache nicht allein die Sprache des gesitteten Europas, sie ward auch in allen Kabinetten eingeführt, und die mehresten Deutschen, oft bis auf den kleinsten Landjunker, schämten sich der ihrigen und sprachen die fremde; selbst das steife heilige römische Reich muste sich beugen, und den siegreichen Ludwigen zu lassen, daß ihre Sprache neben der lateinischen und deutschen auf dem Reichstage gelten durfte.

Nun

Nun kommt die Staatsumwälzung, die manchen Kopf verwirrte, aber manche Aussicht auf nothwendige Verbesserungen klar machte. Deutschland trennte sich. Anstatt das Gute derselben durch trefliche Einrichtungen zu benutzen, suchte man sich noch mehr in alten Vorurtheilen, Gebräuchen und Einrichtungen festzusetzen, da hingegen ein anderer Theil den Wunsch äusserte, sich von Deutschland losreissen und mit Frankreich vereinigen zu können. Diese Begebenheit brachte wenigstens das Unglük hervor, daß man sie als die Folge der Auffklärung betrachtete, und den Wissenschaften zum Verbrechen aufbürdete; jene in Finsterniß zu verwandeln, diese zu unterdrücken, und wenn es möglich wäre, auszurotten sucht. Man wiederhohlte das Spiel wie bei der Reformation. Wie sich dort die Scholastiker den Humanisten entgegensezten, und sie für die Urheber der Reformation ausgaben, so streiten hier die Verfinsterer gegen die Aufklärer.

Sollte aber nur diese neueste Begebenheit nicht im Ganzen etwas bessers als eine Trennung der Meinungen verursachen? Ich denke ja. Sie wird uns klug machen, daß wir dem Unglücke vorbeugen, sie wird unsre Fürsten nöthigen, manche

Ver-

Verbesserungen einzuführen, und noch unsre Enkel werden, ohne Zerrüttung, dieser traurigen Begebenheit ihre glükliche Lage verdanken.

Der Rhein, als Gränze, versezt Deutschland wieder in seine alte von der Natur gleichsam bestimmte Lage, in welcher es sich von der ältesten Zeit her befand: in dem Vertrage zu Verdün 843 ward der Rhein die Gränze des neuen Königreiches Deutschland, und Lothar erhielt nur Mainz, Speier und Worms, als Zugabe, um des Weins willen. Sollten diese grossen und reichen Provinzen von Deutschland getrennt bleiben, so werden sie der Zufluchtsort der deutschen Gelehrten werden. Von dort aus werden die verscheuchten Musen mit Muth und Freiheit schreiben und lehren, und so wird Frankreich auch hier wieder auf uns Zurükgebliebenen wirken. Da die Wissenschaften in manchen Gegenden verdächtig gemacht werden, so wird der Gedanke, daß sie auf diese Art vertrieben werden könnten, manchen gewiß nicht unangenehm seyn.

Q.

XIX.

XIX.

Vorstellung des Herrn Land- und Schazrath von Berlepsch an das Ober-Apellations-Gericht in Zelle.

Königlich Großbrittannische und Churfürstlich Braunschweig-Lüneburgische zum hohen Ober-Apellations-Gericht hochverordnete Herrn Präsident, Vice-Präsidenten und Ober-Apellations-Räthe!

Hoch- und Hochwohlgebohrne Hochzuverehrende Herrn!

Euer Excellenz, Hoch- und Hochwohlgebohrnen ist es bekannt, daß die Calenberg-Göttingenschen Landstände zwei Ober-Apellations-Räthe, den einen auf der sogenannten adelichen, und den andern auf der so betitelten gelahrten Bank wählen und dem hohen Justiz-Tribunal der sämmtlichen Hannöverschen Lande präsentiren.

Eben

Eben so notorisch ist es ferner, daß die Calenbergische Landes-Verfassung dahin geht, daß eine gültige Wahl dieser Ober-Apellations-Räthe von allen drei Curien der Calenbergischen Landschaft in der Maße vollbracht werden müsse:

a) daß ein, nicht fehlerhaft organisirtes Schaz-Collegium alle Landstände zur Wahl eines Ober-Apellations-Raths beruft, und zur Vollführung dieser Handlung einen gewissen Tag bestimmt,

b) daß hierauf der Wahl-Aktus in allen drei Curien solchergestalt vorgenommen wird, daß in ieder Curie Vota maiora das Conklusum der Curie, in Rüksicht des, zum Ober-Apellations-Rath zu wählenden Subiekts ausmachen,

c) daß iedoch derienige nur für gewählt zu achten ist, der die Maiorität der Stimmenführer in zwei Landständischen Curien für sich hat,

d) daß, um diese Curial-Maiorität auszumitteln, ein nicht fehlerhaft organisirtes Deputations-Collegium so fort zusammen tritt, als die Wahl-Handlung in allen drei Curien geschlossen ist, um unter diesen die Re- und Correlation über den vollbrachten Wahl-Aktus anzustellen, und das Votum Curiatum zu ziehen, das heißt zu bestim

bestimmen: wohin die übereinstimmende Mei=
nung, wenigstens zweier Curien, in Ansehung
des zu wählenden Subjekts zum Ober=Apella=
tions=Rath gegangen sey, und

c) daß, sobald diese Ausmittelung geschehen ist,
von einem nicht fehlerhaft beseztem grossen Aus=
schusse der Calenbergischen Landstände das Prä=
sentations=Schreiben in Ansehung des, zum
Ober=Apellations=Rath gewählten Individuums
an das hohe Justiz=Tribunal in Celle abgelassen
wird.

Ich folgere, aus dieser, keinem Zweifel ausgesezter
Landes=Verfassung der Fürstenthümer Calenberg und
Göttingen folgende logisch richtige Sätze:

1) ein fehlerhaft organisirtes Calenbergisches Schaz=
Collegium kann keine Ober=Apellations=Raths=
Wahl im Calenbergischen ausschreiben,

2) eine mangelhafte Curie der Calenbergischen
Stände ist eine gültige Wahl eines Calenbergi=
schen Ober=Apellations=Raths vorzunehmen
nicht im Stande,

3) ein vitiös organisirtes Deputations=Collegium
kann, wegen einer Calenbergischen Ober=Apel=
lations=Raths=Wahl kein Curiatum oder keinen
gemein=

gemeinsamen Beschluß der Landstände der Fürstenthümer Calenberg und Göttingen ziehen, und

4) ein fehlerhafter grosser Ausschuß ist nicht im Stande, dem höchsten Justiz-Tribunal der Hannöverschen Lande ein Mitglied zum Ober-Apellations-Rath, *gültiger Weise*, zu präsentiren.

Nun beruhet es in Notorietate publica, daß das Kaiserliche Reichs-Kammergericht, mittelst Erkenntnisse vom 30sten Januar und 17ten Julius 1798 den, in das Calenbergische Schaz- und in das Deputations-Collegium, oder den sogenannten grossen Ausschuß der Calenbergischen Landschaft, wie Land- und Schazrath, intrudirten Herrn von Bremer, als einen Spollanten völlig abgesezt, und alles dasienige kassiret und annullirt habe, welches, sammt seinen Folgen, gegen die respective am 22sten und 24sten Junius 1797 intimirte und verkündete Allerhöchste Kaiserliche Inhibition vom 20sten Junius 1797 in Absicht meines Besizstandes in eben diesen Staats-Aemtern, und in Rüksicht einer vorgenommenen Wahl eines andern Land- und Schazraths geschehen ist. Diesem nach stehet es, wenn anders der schäzbarste Theil der deutschen Reichs-Verfassung,

VI. Heft. S nemlich

nemlich Reichs-Justiz noch gilt und von Würkung ist, völlig fest, daß alles in Absicht einer Calenbergischen Ober-Apellations-Raths-Wahl geschehene, null und nichtig sey, wenn statt meiner der Herr von Bremer im Schaz- und im Deputations-Collegio der Calenbergischen Landstände einen Plaz einnimmt. Hierzu tritt noch der unzertrennliche Umstand, daß die Calenbergische Ritterschaftliche Curie so lange vitiös organisiret bleibt, als der Herr von Bremer, statt meiner, in derselben wie Landrath Siz und Stimme hat, weil ich dadurch in die moralische **Unmöglichkeit** gesezt bin, die Rechte meiner Landstandschaft in der Calenbergischen Ritterschaftlichen Curie auszuüben. Es fehlt mithin ein ritterschaftliches Votum, ohne mein Verschulden, und daher ist eine iede, in der Calenbergischen Ritterschaftlichen Curie vorgenommene Wahl ungültig.

So gewiß alles eben gesagte ist, eben so wahr bleibt es auch, daß es mir niemand ansinnen kann, ein Attentat gegen die, von mir erwürkten Kaiserlichen Erkenntnisse, Mandate und Urtheile zu begehen.

Diese unumstößliche Wahrheit ist mit einer andern am Tage liegenden gedoppelten innigst verbunden, die dahin geht: theils daß die Kaiserlichen Erkenntkenntniſſe für alle deutſche Staatsbürger, ſie ſeyn, als einzelne, oder wie moraliſche Perſonen anzuſehen, ſchlechterdings verbindend ſind, theils daß keiner ein Attentat gegen dieſelben begehen dürfe, in deſſen freiem Willen es beruhet, ſolches zu unterlaſſen.

Die, auf den 10ten Januar 1799 von einem fehlerhaft zuſammengeſezten Calenbergiſchen Schaz-Collegio ausgeſchriebene, an dieſem Tage in der ſogenannten Calenbergiſchen Landſchaft ſtattgefundene Wahl eines Ober-Apellations-Raths auf der gelehrten Bank, und das, desfalls an Euer Excellenz, Hoch- und Hochwohlgebohrnen gerichtete Präſentations-Schreiben iſt demnach ein offenbares Attentat gegen die Kaiſerlichen Befehle. Jene ganze Handlung iſt daher mit allen ihren Folgen null und nichtig und Effektslos. Auch würde das, von mir innigſt verehrte Landes-Ober-Apellations-Gericht ſich eines gleichen Attentats ſchuldig machen, wenn es, in Gemäßheit des an Hochdaſſelbe ergangenen Präſentations-Schreibens das zum Calenbergiſchen Ober-Apellations-Rath angeblich gewählte Subiekt, zur Ablegung des Präſtandorum, citiren wollte. Vielmehr tritt, da eine abſichtlich null und nichtige Präſentation eben ſo anzuſehen iſt, als wenn gar keine geſche-

geschehen wäre, zu seiner Zeit, die Stelle eines Landes Grundgesetzes, nemlich der Ober-Apellations-Gerichts-Ordnung P. I. Tit. I. §. II. ein, vermöge welcher dem höchsten Landes-Justiz-Tribunal die Ernennung eines Ober-Apellations-Raths gebühret.

Ich, als Besitzer des Landtags fähigen Guths Mandelsloh in der Calenbergischen Ritterschaftlichen Curie, und mithin wie Landstand, protestire demnach feierlichst, vermöge meiner Landstandschaft, durch dieses an das hohe Ober-Apellations-Gericht zu Zelle gerichtete Schreiben, gegen die, statt des verstorbenen Ober-Apellations-Raths von Pestel am 10ten Januar 1799 von den angeblich Calenbergischen Landständen, geschehene Wahl eines Ober-Apellations-Raths auf der gelehrten Bank, und wider das, desfalls vom grossen Ausschuß der Calenbergischen Landschaft an Euer Excellenz, Hoch- und Hochwohlgebohrnen abgelassene Präsentations-Schreiben. —

Das höchste Landes-Justiz-Gericht prüfet, seinem erhabenen und wichtigen Berufe gemäß, Amts halber eine iede Präsentation eines Subiekts zu einem seiner neuen Mitglieder, und ich, als Landstand habe das Recht, ia, vermöge meines Berufs, die

grosse

grosse Verbindlichkeit auf mich, Hochdemselben die Nichtigkeitsfehler anzuzeigen, welche sich bei einer geschehenen Präsentation eines Individuums zum Ober-Apellationsrathe aus derjenigen Landes-Provinz veroffenbaren, für deren Beßtes mir, als Landes-Repräsentanten zu sorgen, und ohne Menschenfurcht zu reden, die heiligste aller Pflichten aufliegt. Ich erfülle demnach, durch diese unterthänige Anzeige und feierliche Protestation um so mehr meinen speciellen Beruf, als ich mich, wie Landstand, im allgemeinen der Verbindlichkeit nicht lossagen kann, zum Beßten des höchsten Tribunals, und zur vollständigsten Justiz-Pflege bei Demselben, nach Möglichkeit mitzuwürken.

Ich erscheine demnach bei Eure Excellenz, Hoch- und Hochwohlgebohrnen, und zugleich beim Publiko, nicht wie Parthei, sondern in der eben entwickelten, viel wichtigeren Rüksicht, welche bei dem hohen Landes-Ober-Apellations-Gerichte um so mehr wird beachtet werden, als es, bei der Prüfung eines jeden Schreibens, wodurch Demselben ein neuer Beisitzer präsentiret wird, Sich nicht, wie Richter, sondern in ganz anderen bekannten Hinsicht, Selber ansieht.

Ich

Ich habe die Ehre mit der vollenkommensten Verehrung zu seyn

   Euer Excellenz, Hoch- und Hochwohlgebl.

Berlepsch
den 11ten Januar   unterthäniger Diener,
1799.   Der Calenbergische Land-
      stand, auch würkliche Hof-
      richter und Land- auch
      Schazrath der Fürsten-
      thümer Calenberg und
      Göttingen

   Friedrich Ludewig von Berlepsch.

Auf vorstehendes Schreiben ist dem Herrn von Berlepsch, am 5ten Februar d. J. folgendes Resolutions-Dekret, oder nachstehende Dekrets-Resolution des Ober-Apellations-Gerichts zu Zelle vom 26sten Januar 1799, in offener Form, durch den, ihm ex officio zugeordneten Ober-Apellations-Gerichts-Prokurator, Doktor Seelhorst gratis nach Berlepsch zugeschikt worden.

  Dem Hofrichter auch Land- und Schazrathe von Berlepsch, zu Berlepsch, wird auf seine Eingabe vom 11ten dieses, hiemit zur

zur Resolution ertheilet: Nachdem derselbe nicht gezeigt hat, daß die von ihm angeführten Erkenntnisse des Kaiserlichen Reichs-Cammergerichts zum würklichen Effekt gebracht worden; mithin ihm der Besizstand entgegenstehet; so kann dem geschehenen Suchen, wegen dessen Unerheblichkeit, nicht deseriret werden, auch ist demselben zur Annahme dieses *Decreti* der Ober-Apellations-Gerichts-Prokurator, Doctor Seelhorst, ex officio zugeordnet. Zelle den 26sten Januar 1799. Königlich Großbritannische, zum Churfürstlich Braunschweig-Lüneburgschen Ober-Apellations-Gerichte verordnete Präsident, Vicepräsidenten - und Ober-Apellations-Räthe.

(L. S.)   L. v. Schlepegrell.

Inf.

den 29sten Jan. 1799.   Brandes.

J. W. Seelhorst Dr.

Ehe wir unsere Meinung über diese Antwort äussern, müssen wir bemerken, daß die Calenbergische Landschaft den Schwiegersohn des Hannöverschen Geheimen-Justizrath Rudloff gewählt habe.

Dem Hofgerichts Assessor und Consistorialrath Böhmer zu Hannover soll die wichtige Stelle eines Ober-Apellations-Raths zu Theil werden. Er ist dazu präsentirt, und, der von Berlepschen Anzeige ohngeachtet, zum Empfang der Akten, Behuf Ausarbeitung der Probe Relation eines Tribunal-Raths, nach Zelle citirt worden.

In welcher Verlegenheit müssen die Tribunals-Räthe gewesen seyn! Mußten sie nicht an die Aeusserung des Pollio bei dem Makrob denken: non est facile in eum scribere, qui potest *proscribere*. Daher erklärt sich die, dem Herrn von Berlepsch gegebene Antwort. Wir wollen sie jezt näher analysiren.

Herr von Berlepsch sagt in seinem, an das Zellische Tribunal, als Landstand abgelassenem Schreiben,

ben, daß er bei demselben nicht in der Qualität einer **Parthei** auftrete, sondern die Mitglieder des Ober-Apellations-Gerichts, unter Darlegung des Standes seines Reichsgerichtlichen Prozesses, auf dasjenige aufmerksam mache, welches sie bei **jeder** Präsentation, Amtshalber, zu beobachten hätten. Nemlich darauf, daß diese **gültig seyn müsse**. Zugleich zeigt er dem Tribunal, warum die Calenbergische Landschaftliche Präsentation des Herrn Böhmer zum Ober-Apellations-Rath **ungültig** sey. Demohngeachtet wird sein Schreiben eine Eingabe genannt, ihm eine Antwort in **offener Form** ertheilt, sein Gesuch, welches nirgends vorhanden ist, wegen seiner Unerheblichkeit verworfen, und der Prokurator Seelhorst ihm zum Anwalde ex officio zugeordnet. — Er soll also wider seinen Willen beim Tribunal-Recht nehmen. **Sonderbar genug!**

Die erhaltene Antwort heißt ferner oben eine **Resolution**, und unten ein **Dekret**. Ein's kann sie doch nur seyn, und sie ist **beides**. **Noch sonderbarer!!**

Endlich

Endlich hat dem Gesuche, wegen dessen Unerheblichkeit, nicht deferiret werden wollen. Die angegebene Ursache ist diese: weil der Land- und Schazrath von Berlepsch nicht gezeiget habe, daß die, von ihm angeführten Erkenntnisse des Kaiserlichen Reichs-Cammergerichts zum würklichen Effekt gebracht worden; mithin ihm der Besizstand entgegen stehe.

Diese Entscheidungs-Gründe sind das sonderbarste!!!

Ja wenn der Herr von Berlepsch noch in Besiz seiner Staatsämter wäre; so hätten die Herrn Tribunals-Räthe nicht nöthig gehabt, eine Dekrets-Resolution abzugeben,

Daß das Calenbergische Schaz-Collegium vitiös organisirt ist, daß der Ritterschaftlichen Curie der Calenbergischen Landschaft ein Wahlherr, ohne dessen Schuld, fehlt, daß das Calenbergische Deputations-Collegium fehlerhaft besezt sey, und daß alles, was darin, gegen die Kaiserliche Inhibition vom 20sten Januar 1797, geschieht, null und nichtig ist, und daß

daß alle diese Handlungen durch Kaiserliche Erkenntnisse vom 30sten Januar 1798, vom 17ten Julius 1798 und 11ten Januar 1799 kassirt und annullirt sind, darauf kömmt es an; nicht aber auf dasjenige, was das Ober-Apellations-Gericht zu Zelle angeführt hat.

Nach seiner Meinung ist der vitiöseste, spoliative Besiz, wie der des Herrn von Bremer offenbar ist, ein solcher, der gültige Effekte hervorbringen kann. Eine schöne Theorie!

Wenn also in der Calenbergischen Landschaft nichts wie Revolutionaire säßen, welche von einem Kaiserlichen Reichs-Gerichte insgesammt von ihren usurpirten Stellen abgesezt wären; so würden ihre Handlungen beim Ober-Apellations-Gerichte zu Zelle doch gültige Würkungen hervorbringen. Und dennoch nennt das höchste Tribunal im Hannöverschen gleich im Anfange der Dekrets-Resolution den Herrn von Berlepsch einen Land- und Schazrath. Welcher Widerspruch!

Das Ober-Apellations-Gericht zu Zelle, hat offenbar ein Attentat gegen die Erkenntnisse des Kaiser-

Kaiserlichen Reichs-Cammergerichts begangen. Das einzige, welches in seinem Benehmen lobenswerthes liegt, ist, daß es den Herrn von Berlepsch durch die, ihm zugestellte Dekrets-Resolution vom 26sten Januar 1799, in den Stand gesezt hat,

das eingetretene Attentat beim Kaiserlichen Reichs-Cammergerichte zu bescheinigen.

Billig muß man sich über die, beim Zellischen Tribunal statt findende Gerichts-Logik wundern. Nach derselben sind die in der von Berlepschen Sache ergangenen Reichsgerichtlichen Erkenntnisse sehr gültig — allein sie sollen bei demselben Folgenleer — ein Caput mortuum — seyn! Mußte das Ober-Apellations-Gericht zu Zelle aber nicht die Anwendung derselben machen? Aeussert ein Judicat nicht öfters seine Würkung in einem foro, worin dasselbe nicht abgegeben ist? In Hannover wird man sich nun noch mehr sträuben, den Mandaten des Kaiserlichen Reichs-Cammergerichts in der von Berlepschen Sache nachzukomzukommen. Das höchste aller Ober-Apellations-Gerichte wird übrigens über das Betragen des Zellischen Tribunals leicht den Ausspruch thun, und demselben die Beantwortung der Frage vorlegen müssen, welchen Sinn es mit dem gebrauchten Ausdruk des würklichen Effekts eines Reichsgerichtlichen Erkenntnisses eigentlich verbinde?

XX.

XX.
Fichtens Atheismus. *)

Mit Erstaunen hat's gewiß jeder deutsche Gelehrte, und jeder gebildete Mensch unseres Vaterlandes, in der O. Nationalzeitung (98, Nr. 51.) gelesen, daß durch ein Kurfürstlich-Sächsisches Rescript vom 19. Nov. 1798, einige Aufsätze von Fichte in Jena, die in dem bekannten, von ihm und Niethammer herausgegebenen philosophischen Journale enthalten sind, wegen atheistischer Aeusserungen konfiscirt, und die beiden Universitäten, Leipzig und Wittenberg, davor gewarnt sind. Mit noch grösserem Erstaunen wird's jeder hören, daß die Herausgeber und Verfasser dieser Aufsätze, durch ein Requisitionsschreiben an die Herzoge von Sachsen angeklagt, und die ernstliche Bestrafung ihres Frevels, der alle

aus

---

*) Die Herausgeber der Annalen mißbilligen durchaus Fichte's Meinung in Ansehung des Beweises der Gottheit und seine Art zu meinen. Ihnen ist das heutige Unwesen der Kantischen Philosophie nichts als die Verschrobenheit der Sophisten des Plato, die Sokrates mit seiner Unwissenheit beschämte und unter den meisten Anhängern eine leere Charlatanerie. Sie glauben aber, daß alle Stimmen gehört werden und daß jeder Mensch seine eigene haben müsse.
D. H.

angränzende Staaten in Gefahr setze, verlangt worden sey, wenn sich dies Gerüchte bestätigen sollte.

Mit Erstaunen! weil man bisher nichts, auf Atheismus zielendes, von **Fichte** gelesen hat, wie man auch übrigens von seiner Philosophie denken mag; und weil man in keinem Falle, in einer trans-scendental-**philosophischen** Sache gerade **diesen** Weg erwartet hätte.

Fichte hat, kurze Zeit hernach, eine kleine Vertheidigungsschrift herausgegeben, unter dem Titel: „Apellation gegen die Anklage des Atheismus, eine Schrift, die man erst zu lesen bittet, ehe man sie konfiscirt," — und warlich! eine Schrift, die gelesen zu werden verdient, weil sie die Ursache der Beschuldigung begreiflich macht, zwar, nach meiner Meinung den Gegnern des Verfassers, einige Blösen läßt, im Ganzen genommen aber doch die Tendenz des **Fichtischen** Systems so sehr zum Vortheile der Sittlichkeit und Religion zeigt, und ihn gegen die Beschuldigung, wenigstens des **absichtlichen** Atheismus (denn nur **dieser** kann doch eigentlich Atheismus heissen,) so gut vertheidigt, daß das gelehrte deutsche Publikum nothwendig von ihr Notiz nehmen muß.

Das

Das deutsche Publikum! nicht blos die Anhänger der neuesten Philosophie, die von dieser, meisterhaft geschriebenen Schrift, ohnehin Notiz genug nehmen werden; sondern auch die Anhänger ieder anderen spekulativen und populären Philosophie, und alle Staatsmänner, und alle Verehrer der einfachen Christus- und Bibelreligion und alle, die das Transcendentelle, Spekulative über die ersten Gründe der menschlichen Erkenntniß, mehr für Folgen einer Krankheit, als des Scharfsinns des menschlichen Geistes halten, und alle gebildete Männer in Deutschland.

Der Verfasser dieses Aufsatzes, ist kein Anhänger der Fichtischen Philosophie; er bedarf nach seiner Organisation, keiner Art von spekulativer Philosophie; es fällt ihm also nicht ein, die Grundsätze dieser neuesten Philosophie vertheidigen zu wollen, deren Erfinder sie besser selbst vertheidigen können. Er ist ein öffentlich-erklärter Anhänger der Lehre Jesus von Nazareth, in so weit er sie aus den Schriften seiner Anhänger erkennen kann, und diese Lehre macht ihm für sich iede Art von Philosophie über Gott, Freiheit und Unsterblichkeit überflüssig. Auch steht er nicht in der geringsten Verbindung mit den

den Herausgebern des philosophischen Journals. Aber eben sein Christianismus, und der, daraus genommene Grundsaz: "Andere so zu behandeln, wie man wünscht, von ihnen behandelt zu werden," macht es ihm zur Pflicht, sein Votum in dieser Sache, bei dem Gerichtshofe, vor den solche Sachen eigentlich gehören, dem literärischen Publikum, so bald, wie möglich, abzugeben.

Wenn man Fichtens Aufsaz, über den Grund unseres Glaubens an Gott, und seine Appellation, bedächtlich durchlieset; so begreift man, wie man auf den Gedanken kommen konnte, Fichte des Atheismus zu beschuldigen. Er sagt in seinem Aufsatze, "daß der Begrif von Gott, als einer besonderen Substanz, ein unmöglicher und widersprechender Begrif sey;" (S. 18.) er behauptet, daß man, ohne inneren Widerspruch, das Daseyn Gottes, nicht aus dem Daseyn einer Sinnenwelt beweisen könne. 2c. Wenn man dies lieset, ohne mit dem Gange seines Systems, und mit der Bedeutung, worinnen er die Worte nimmt, bekannt zu seyn; so kann man wohl wirklich glauben, daß er den Namen eines Atheisten verdiene; hält dann ein, zur Beförderung ächter Religiosität und Sittlichkeit berufenes Kolle-

VI. Heft. gium,

gium, diese transzendentelle, für die meisten Menschen ganz unverständliche Behauptung, für gefährlich; glaubt es, daß man Irrthümer, durch Consiskation und Gewalt unterdrücken könne: so hält es auch für Pflicht, diese Wege einzuschlagen, und den, vermeintlich oder wirklich-schädlichen Irrthum, auf die Art zu unterdrücken, wie er am besten unterdrükt werden kann.

Ich glaube indeß, daß man Fichte unrecht thut, ihn des Atheismus zu beschuldigen. Freilich sagt er, es sey Widerspruch, Gott für eine besondere Substanz zu halten: allein er versteht unter Substanz, ein, im Raum und in der Zeit, sinnlich-existirendes Wesen, (S. 59. d. Appell.) und in diesem Sinne wird keiner von uns behaupten, daß Gott eine Substanz sey! Freilich ist sie äusserst auffallend, seine Behauptung, daß Gott, als einem, von aller Sinnlichkeit ganz freien Wesen, nicht einmal Existenz zugeschrieben werden könne: aber er kann sich nun einmal unter Existenz, nur einen sinnlichen Begriff denken, (S. 68. der Appell.) In diesem Sinne existirt Er auch uns nicht. Soll der Nebenbegriff einmal dem Worte Existenz ankleben, so suchen wir uns ein anderes Wort, was

die

die geistige, sittliche Wirksamkeit alles ausdrükt. Wenn er sagt (S. 53.) die Beziehung der Gottheit auf uns, als sittliche Wesen, ist das unmittelbar Gegebene; ein besonderes Seyn dieser Gottheit wird gedacht, lediglich zufolge unseres endlichen Vorstellens, und in diesem Seyn, liegt schlechthin nichts anders, als seine unmittelbar gegebene Beziehung; und daß sie darinnen, in die Einheit des Begriffs zusammengefaßt sind: so bin ich zwar nicht einerlei Meinung mit ihm, es sey denn, daß er das Seyn wieder, zu einem blos sinnlichen Begriffe mache, welches doch wegen des Zusatzes, nicht der Fall zu seyn scheint. Denn: — zugegeben, daß das Verhältniß Gottes zu uns das unmittelbar gegebene, oder daß die unzertrennliche Verbindung zwischen dem Gefühl unserer Pflicht und einem unsichtbaren, sittlichen Reiche, zu dem wir bestimmt sind, das, in unser Wesen eingepflanzte Axiom sey; zugegeben ferner, und im Geiste der Bibel, fest behauptet: — daß wir die Gottheit von keiner anderen Seite, als in Beziehung auf uns, erkennen können: so folgt doch daraus nicht, daß das Seyn Gottes, blos eine, in unserem endlichen Vorstellungsvermögen gegründete Denkform sey. Freilich würde der thöricht seyn, der ein Stük reiner, substantieller Wärme erst sehen wollte, ehe er das Gefühl der Erwärmung glaubte. Wir erkennen Wärme, blos durch Beziehung gewisser sogenannter Eigenschaften der Körper auf uns aber wär es weniger thöricht, wenn einer absprechend behauptete, Wärme sey nichts anders, als die Wirkung verschiedener Gegenstände auf unser sinnliches Gefühl? Wenn er das physische Daseyn des Wärmestoffs blos darum leugnete, weil er Wärme blos durch sein Gefühl erkennt. Gerade unsere beschränkte Denkform zeigt uns, dünkt mich, daß wir über die Existenz oder Nichtexistenz eines Dings ausser uns, blos um der Beziehung willen, auf uns, gar nicht urtheilen können. Höchstens kann man sagen: ob ein Wärmestoff physisch existire, läßt sich wegen des sinnlichen Gefühls der Wärme noch nicht behaupten. Und höchstens kann man sagen, weil wir uns die mannichfaltigen Beziehungen der Ordnung in der moralischen Welt in den Begriff eines existirenden Wesens zusammen setzen, daraus folgt die Existenz dieses Wesens noch nicht. Dieß glaube ich auch. Aber warum man so absprechend behaupten könne, in dem Seyn Gottes, liege schlechterdings nichts anders,

als

als jene gegebene Beziehung; — das seh' ich nicht ein.

Das alles halte ich für wahr, und für gegründeten Einwurf gegen Fichtens Behauptung.

Auch mag er den absprechenden Ton, worin er S. 56. von der Weltschöpfung redet, wobei er mir das: daß mit dem: wie? zusammen zu schmelzen, und Foderungen, weit über die Grenzen der menschlichen Erkenntniß zu machen scheint, eben so, wie dies krelle Karrikaturgemälde von dem eudämonistischen Systeme, das wohl, wie das Erste, zu einem solchen Helvetianismen mißbraucht worden, dessen edlere Vertheidiger aber, unter ihrer Seeligkeit, sich längst nichts gröberes dachte, als was Fichte selbst, (S. 34.) Seeligkeit nennt: gänzliche Befreiung von aller Abhängigkeit — also freies Denken, freies Wissen, freies Zusammenfliessen mit anderen Wesen, — nicht um Genuß zu haben, wodurch freilich der Zwek vermindert würde, sondern um — ganz ein Mensch zu seyn — ich sage: dieß und manches Andere, mag er vor dem Forum der Gerechtigkeit, des gesunden Menschenverstands und der Philosophie verantworten.

Aber

Aber ich sehe nicht ein, warum man ihn darum zum Atheisten machen kann, wie dieß besonders nach der Appellation noch möglich ist. Er leugnet durchaus diese Folge, die man aus seinem System zieht; er behauptet, daß er nur einen anderen Begriff von dem habe, was man Gott nennt, daß er einen anderen Weg zeige, diesen Gott zu erkennen. Er sagt — und zwar mit Recht: »erzeuge nur in dir die pflichtmäsige Gesinnung, und du wirst Gott erkennen,« — »die da sagen: selbst, wenn Jemand an Gott und Unsterblichkeit verzweifelte müßte er noch seine Pflicht thun, setzen absolut unvereinbare Dinge zusammen.« (S. 43. d. A.) So sehr er dann auch geirrt haben möge; so sehr man seine Grundsätze mißbrauchen könne, und so gefährlich sie auch durch Mißbrauch werden möchten: man thut doch unrecht, den Mann des Atheismus zu beschuldigen. Das ist nur der, der behauptet, es gebe keinen Gott, kein Wesen, das auf das Ganze der Ordnung in der sittlichen Welt geistig wirkt. Ein Mann, der schreiben kann: »der übersinnliche Gott ist uns Alles in Allem; Er ist uns derjenige, der allein ist,*)

und

---

*) Gott ist allein; und doch ist Existenz ein blos sinnlicher Begriff? — Ich wünschte doch, Fichte hätte sich deutlicher erklärt.

und wir anderen vernünftigen Geister leben und weben nur in Ihm." (S. 77.) "Da ich an diesem Platze stehe, so ist es der Wille Gottes, daß ich an ihm stehe, und freudig und muthig vollbringe, was an diesem Platze sich gehört. So unscheinbar mein Geschäft sey, es geschieht um Gottes und der Pflicht willen, und dadurch erhält es Würde. Nachzusehen, ob auch Andere, auf ihren Plätzen, thun, was dort sich gebührt, ist nicht meine Sache; ich habe mit mir selbst vollauf zu thun. Thun sie es nicht, so sündigen sie auf eigene Gefahr. Gott aber wird ohne Zweifel alle Unordnungen, die daraus entstehen, zu seiner Zeit in die schönste Harmonie auflösen." (S. 87.) "Welch ein Gott wär es, der mit der Welt zugleich verloren ginge!" (S. 77.) Ihr sollt, verspricht sie Euch (unsere Philosophie,) auch in Eurem mütterlichen Lande, der unsichtbaren Welt und Gott gegenüber, frei und aufgerichtet dastehen. Ihr seyd nicht seine Sklaven, sondern freie Mitbürger seines Reichs. Dasselbe Gesez, das Euch verbindet, macht sein Seyn aus, so wie es Euren Willen ausmacht. Selbst Ihm gegenüber seyd Ihr nicht bedürftig, denn Ihr begehret nichts, als was Er ohne Euer Begehr thut; selbst von Ihm seyd Ihr nicht ab-

abhängig, denn Ihr sondert Euren Willen nicht ab von dem Seinigen. "Ihr nehmt die Gottheit auf, in Eurem Willen, und sie steigt für Euch von ihren Weltenthronen herab." — Wer das mit Wahrheit schreiben kann, der mag seyn was er will und schwärmen wie er will; aber ein Atheist ist er nicht. Und will man ihn so nennen; so ist er mir lieber, als tausend der rechtgläubigsten Christen, wenn diese Gesinnungen der Geist seines Lebens sind.

Aber wären auch in seinem Systeme gefährliche, auf Irreligion und Atheismus hinführende Sätze; warum bestreitet man sie nicht auf die Art, wie Irrthümer allein bestritten werden können, und deswillen werden müssen? Warum zeigt man nicht das Inkonsequente, gegen Sittlichkeit und Menschenverstand Anstossende, in sich Widersprechende, durch Gründe? Oder traut man der Wirkung der Gründe ohne äussere Gewalt nicht genug! Welcher Kleinglaube! "Keine Furcht ist lächerlicher, als die Furcht vor der Wahrheit!" sagt ein weiser Mann. Soll man denn gar, den Irrthum fürchten?

Wär' ich Regent von Europa; ich würde keinem einzigen Feinde des Christenthums das Reden und Schreiben verbieten, ob ich gleich mit ganzem Herzen,

Herzen an Christenthum hange. Und wollte es ein Eiferer thun; so würde ich ihm sagen, wie mein Herr dem Petrus: "stecke dein Schwerd in seine Scheide! das Alles muß so geschehen!" Und so würde ich handeln, — nicht weil ich **gleichgültig gegen die Wahrheit bin**, sondern weil ich **an die unwiderstehliche Gewalt der Wahrheit glaube**.

Oder ist etwa durch Gewalt, ie, ein einziger Irrthum unterdrükt, einer einzigen Wahrheit aufgeholfen worden? Hat es nicht der Wahrheit von ie her am meisten geschadet, wenn man sie durch Gewalt ausbreitet, oder den Irrthum durch Gewalt unterdrücken wollte? Wurde ie ein Irrthum gemein schädlich, wenn man ihn frei seiner Macht oder Ohnmacht überließ? Nichts war von ieher der Wahrheit und dem Irrthum günstiger, als wenn man sie mit Gewalt unterdrücken wollte. Natürlich! weil sich der Mensch frei fühlt, weil man ihm das Heiligthum seiner Freiheit antastet, wenn man ihn zu dieser oder iener Ansicht, oder Vorstellungsart zwingen will. Nichts tödtete schneller den Irrthum, als wenn er sein Unwesen ungestört treiben konnte. Fodert die **Herders, Planks, Schillers, Schrökhs**

Schrökhs auf, und sie werdens Euch aus der Geschichte nachweisen, wenn es Nachweisung bedarf.

Ich maaße mich mit diesen Behauptungen nichts an; ich richte nicht, und glaube nicht befugt zu seyn zum Richten. Ich sage meine Meinung über einen öffentlichen litterarischen Vorfall, wie sie jeder freie Bürger der litterarischen Republik sagen darf.

Bremen, den 28sten Jan. 1799.

———

XXI.

XXI.

Tempora mutantur et uos mutamur in illis.

Wohlgemeinte Erinnerungen eines verklärten deutschen Fürsten an seinen hinterlassenen Sohn!

Mit einigen Anmerkungen des Herausgebers.

So ist denn endlich geliebter Sohn der lang ersehnte Zeitpunct gekommen, wo dem verderblichsten, grausamsten aller Kriege, welche die Geschichte der Nachwelt ankündigt, ein glükliches Ende gemacht ist.

Mußtest du gleich deinem mächtigen Feinde manches schwere Opfer bringen und diesen Frieden durch ansehnliche Geldsummen und Verzichte auf Besitzungen erkaufen; immer preise dich glüklich, denn Ruhe und

und Friede sind die ersten Bedürfnisse eines Staats, wenn Arbeitsamkeit und Ordnung, Sicherheit des Eigenthums und Lebens, Wohlstand und Glükseligkeit der Menschen zur Existenz und möglichst vollkommenen Reife gedeihen sollen.

Und so ist denn — danke es der weisen, gütigen Vorsicht — die frohe Periode erschienen, wo sich alle Quellen des Segens für Dich und dein Land wieder öffnen, wo Du mit fruchtbarer ungehinderter Kraft der Erfüllung deiner Regentenpflicht obliegen und in der Beglückung deiner Unterthanen auch Deine eigene Glükseligkeit finden kannst.

O! daß Du sie finden wolltest! Innigst Geliebter, an dem mein väterliches Herz mit der wärmsten Zärtlichkeit hängt, den ich täglich in lichtvollem verklärtem Gewande umschwebe und dessen freundlich rathender Genius zu seyn, des ewigen Wink mich aus den himmlischen Wohnungen herabsandte.

So vernimm dann Geliebter, für Wahrheit immer empfänglich, und ihrer in diesen so sehr veränderten Zeiten äusserst bedürftig, das, was Weißheit und Gerechtigkeit durch mich dir freundlich andeuten.

Noch

Noch blikst Du mit beklommener Brust und mit Thränen der Wehmuth, die dein zartes menschliches Gefühl dem Auge entlokt, auf die schreklichen Verheerungen dieses Krieges und auf das Land, dessen umgestürzte Verfassung, dessen unschuldig hingeopferter Beherrscher und dessen zu Tausenden durch Fanatiker und Bösewichter gewürgte Einwohner ein empörendes Bild der Veränderung im Schiksal der Länder und Menschen darbieten.

Was auch immer die Vorsicht durch Zulassung dieser furchtbaren Begebenheiten beabsichtigen mag — und wer wollte einen guten Zwek bezweifeln? — so seyen sie Dir ein lehrreiches Beispiel, Alles zu vermeiden, wodurch die Ruhe deines Landes, die Zufriedenheit der Bewohner desselben, ihre Liebe und Folgsamkeit gegen Dich entfernt werden kann, dagegen Alles zu thun, was Gerechtigkeit, Liebe und Eintracht unter Deinem Volk verbreitet und Dich zum Mittelpunct unter demselben macht, von dem aller Seegen ausströmt und zu dem er in rechem Maaß zurük fließt.

Ist es Dein ernstlicher Wille dieser Seegenverbreiter und der Abgott Deines Volks zu seyn — und wie könnt ich ein Anderes von Deiner edlen Seele

Seele erwarten? — so laß Dir folgende zum Theil zwar nicht neue, allein in unsern merkwürdigen Zeiten nie laut und eindringlich genug zu sagende Wahrheiten herzlich empfolen seyn.

Du bist Regent Deines Volks, das heißt, diejenige Person im Lande, welche durch weise und gerechte Führung des Ruders der Staatsmachine Deine Unterthanen bei dem Genuß ihrer bürgerlichen Rechte schützen und sie zur Erfüllung ihrer Pflichten anhalten soll, damit dadurch die bürgerliche Glükseligkeit oder ein glüklicher Staat entstehe.

Du würdest den Begriff von Regentschaft ganz mißverstehen, wenn Du Dir — wie es leider hier und dort noch der Fall seyn mag — darunter entweder ein Eigenthum über Dein Land, oder dessen Bewohner, oder eine erhabene Stelle, von der Du blos nach Willkühr gemodelte Befehle ertheilen oder eine reiche Pfründe, welche nach Art eines Prälaten blos zum Wohlleben und Vergnügen zu benutzen wäre, und daß Menschen, Güter und politische Einrichtungen blos um deinetwillen da seyen, dächtest.

Ist es immer ein Glük, wenn der Zufall der Geburt Dich zu einem so erhabenen Posten rief; so

knüpfte

knüpfte er eben an diesen weit mehrere und wichtigere Verbindlichkeiten, wie jedem Deiner Unterthanen obliegen. Denn weise, gerechte Gesetze zu geben, wohlthätige gemeinnützige öffentliche Anstalten zu treffen, Gerichtshöfe anzuordnen und geschikte treue Staatsdiener zu wählen, eine zwekmäsige Finanzverwaltung einzuführen, für die Sicherheit des Landes und des Einzelnen zu sorgen, jeden ungerechten Druk von den Unterthanen zu entfernen, den gerechten aber möglichst zu lindern, auf die ganze Staatsmachine ein wachsames Auge zu haben, damit alle Räder gehörig in einander greifen, dies Alles liegt im Begriff des Worts Regenschaft und ist nur Deine unmittelbare Pflicht! So unweise und unrecht es ist, wenn der Staatsdiener, Bürger oder Landmann den grössesten Theil seiner für wichtige und nothwendige Beschäftigungen bestimmten Zeit auf Vergnügungen verwendet, noch weit unweiser und unverantwortlicher ist es, wenn ein Landesherr, statt den Regierungs-Angelegenheiten sich zu widmen und seinen Verstand mit reellen Kenntnissen zu bereichern, damit er so viel wie möglich mit eigenen oder ungetrübten Augen sehen könne, seine Zeit mit so genannten Lieblings-Neigungen vertändelt,

ent=

entweder die Jagd oder Reitkunst, das Schauspiel oder die Musik zur einzigen Hauptbeschäftigung oder Tagesordnung macht, und wohl gar den Schlösser oder Drechsler an Geschiklichkeit zu übertreffen sucht.

Eine solche Lebensweise war von jeher eines Regenten unwürdig, sie kann aber dem iezt so aufmerksamen Volke nicht entgehen, ohne daß sein Unwille und Tadel laut werden sollte! Und wie? muß es ihm nicht mit Recht empfindlich seyn, zu sehen, daß der, in welchem es seinen Herrscher und Vater so gern erkennen will, für Regentenpflicht und Tugend und Volksliebe keinen Sinn hegt? nur dann heiter lächelt, wenn das Jagdhorn tönt, die Rosse stolz einher traben, ein Theaterprinz die Luft durchsägt oder eine Sängerin ein künstliches Trillo schlägt, oder was noch ärger wie alles dies ist, wenn die Favorite und ein schmeichlerischer Höfling sein Herz vergiften??

O nein Geliebter! das ist nicht der Weg um die Achtung und Liebe des Volks zu gewinnen.

Freilich kann der Regent allein nicht Alles. Er bedarf einsichtsvoller treuer Rathgeber und Diener, die ihn in seinem grossen Wirkungskreise unterstützen.

Allein Dir Geliebter fehlt es daran in Deinem Lande nicht, wenn Du nur den Biedermann vom Schurken,

Schurken, den Geistvollen und wahrhaft Thätigen vom Dummkopf und geschäftvollen Müsiggänger unterscheiden willst. — Nicht der stolze Höfling, der Dir immer nur von Deiner sogenannten Machtvollkommenheit vorspricht, der das Phantom des äussern Glanzes für das wahre Wesen und den innern Werth des Regenten ausgiebt, einen für Geld feilen Orden für den Abglanz währer Ehre hält, der Dir den scheuslichen Grundsaz: der Wille des Beherrschers sey erstes Staatsgesez, das Volk sey blos um seinetwillen da, — einflößt; nicht der im Schein der Demuth einher wandelnde, vor Dir kriechende und bei iedem Worte zwischen dem unterthänigst und gnädigst sich durchwindende Minister, der immer nur Deine Finanzen auf Kosten Deiner übrigen Unterthanen zu bereichern sucht; nicht der bei ieder Gelegenheit über Druk und Menge der Geschäfte schreiende, in der That aber nichts zwekmäsiges bewirkende Müsiggänger ist der Biedermann, dem Du Ohr und Herz öfnen darfst.

O Geliebter, wende weg Dein Angesicht von einem solchen Giftmischer, der nur sein eigenes Wohl, dagegen Dein und Deines Volkes Mißgeschik früh oder später befördert.

VI. Heft. II. Nur

Nur der Wahrheit suchende, und mit Beschei̇denheit, allein mit eines Luthers Festigkeit sagende Mann sey Dir willkommen.

Werde nie unwillig, wenn er nach seiner Ueberzeugung Dir räth, selbst Deiner Lieblingsneigung aus patriotischem Sinn entgegen wirkt, wenn er Mißbräuche und Vorurtheile angreift, Gebrechen in der Staatsmaschine durch Verbesserung zu ersetzen sucht und von edlem Eifer durchglüht, das Gute und Zwekmäsige auch da zu verbreiten sucht, wo ihm schlaue Hofpolitik, Neid, Rachsucht und beleidigter Adelstolz entgegen arbeiten.

Vor allen halte solche Biedermänner in Ehren. Ihnen vertraue Dich und das Wohl des Landes. Mit ihnen theile die Arbeiten des Tages, und wenn Du selbst ihnen als Muster voranzugehen vielleicht nicht im Stande bist, so laß Dich nur willig von ihnen führen; denn schon das gereicht zu Deinem wahren Ruhm und Wohl, wenn Du Dich einer weisen Leitung nicht widersetzest, und das Gute, was andere redliche, mehr einsichtsvolle Männer stiften können und wollen, nicht hinderst.

Mache kein Geheimniß daraus, daß Du stolz darauf seyest: der Beglücker Deines Volks.

Volks, der Vater Deiner Unterthanen zu seyn, dies ist Deine eigentliche wahre Bestimmung. Und aus diesem Gesichtspunkt behandle die Diener des Staats als Menschen, die, weil sie Dich in Ausübung Deiner Pflichten unterstützen, nicht Deiner Person, sondern dem Staate angehören; und wenn Du sie gleich zum Theil aus Deinen Cammergütern besoldest; so vergiß nicht, daß Deinen Vorfahren die Regierung unter dem Beding, die Einkünfte iener Güter vorzüglich zum Wohl des Staats — welches ohne zwekmäsige Besoldung der öffentlichen Diener desselben nicht bestehen kann — zu verwenden, übertragen wurde. Nie komme es Dir in den Sinn, diese Diener des Staats in die Classe Deiner persönlichen Diener und Domestiken zu setzen, dadurch, daß Du Dir das Recht, iene nach Willkühr zu verabschieden, anmaßest. Es giebt noch Länder, wo dies Recht durch einen zwischen dem Regenten und Diener errichteten Vertrag in Gebrauch ist, indem im Patent eine wechselseitige Aufkündigung ausdrüklich bemerkt wird. Hat dieser Vertrag gleich den Schein des strengen Rechts für sich; so beruhet er in der That auf laut sprechen-

U 2   der

der Unbilligkeit. Denn nicht zu gedenken, daß es unedel ist, die oft verlegene Lage eines Subjects — das zwischen der Annahme einer so bedingten Bestallung oder der Verzichtleistung auf künftiges Glük und Versorgung keine andere Wahl hat — in Fällen, wo sowol für das Wohl des Staats durch Anstellung eines geschikten Dieners, als für diesen Einzelnen selbst gesorgt werden soll, so zu benuzen, daß dieser auch beim möglichsten Bestreben, seine Pflichten zu erfüllen, immer der, dem Vertrage nach willkührlichen Aufkündigung voll Schrecken entgegen sehen muß; so liegt etwas Empörendes in dem Gedanken, gegen Menschen von Talent und der edelsten Bestimmung gewidmet, eben so wie gegen den geringsten Domestiken verfahren zu dürfen. Selbst diesen, wenn er treu und fleissig gedient hat, blos aus Willkühr zu verabschieden, obgleich ihm ein anderweites Unterkommen tausendmal leichter ist, wie dem Staatsdiener, verräth nicht Sanftmuth, Vestigkeit und Edelsinn, um wie viel härter und ungerechter ist aber diese Handlung gegen einen Staatsdiener, der sich von früher Jugend den schwersten Wissenschaften widmete, der, um in diesem oder jenem Lande eines Regenten immer nüzlich zu wirken, so manche andere Vortheile aufopferte,

den

den gröffesten Theil seines thätigen Lebens daselbst zubrachte, sich an diese oder jene Art der Geschäfte fest und ausschließlich gewöhnte, die Art, diese oder jene Menschenclasse grade auf den zwekmäßigen Fuß zu behandeln, mühsam erlernte und sich das allgemeine Zutrauen der Mituntertanen durch seine Kenntnisse und Betragen erwarb, der so manchen — mit einem öffentlichen Amt verbundenen Verdruß erduldete und endlich wohl gar das beste zeitliche Gut, seine Gesundheit, im Dienst aufopferte? Einen solchen ehrenvollen Diener wohl gar noch im Alter und bei zahlreicher Familie ohne rechtliche Untersuchung auf Anstiften einer Mätresse oder auf Verläumdung eines rachsüchtigen Höflings des Dienstes zu entsetzen, ihn nebst seiner Familie ins Elend zu stürzen, der Verläumdung und tückischen Bosheit freien Spielraum zu eröffnen, künftig jeden Biedermann zu verlästern und ihren Ränken aufzuopfern — O Geliebter das ist eine, jede edle menschliche Empfindung verwundende Handlung. Jede willkührliche Verabschiedung, sie sey durch einen Vertrag sanctionirt oder nicht, ist und bleibt laut sprechende Ungerechtigkeit. Nur pflichtwidriges und strafbares Betragen eines Staatsdieners, welches rechtlich erwiesen und worauf die

Ge-

Gesetze die Verabschiedung setzen, kann diese allein rechtfertigen; dagegen schrekt die Idee der blos möglichen Dienstentlassung aus Willkühr und Machtvollkommenheit jeden talentvollen, ehrlichen Mann von der Uebernahme eines Amts in dem Lande ab, wo jene herrschend ist, und der Regent sezt sich dadurch mit der Pflicht, für Anstellung einsichtsvoller, treuer und thätiger Diener zu sorgen, in offenbaren Widerspruch.

Mögten doch diejenigen Beherrscher, deren Vorfahren dieses durch Härte, Unedelmuth und Unverstand bezeichnete Recht hergebracht haben, demselben jezt, in diesen wahre Freiheit, Gerechtigkeit und milde Gesinnung von ihnen dringend fordernden Zeiten, das längst schuldige Ende machen und sowol jede vertragsmäsige Lose, wie jede andere willkührliche Dienstentlassung durch ein Staatsgrundgesetz aus ihrem Regierungssystem verbannen!!

Und so wirst Du, mein Geliebter, eingedenk des Grundsatzes: daß derjenige, welcher sich eines eingebildeten Rechts, einer blossen Anmaasung freiwillig aus innerer Ueberzeugung von ihrer Nichtigkeit begiebt, wahre Rechte zu würdigen weiß, Dich gern zu einer Reform in diesem Fall verstehen, da nicht

ver-

veriährte Vorurtheile und Misbräuche, sondern Vernunft und Edelmuth Dich leiten sollen. —

Ehre das Verdienst, wo Du es findest, ohnrüksichtlich, ob dem verdienstvollen Reichthum oder eine sogenannte edele Geburth zur Seite stehen.

Auch beim Feinde muß der vernünftig und bieder denkende das Gute schätzen und es zur eigenen Maxime zu machen suchen; und so nimm diesen von den Franken legalisirten Grundsaz zu Deiner unabänderlichen Richtschnur an.

Mache Dir kein Bedenken daraus, den Sohn des Bürgers und Landmanns zu den ersten Bedienungen im Lande und am Hofe hervor zu ziehen, wenn ein gebildeter, tief eindringender Verstand, Güte des Herzens und andere vorzügliche Eigenschaften ihn dazu fähig machen.

Nur durch feste Befolgung dieser Regel wird die Glükseligkeit eines Landes befördert, der Trieb zu den Wissenschaften und Künsten genährt, der Keim zur Tugend belebt und kräftiges Bestreben, die moralische Bildung möglichst zu vervollkommnen wird Nationalcharakter Deines Volks.

Eitele

Eitele Thorheit sind dagegen Reichthum und Geburt!! Denn wenn jener gleich das zufällige Mittel ist, sich einen angenehmen Lebensgenuß zu verschaffen, das Heer irrdischer Wünsche und Bedürfnisse möglichst zu befriedigen, mithin als ein conventionelles Gut immer zu schätzen ist; so erhebt er den persönlichen Werth des Menschen nicht; er macht ihn weder weiser, edler, noch für den Staat brauchbarer und achtungswerther, wie er an sich selbst ist.

Was aber die Geburt, den Erbadel, betrift, darüber sollte ich Dir Geliebter beinahe nichts mehr sagen. Ich könnte Dich blos auf die durch keine Machtsprüche und Schwerdtstreiche zu vernichtende öffentliche Meinung dieserhalb verweisen. Sie allein muß es Dir laut sagen, daß der Geburtsadel eine Mißgeburt des menschlichen Verstandes, die Schädlichste aller politischen Einrichtungen, das Gehässigste aller drückenden und widrigen Privilegien ist. Denke nicht, daß dies das Urtheil eines fränkischen Jacobiners, eines fanatischen Reformators ist. O warlich nicht! Selbst diejenigen deutschen Völker, welche durchdrungen sind von der reinsten Ehrfurcht, Liebe und Unterwürfigkeit gegen ihre Regenten, noch so tief erfüllt mit Abscheu gegen den gräuelvollen Despotismus

potismus der Neufranken und noch so wenig für politische Veränderungen gestimmt, erkennen und empfinden diese Behauptung als eine Wahrheit so unwidersprechlich, eindringlich und vernunftmäsig, wie es iemals eine moralische, politische oder religiöse Wahrheit gab.

Daß Verdienste um den Regenten und Staat vergolten werden müssen, ist wesentlich gutes Erforderniß einer wohleingerichteten politischen Verfassung und ehrt die Menschheit.

Belohne also den Verdienstvollen ausser der persönlichen Achtung, wodurch Du ihn vor dem Volke auszeichnest, noch dadurch, daß Du, wenn er dürftig ist, durch Verbesserung seiner Vermögensumstände sein zeitliches Glük erhöhest, nach seinem Tode seine Wittwe und Kinder gegen Dürftigkeit sicherst und diesen eine gute Erziehung geben lässest, damit sie ihrem würdigen Vater in ihrer moralischen Ausbildung zu folgen im Stande sind. Laß den Erbadel des Verstorbenen darin bestehen, daß Du seine rühmlichen Thaten in der Geschichte Deines Landes aufbewahrest und der lernenden Jugend als nachahmungswürdiges Vorbild empfehlen lässest. Nie aber schenke sogenannte, für Geld feile, Adelsbriefe. Denn warum wolltest

Du

Du den Empfänger desselben dadurch in die unvermeidliche Nothwendigkeit setzen, einen mit seiner Standeserhöhung verbundenen, ihm oft lästigen höhern Aufwand zu machen? Warum sehen Kindern das Patent ertheilen, daß künftig nicht ihr Fleiß, ihre selbst erworbenen Kenntnisse und Sittlichkeit, sondern einzig das erkaufte Wörtlein von das Merkzeichen seyn soll, um sie aus dem übrigen Haufen hervor zu ziehen?? Und warum wolltest Du Dein Volk so gering schätzen, nur grade einer bestimmten Menschenklasse — ohne daß sie den entferntesten Grad der Verdienste Anderer erreicht hat — ausschließliche Vorzüge zu ertheilen? Dich und Deine Einsicht so tief herabwürdigen, zu gestehen: daß nur der blinde Zufall der Geburt, nicht aber eigenes Denken, Bestreben und Handeln Deine Achtung habe?

Was sollen Deine Unterthanen davon denken, wenn der Wittwe eines Edelmanns blos des Standes wegen eine ansehnliche Pension ertheilt, dagegen der verwaiseten Familie des besten Künstlers, des vortrefflichsten Staatsdieners bürgerlichen Standes, auch wenn Armuth und Elend sie drücken, nicht mal eine mäßige Unterstützung gereicht wird??

Beinahe

Beinahe alle Belohnungen, welche dem Verdienstvollen gegeben werden, können durch sein nachtheiliges regelloses Betragen wieder verlohren gehen, oder unwirksam werden, denn sowol die öffentliche Achtung, das allgemeine Zutrauen, den Zutritt in ehrenvolle Gesellschaften, verliert der vom Pfade der Rechtschaffenheit und des Verdienstes abweichende Bürger; Güter und Geld, die, so lange Menschen existiren, ihren Werth behalten und behalten müssen, vom Vater mühsam errungen und zusammen gehäuft, gerathen durch den verschwenderischen Sohn in andere Hände und das Alles von Gott und Rechtswegen.

Nur der Erbadel sucht nach der Sterblichen tollem Wahn und einer abderitenmäßigen politischen Verfassung allen jenen Veränderungen zu trotzen und Hohn zu sprechen. Er behauptet sich als ein ewiger Vorzug sowohl für den an sich unwürdigen Edelmann, als seine Familie.

Mag dieser ein Dummkopf, ein Erztagedieb und ein wahrer Bube seyn, der dem sittlichen Theil des Volks ein Greuel ist, sein Prädicat von schützt ihn gegen die gerechte Strenge der Gesetze, bringt ihn unmittelbar in die Nähe des Fürsten, schiebt ihn im Militair- und Civilfach, bei Hofbedienungen und

„Hoffeierlichkeiten dem in wahren Verdiensten um Regenten und Vaterland grau gewordenen bürgerlichen Diener vor!!!

Und zu diesem Unwesen sollte die Vernunft schweigen?

Eine an sich unächte und iezt völlig für falsch erkannte Münze sollte die wahre ächte noch immer an äusserer Würdigung übertreffen? Ist es nicht der schreiendste Despotismus, dem hellsehenden Volke solch' unächtes Gold nicht blos als ächtes aufdringen, ja dies leztere gar in vielen Fällen zu Gunsten des ersteren auſſer Cours ſetzen zu wollen??

Nein! Nein! die Zeit der Täuschung ist vorbei, nur der Wahrheit gebührt Verehrung und Dank.

Darum Geliebter, wenn es Dir heilige Pflicht befielt, den Edelmann so wie ieden Deiner Unterthanen in seinem Eigenthum und wahren Rechten zu schützen; so enthalte Dich, ihm vor irgend einem verdienstvollen Bürgerlichen den geringsten Vorzug weder in Staats- oder Hofämtern, noch in Deinem persönlichen Betragen zu geben.

Grade durch eine so weise dem Genius der iezigen Zeit angemessene Handlungsart wirst Du die Liebe und Achtung Deiner Unterthanen erhalten und immer

tiefer

tiefer gründen, den Adel selbst aber auf selbe einge=
bildeten Vorzüge Verzicht zu leisten zwingen; Er
wird endlich seines krampfhaften Widerstrebens ohnge=
achtet — zumal jezt an einem unheilbaren Krebsscha=
den krankend den politischen Tod sterben und bloß in
wahren Verdiensten eine neue Lebensepoche begin=
nen!!

Verschließ Dein aufmerksames Ohr mir deshalb
nicht, weil Dein adelicher Höfling Dir die Idee
einzuflößen sucht:

> der Adel sey die Stütze des Throns und der
> Mittelsmann oder Stellvertreter zwischen Dir
> und dem Volk!

Sind die Gesetze Deines Landes nach Weisheit und
Gerechtigkeit geformt, ist die Einrichtung der Staats=
verwaltung zwekmäßig und stehen ehrliche, fähige und
thätige Männer an der Spitze der öffentlichen Ge=
schäfte, hast Du endlich den festen Vorsaz, Deine
Handlungen den Gesetzen gemäß einzurichten, Deinen
Unterthanen ein moralisches Vorbild zu seyn; enthältst
Du Dich aller Machtsprüche und Cabinetsordren in
Rechtssachen oder anderer Eingriffe in den öffentlichen
Gang der Dinge und der Unterthanen wohlgegründete
unschädliche Freiheiten; beförderst Du das Wahre
und

und Guts mit Standhaftigkeit und Würde, wo und so viel Du vermagst — wie bedarfst Du da einer Stütze überhaupt, da diese Bedingungen die Hauptsäulen sind, worauf das Staatsgebäude ruhet? Nimm eine oder alle weg und frage Dich ehrlich, kann der Adel Dir den Mangel ersetzen?

Nein Geliebter diese Bedingungen und mit ihnen unauflöslich verbundene Liebe, Ehrfurcht und Gehorsam Deiner Unterthanen, diese sind die moralischen Stützen Deines Thrones, so wie der kräftige männliche Arm des Bürgers und Landmanns (nicht aber der entnervte Adel) den physischen Phalanx zu Deiner Schutzwehr im Nothfall bildet. Er, der Bürger und Bauer, ist es, der durch seine Abgaben Deine und des Staats Bedürfnisse befriedigt, Dich von dieser Seite unterstützt, im Kriege gegen drohende Gefahren muthig mit Dir und für Dich kämpft, wogegen der Adel blos auf eigenen Vortheil sinnt, an keiner Abgabe des Staats Theil nimmt und zu Deiner Vertheidigung kein Heer mehr unter seinem Paniere sammelt!!

Und wozu denn noch eines Stellvertreters zwischen Dir und dem Volke?

Wärest

Wäreſt Du ein Regent des Morgenlandes, ein ſo geprieſener Sohn der Sonne und Dein Volk ein Sclavenheer, dann würde der freie Menſch mit einigem Schein zwiſchen Dir und dem Volke auftreten können.

Aber — verehre auch darin des Ewigen weiſe Fügung — Du herrſcheſt über **freie Menſchen.** Du biſt weder der Sohn der Sonne, noch ein Kalif des Morgenlandes, ſondern d e r M e n ſ c h, w e l c h e r über Tauſende von Menſchen herrſchen, Segen und Wohlfarth verbreiten ſoll!!!

Darf ſich doch der elendeſte Sünder dem höchſten Weſen unmittelbar nähern und ſein Herz vor ihm ausſchütten, warum ſollte ſich Dir denn nicht ein Weſen unmittelbar nahen dürfen, was mit Dir aus einem Körperſtoff geformt iſt und deſſen Herz und Kopf vielleicht den gröſſeſten Thron ſchmücken würde??

Und gäbe es irgend Angelegenheiten, wo es eines Vermittlers bedürfte, warum ſollte grade dies Amt einer Claſſe von Menſchen ausſchlieſſlich zukommen, die es grade am wenigſten mit gutem Erfolg übernehmen kann, der es gemeiniglich an der gehörigen Kenntniß der Dinge fehlt, die Dir mehr ſchmeichelt,

als

als Wahrheit sagt, besonders nur auf eigene Vortheile bedacht nimmt und jezt die öffentliche allgemeine Volksmeinung gegen sich hat??

In solchen glüklichen Ländern, wo Landstände an den Staatsangelegenheiten Theil nehmen und der Adel einen Theil der Repräsentanten ausmacht, da ruhet das Geschäft der Stellvertretung nicht auf dem Adel als solchen, sondern insofern er Landstand ist, folglich, da hier jeder Gutsbesitzer, jede städtische oder andere Gemeine ihre Repräsentanten hat, auch auf diesen, mithin auf Landständen oder dem repräsentativen System überhaupt.

In Deinem Lande Theurer, wo dieses nicht eingeführt ist — wenn ich es Dir gleich künftig empfehle *) — werden die treuen und einsichtsvollen Diener des Staats die besten Vermittler zwischen Dir und dem Volke seyn können, da sie von den Verhältnissen der Dinge und den Mitteln, sie zwekmäßig zu behandeln, weit mehr unterrichtet sind,

wie

---

*) Ich nicht. Was Landstände werden beweiset die Erfahrung. Ich kenne keine anderen würksamen Landstände oder Repräsentanten, als die allgemeine, freie, laute Stimme eines jeden, der reden will. — Preßzwang ist daher Despotism.   D. H.

wie die sich der Jagd, dem Branteweinbrennen, Kornhandel und dem Landleben ruhig widmenden Land=
junker.

Jene können Dir und dem Volk unstreitig besser die Wahrheit sagen, wie diese, und daß sie es werden, daran zweifle nicht, wenn Du sie nur gern hörst und sie überzeugt sind, daß ihrem redlichen offenen Ausspruch nicht gleich Dein Mißtrauen, Deine Ungnade oder gar die Verabschiedung selbst folgt.

Wähne um der ewigen Wahrheit willen nicht, daß durch Nichtachtung der Geburtsvorzüge auch Deine eigene Würde oder wohl gar Deine Regent=
schaft selbst untergraben werde. Dies ist ein jesuiti=
scher Einwurf, der ganz den Charakter Deines ehr=
geizigen listigen Höflings verräth. — Deine Vor=
fahren erlangten die Oberherrschaft für sich und ihre Familie durch Vertrag, also auf eine den natürlichen und positiven Gesetzen entsprechende Art. Laß mich aber auch den Fall annehmen, Gewalt und Eroberung sey der Grund dieser Oberherrschaft gewesen. Nichts würde dadurch gegen die Rechtmäßigkeit Deiner Regentschaft erwiesen, da das Volk seinen Willen des Gehorsams und der Unterwerfung nicht blos Dir, sondern schon mehreren Deiner Ahnherrn durch einen

VI. Heft.   X   frei=

freiwilligen feierlich beschwornen Vertrag — die öffentliche Huldigung — zu erkennen gegeben hat, folglich jenes vorausgesezte usurpirte Recht in ein wohlbegründetes, unwiderrufliches umgeändert worden wäre.

Wo aber findet sich ein Vertrag der Bürger oder Bauern, wodurch sie erbliche Vorzüge der Geburt des niedern Adels anerkannt, oder diesem als solchem einen Eid der Unterwürfigkeit geleistet haben?? —

Du verwendest, wie Deine Vorfahren es thaten, die Abgaben der Unterthanen, eben so die Einkünfte der Cammergüter zum besten des Staats; öffentliche Diener werden davon besoldet, Armenhäuser errichtet und unterhalten, für den öffentlichen Unterricht der Jugend gesorgt, Polizeieinrichtungen getroffen, kurz die jährlichen Einkünfte verbreiten sich, um allen Theilen der Staatsverwaltung Leben und Kraft zu geben.

Aber, frage ich Dich, zahlt der Edelmann auch etwas zu den Staatsbedürfnissen? oder macht er sich als Edelmann um diesen durch besondere Dienste verdient? Sorgt er für Wittwen und Waisen? besoldet

soldet er irgend einen der Diener im Staate? Ich erlasse Dir die Antwort!!

Und nun noch dieses, wo hat sie die Erfahrung ein Beispiel aufgestellt, daß ein Volk ohne Regenten existirt habe?

Die Zeiten der platonischen Republik waren noch nirgends realisirt und werden so lange Menschen Menschen sind, immer ein Ideal bleiben. Regent und Unterthanen werden also im gegenseitigen Verhältniß erst mit diesem Weltgebäude selbst zu seyn aufhören. Nur könnte die Frage: ob sich der Staat bey einem oder mehrern Beherrschern, bey gewählten oder erblichen Regenten besser befände, Dir einige Bedenklichkeiten verursachen und Dein Herz mit Bangigkeit für die Zukunft erfüllen. Aber laß mich über die Vorzüge der erblichen Alleinherrschaft — wenn der Staat übrigens gut organisirt ist — nicht viele Worte verlieren. Laß mich Dich nicht auf die Liebe Deines Volks zu Dir und Deinen Kindern allein verweisen, sondern wende Dein Auge hin zu dem Lande, wo militairischer Despotismus den Begriff einer freien Republik entweihet und fünf Machthaber sich in einem Jahr mehr Greuel und Treulosigkeiten

erlau-

erlauben, wie ein Jahrhundert unter der erblichen fränkischen Alleinherrschaft hervorbringen konnte! —

Dort, wo Freiheit und Gerechtigkeit zwar das Losungswort des Tages sind, wo die Einbildung und die Herzen durch Schwärmer in Flammen gesezt werden, rauchen uns blutige Opfer asiatischer Tyranney entgegen!! die Altäre der Gerechtigkeit sind umgestürzt und mit wehmuthsvollem Blik verläßt Themis den ihr geweiheten Tempel!!

Doch wende weg Deinen durch mitleidige Theilnahme getrübten Blik von diesen Scenen, die Dir und der Menschheit auf immer verborgen bleiben sollten!! — Aber heiter wie das Morgenroth am schönsten Tage des Mais werde Dein Antliz, wenn Du auf ihn siehst, den die Vorsicht ohnlängst auf den Thron rief, um der ganzen Welt den redendsten Beweis zu geben, daß Freiheit und Gleichheit im wahren Sinn des Worts, Ruhe und Friede, Cultur des Verstandes und Herzens, steigender Flor der Wissenschaften und Künste nicht in der dermaligen Republik der grossen Nation, sondern einzig und wahrhaft unter der Alleinherrschaft des edeln Menschen, des grossen Königs, Friedrich Wilhelm III. zu finden sey, dessen

Regierung keine Stürme der Revolution, so wenig wie den Felsen das wogende Meer, zu erschüttern vermögen und dessen Alleinherrschaft, wäre sein Erdenleben unendlich, eine irrdische Ewigkeit seyn würde!!

Sey demnach fest überzeugt, Liebling meiner Seele, daß Dein Volk die Vortheile der erblichen Alleinherrschaft wohl zu berechnen und den Trugschluß Deines Höflings zu enthüllen weiß; wie richtig es einsieht, daß Du die gerechtesten Ansprüche auf seine Liebe, Verehrung und Folgsamkeit hast; daß es für Dich Kräfte, Vermögen und Leben willig aufopfern wird, wenn Du Deine wichtigen Pflichten erfüllst, Gerechtigkeit übst, Liebe mit Liebe zu vergelten und dem Dir eben aufgestellten, unter den Sterblichen erhabenen Vorbilde nachzuahmen Dich bemühest!!

So nothwendig es ist, nie die Würde Deines erhabenen Postens aus den Augen zu verlieren, eben so nothwendig ist es, mit derselben die, Deinen Unterthanen so wohlthätige und gewünschte Popularität zu vereinigen.

Denke

Denke nicht, daß Dein Volk Dein freundliches Annähern, Dein offenes Zutrauen, Dein leutseliges Betragen für ein gemeines Wesen halten, Dich darum weniger verehren oder Dir Gehorsam leisten wird!! Der würdevolle, feste, in öffentlichen Angelegenheiten mit unerschütterlichem Geist ausdauernde, und der liebenswürdige theilnehmende, seinem Volke unschuldige Freuden gewährende, in dem Menschen den Menschen ehrende Regent sind ein Bild, dem ieder Unterthan Verehrung und Liebe, Dank und Vertrauen in reichem Maaße zollt! Glaube demnach nicht, daß, wenn Du einen würdigen Künstler, einen verdienstvollen Kaufmann oder sonst achtungswerthen und gesitteten Mann an Deine Tafel ziehest, dadurch Deine Würde etwas verlieren kann. Sagt Dir Dein Gefühl und volle Ueberzeugung, daß dieser oder iener Künstler oder Kaufmann, oder ein geschikter Secretair, der Dein erster Minister seyn kann und es gar in der Folge wird, Deine und des Volks Achtung besizt, in weit höherem Grade besizt, wie der vollleibige, starräugige Landiunker, oder der neu creirte nie einen Feind gesehen habende Fähndrich, oder der stark im Leibe und mager am Verstande seyende Rath, so handelst Du unrecht, wenn Du diese Gänseköpfe

seköpfe *) zu Deiner Tafel und sonstigen Feierlichkeiten ziehst, jene würdigen Männer aber davon ausschliessest, indem diese Einladungen, welche doch — und darüber ist wohl kein Streit — Ehrenbezeugungen, Beweise von Achtung und Geneigtheit von Dir seyn sollen, grade den von Dir und dem Volk öffentlich als unwürdige Menschen anerkannten Subjecten wiederfahren, Deine innere Ueberzeugung also mit Deinen Handlungen in offenbaren Contrast setzen. **)

Es giebt Höfe — und ich freue mich, daß der deinige eine Ausnahme davon macht — wo die Etiquette bis ins Lächerliche und Ungereimte getrieben

---

*) Es ist nur schlimm, daß die Gänseköpfe nicht einen Stempel haben, an dem man sie erkennt, dagegen aber bisweilen das Prädicat Excellenz oder wenigstens Wohlgebohren. D. H.

**) Es ist nichts für die Menschheit und für Fürsten erniedrigender, als die Etiquette: für die Menschheit, weil sie vorgiebt, es sey etwas größeres möglich, als Mensch zu seyn, für den Fürsten weil in allem wo er nicht Mensch seyn will, er kleiner wird, als ein Mensch. Der Glanz der Etiquette ist der Glanz des faulen Holzes im dunkeln.
D. H.

ben wird, wo z. B. die gebildetsten Weiber der ersten Staatsdiener bürgerlichen Standes, ohngeachtet sie im gemeinen Leben die Würde ihrer Männer theilen, nicht so wie diese zu der Tafel und allen Hoffesten des Landesherrn zugezogen, sondern immer davon ausgeschlossen werden, dagegen die so gar an einen neuen Edelmann verheirathete gemeinste Bürgers Tochter, der man sich im gemeinen Leben selbst schämen muß, des Fürsten Tafel schmükt und mit rasselndem Pomp in der Staatscarosse an den Hof geholt wird; oder daß bey eben gedachten Feierlichkeiten, wo der Landesherr mit seinen Staatsdienern und Unterthanen ein herzliches Fest feiern sollte, nur französische Emigranten um denselben figuriren, so daß alle, selbst die ältesten und würdigsten Diener und Männer entweder gar nicht zugelassen, oder — was bey den Cidevants zum bon ton gehört — über die Achsel angesehen werden.

Warlich diese Dinge beweisen entweder einen falschen — in ietzigen Zeiten besonders übelwirkenden Stolz oder eine Schwäche des Fürsten, sich von den Fesseln schädlicher Vorurtheile und offenbarer Mißbräuche eines gothischen Zeitalters nicht befreien zu können. Denn warum soll das an Körper

per und Geist die alte Stiftsdame oder das steife Landfräulein weit übertreffende, den allgemeinen Cirkel der Gesellschaft mit Witz und Freude belebende Weib eines Bürgerlichen grade da zurükstehen, wo diese Talente billig gelten und hervor gezogen werden sollten?? Warum den französischen Emigranten — welchen man Wohlthaten zu erzeigen nie unterlassen darf — Vorzüge mit Zurüksetzung der angesehensten, würdigsten Landes-Eingebohrnen ertheilt? Ist das gerecht? Ist es weise, so dem allgemeinen und sehr gerechten Tadel des Publikums sich blos zu stellen?

Also auch hier, mein würdiger Sohn, wirst Du meinen freundlichen Winken folgen und Deine Hofetiquette da, wo es noch nöthig ist, einer diesen Zeiten und der wahren Würdigung der Menschen consequenten Abänderung unterwerfen.

Glaube nicht, daß Du dadurch den Unterschied der Stände aufheben wirst; dieser wird bleiben, so lange der Menschen Beschäftigung und Cultur verschieden sind. Du sollst nur den Verdienstvollen in jedem Stande ehren und ein albernes Vorurtheil vernichten, das zur Schande der Menschheit und

Ver-

Vernunft mehr wie Despotismus irgend einer Art drükt!

Lege Deinem Volke nie, ohne die höchste Noth und gewissenhafte Untersuchung Lasten auf; bestrebe Dich vielmehr, die schon bestehenden nach Grundsätzen der Gerechtigkeit und Billigkeit zu prüfen, und wenn beide sie verwerfen, sie sofort abzuschaffen.

Daß öffentliche gewöhnliche und bestimmte Abgaben, eben so unter gewissen Umständen, ausserordentliche nothwendig sind, begreift sich von selbst; ein Unglük ist es aber, wenn bey der Anlage der leztern ohne gehörige Vorsicht und Untersuchung verfahren und oft auf blosses einseitiges Vorstellen eines Financiers, der sich dadurch bey seinem Landesherrn beliebt zu machen, sich und seine Familie empor zu heben sucht, auf die ersten nothwendigen Bedürfnisse des Volks erhöhete Abgaben gelegt werden, in einem Zeitraum, wo dasselbe schon durch andere ausserordentliche Lasten gedrükt, wo die neue Abgabe sowol nach dem allgemeinen als besondern Urtheile einsichtsvoller partheiloser Männer auf irrigen Voraussetzungen beruhet und die Idee von ihrer Nothwendigkeit ins Reich der Träume gehört.

gehört. —— Dahin gehören die Fälle, wo. z. B. auf Salz, Kalch, Steine, Holz oder Getraide ꝛc. erhöhete Taxen gelegt werden, in Ländern, wo diese Materialien in der That selbst überflüssig vorhanden, allein entweder nach der irrigen Fantasie und der beschränkten Einsicht des Financiers oder durch eine wirklich schlechte öconomische Verwaltung selten geworden sind. Ein kluger, wahrheitsliebender Regent sucht die leztern zu verbessern, und erst wenn vorurtheilsfreie, redliche und einsichtsvolle Männer ihm die Erhöhung des Preises rathen, solche einzuführen.

Alle Abgaben und Dienstleistungen des Volks, welche blos Folge alter Mißbräuche sind und an den Schein ehemaliger Knechtschaft nur entfernt erinnern können, sind ein allgemeiner Stein des Anstosses und in gegenwärtigen Zeiten ein würdiger Gegenstand Landesherrlicher Reform.

Selbst in Deinem Lande, Geliebter, fehlt es an solchen Mißbräuchen nicht. Dahin gehört das Leibeigenthum und die mit ihm verbundene Curmede, die unbestimmten oder ungemessenen Dienste, die der Landmann dem Guthsherrn leisten muß. Laß Dich durch ehrliche Rechtskenner frey belehren, daß diese Verbindlichkeiten aus irrigen Gründen hergeleitet werden,

werden, und als Mensch fühle es selbst, wie schon blos das Wort Leibeigenschaft die Menschheit beleidigt.

Die Leibeignen sind Menschen, in der That eben so frey gebohren wie ieder Deiner Unterthanen und nur durch Barbarey grauer Zeiten mit solchen Verpflichtungen belegt, die vor dem 10ten und 11ten Jahrhundert in Deutschland ganz unbekannt waren, durch die Kriege mit den sklavischen Völkern, folglich aus dem übel begründeten Rechte des Stärkern ihr Daseyn erhalten haben.

Dies unglükliche Verhältniß da wo es noch herrscht aufzuheben und es in Eigenbehörigkeit oder ein anderes mildes Verhältniß umzuschaffen, das ist eines weisen Regenten würdig.

Glaube, geliebter Sohn, eine solche wohlthätige Einrichtung wird Deine Tugenden verschönern, laß Dich durch nichts und besonders nicht durch den Gedanken davon zurükhalten: Dein Volk werde Deine Einsicht, Deine Vaterliebe für Schwäche und Furcht erklären; in Deinem Lande, wo bey dem grössern Theil des Volks Liebe für Ordnung und Ruhe herrscht, wo beinahe ieder die Schrecken und Greuel des Krieges lebhaft und hart empfunden hat — kann die Abschafschaffung offenbarer Mißbräuche nicht als unzeitiges Nachgeben, als Folge von Schwäche, vielmehr wird sie für ein weises der Gerechtigkeit und dem Geist des jetzigen Zeitalters angemessenes Betragen angesehen werden. Eben dadurch wirst Du Unruhen, Aufständen, kurz Allem, was einer Revolution ähnlich sieht, vorbeugen und den schreklichen Zeitpunkt auf immer entfernen, wo das Volk vom unerträglichen Joch niedergebeugt, seine Kraft fühlend, Dir das mit Gewalt abzwingt, was Du freiwillig ihm hättest geben sollen.

Laß es einen Hauptgrundsaz der Finanzverwaltung seyn, nie Deine Einnahme zum Nachtheil der gemeinen Wohlfarth zu vermehren.

Es giebt noch Länder, wo die Cammern der Regenten blos darauf sinnen, wie sie die Einnahme derselben erhöhen wollen und sich kindisch freuen, dem Landesherrn ein sogenanntes plus verschaft zu haben, unbekümmert, ob dadurch die Freiheit der Unterthanen, ohnleugbare Menschenrechte gekränkt, ob einzelne Classen des Volks, oder dieses im Ganzen darunter leidet, ob der moralische Charakter desselben oder sein physischer Zustand dadurch verschlimmert wird.

Solche

Solche Financiers sind nichts, wie gemeine Verwalter von Landgütern, es sind christliche Juden, die ohne Ehrlichkeit und Ueberlegung in dem gefüllten Beutel des Regenten das Wohl des Landes setzen, da sie doch wohl beherzigen sollten, daß jedes Land, wo der Regent gefüllte Säcke hat, das Volk aber mit Armuth kämpft, ein höchst unglükliches Land ist, daß der Hof selbst den Namen eines glänzenden Elends verdient, daß da keine Liebe, Zutrauen und Ergebenheit gegen den Regenten herrschen kann, daß dadurch sehr leicht dem Volke die Sehnsucht nach einer andern Regierungsform oder einem gerechtern und mildern Beherrscher, ja eine falsche Idee von Freiheit und Gleichheit eingeflößt und es seinen Regenten, bey der ersten günstigen Gelegenheit einer Unterstüzung von aussen her, zu verrathen keinen Anstand nehmen wird.

O es ist schmerzhaft, daß es noch Regenten giebt, die diese Wahrheiten nicht einsehn, noch jezt nicht begreifen wollen, da die Stimme des Volks sie ihnen von allen Seiten her zuruft und die — kaum sollte man die Möglichkeit denken — denjenigen ihrer Unterthanen für einen Revolutionsprediger und Lügner halten,

halten, der sie auf solche Wahrheiten aufmerksam zu machen sucht! —

Nein, Geliebter, laß Dich nie von unkundigen und unredlichen Cammeralisten zu so falschen Regentens und Unterthanenglük verderbenden Maximen hinreissen, sondern Dein Wohl, Dein Reichthum sey von dem Glük und Wohlstande Deiner Unterthanen unzertrennlich!!

Suche durch gute Schuleinrichtungen und Auswahl würdiger Volkslehrer die moralische Bildung Deiner Unterthanen möglichst zu befördern. Trenne das Amt eines Schullehrers ganz von dem eines Predigers; *) ienes müsse nicht mit diesem vereiniget oder von einem zum andern fortgeschritten werden. Beide Beschäftigungen sind zu wichtig und weit umfassend, als daß sie von einem Subiect auf befriedigende und zwekmäßige Weise verrichtet werden könnten. Verbinde mit iedem Amte eine hinreichende den Zeiten und

---

*) Dagegen möchten sehr wichtige Gründe seyn, um zu beweisen, daß ie mehr der Prediger Lehrer wird, desto größer der Nutzen ist, den er stiftet.

D. H.

und Bedürfnissen angemessene Besoldung so daß weder der Schul, noch Volkslehrer zu dem gerechten oft heissen Wunsch für Verbesserung seiner Glükumstände Veranlassung finde, und der für Tugend und Volk oft äusserst nachtheilige Verlust eines vortreflichen Lehrers vermieden werde.

Dieser ist in einem Lande, wo die Geisteskräfte aufgeklärt, das Herz der Menschen für Ausübung moralischer Pflichten erwärmt werden soll, das erste Bedürfniß. Die ersten und besten Diener des Staats werden in den Schulen gebildet, die mindere oder mehrere moralische Stimmung eines Theils des Volks hängt fast lediglich von der Geistes- und Herzens-Vollkommenheit des Predigers ab.

Seze beide in so glükliche politische Verhältnisse, daß Nahrungs-Sorgen ihnen ganz fremd sind, daß sie sich ganz ihrem erhabenen Beruf widmen und ihre Lebenszeit bey der Schule oder der Gemeine, deren Zutrauen sie besitzen, zubringen können. Aber hast Du, Geliebter, hier Deine Pflicht erfüllt; so beurtheile das Betragen der Schul- und Volkslehrer mit grösserer Strenge, wie den Lebenswandel irgend eines Deiner Unterthanen. Gerade iezt Männer sollen der Jugend und dem Volk ein moralisches Vorbild

bild seyn. Eben deshalb ist ihr regelloses Betragen vorzüglich strafbar. Und wie kann das Volk an Tugend und Religion glauben, wenn es nicht Menschen giebt, die solche durch ihre Handlungen verkünden, und liebenswürdig machen?? Auch den Mängeln der Justizverfassung möglichst abzuhelfen sey Deine angelegentliche Bemühung.

Richte Deine ganze Aufmerksamkeit hier auf zwey Gegenstände, auf die Gesetze selbst und auf deren Verwaltung oder den Rechtsgang.

In den mehrsten deutschen Ländern — die glücklichen Preussischen Staaten ausgenommen — herrschen noch immer fremde Rechte in einer todten, dem gemeinen Mann — sey er auch sonst noch so aufgeklärt — ganz fremden Sprache. Viele dieser Gesetze sind auf deutsche Völker und Sitten ganz unanwendbar, viele derselben liegen mit sich selbst im Widerspruch, sind dunkel, und ein Heer von juristischen Auslegern machen ihre Anwendung noch zweifelhafter, ja in vielen Fällen beruhet die Entscheidung der wichtigsten Sache auf einem schwankenden Gerichtsgebrauch, auf der minder oder mehr billigen Meynung und Einsicht des Urtheilsverfassers.

Dazu kommt dann der äusserst langsame oft ganz verkehrte mit überflüssigen Weitläuftigkeiten und zweklosen Formalitäten durchflochtene Rechtsgang, so daß selbst der biedere für Recht und Wahrheit und Menschenwohl empfängliche Rechtsgelehrte in das gerechteste Erstaunen geräth, wenn er die an sich einfache Sache sofern vom erwünschten Ziel entfernt erblikt, daß sein ehrliches Herz leidet, wenn er die gerechte Sache seiner Parthey listigen Chikanen aufgeopfert sieht und eben diese Parthey durch Weitläuftigkeiten und schwere Kosten zur Verzweiflung gebracht wird!

Eben so drückend wie Erbadel und falsche Finanzverwaltung ist eine schlechte Justizverfassung in einem Lande, sey es auch von der Natur mit andern Gaben und Vorzügen noch so sehr beglükt.

Was ist daher heilsamer und nothwendiger, und was kann einen Regenten in jetzigen Zeiten dieses Namens würdiger machen, als eine kraftvolle weise Verbesserung dieses politischen Unwesens, welches den Unterthan mit Mistrauen gegen seinen Regenten, mit Unwillen und Verachtung gegen seine Obrigkeit erfüllt, ja gerade die nächste Ursache zur Selbsthülfe ist. — Und mit wie weniger Mühe kann dieser

dieser grosse Zwek erreicht werden, wenn man nur will.

Kein Land findet sich im weiten deutschen Reich, wo nicht mehrere, sowol kenntniß= und erfahrungs= reiche, edel= und billigdenkende Reichsgelehrte leben, und so ist es auch in dem Deinigen der Fall. Gieb diesen das Preussische Gesezbuch — dies aus= gezeichnete Werk menschlicher Weisheit — in die Hände, um solches mit der gesezlichen Verfassung Deines Landes zu vergleichen und zu bestimmen, in wiefern jenes entweder ganz oder doch zum Theil für dieses zur Norm aufgenommen werden könne.

Und eben so mögen jene Männer mit dem Pro= zeßgange verfahren. Ohnleugbar dient auch hier der preussische zum Muster, und da jeder Landesherr in seinem Lande Geseze zu machen befugt ist — so hängt der glükliche Erfolg dieses Unternehmens nur von Deinem guten festen Willen und der treuen weisen Arbeit einiger Jahre ab.

Lege dann das gedachte preussische Gesezbuch nebst der Proceßform entweder ganz oder für Dein Land besonders modificirt, zum Grunde, und laß schon die lernende Jugend damit in den Schulen bekannt werden, damit sie deutsche, bestimmte, klare Geseze zu verstehen, zu befolgen und Andere bereinst genau darnach zu richten im Stande seyn möge.

Laß Dich, o einzig Geliebter, durch nichts zurückhalten, diese Wohlthat, diesen Seegen Deinem Volke angedeihen zu lassen! Ziehe hier nicht den Schmeichler, nicht den ränkevollen, an den alten unnatürlichen Rechtsgang gewöhnten und immer nur über unanwendbare Spizfindigkeiten fremder veralteter Gesetze brütenden Rechtsgelehrten, sondern treue und einsichtsvolle Männer mit richtiger Philosophie im Kopfe und edlem Sinn in der Brust, ja — laß nichts nicht vergessen — Deine eigene Empfindung und Einsicht zu Rathe, welche ja von diesem Gebrechen in der Staatsmaschine so viele Erfahrungen gesammelt hat und täglich sammelt.

Kein Gebäude taugt etwas, wenn es nicht gegen die Wuth des Sturms, oder die Anfälle der Räuber sichert, und es ist nicht genug, blos bey heiterm Sonnenlicht und in ruhigen Tagen darin wohnen zu können!

Es bedarf ja wohl keiner Frage, daß ich unter diesem Bilde die höchst unsichere Landesverfassung aller

aller deutschen Fürsten — die von Oestreich und Preussen ausgenommen — verstehe.

Sie, die Reichsverfassung, — in Friedenszeiten ein schönes, Ruhe und Wohlstand gewährendes, dem Despotismus der minder grossen Beherrscher gegen ihre Unterthanen trotzendes Gebäude — stürzt in Kriegeszeiten in Trümmern aufgelößt auf alles, was Glük, Wohlstand und Ruhe genannt werden kann, unaufhaltsam herab, vernichtet nicht nur dies Alles, sondern lähmt sogar alle von der Natur dem deutschen Volke verliehenen Kräfte zum thätigen siegreichen Widerstande, entzweiet die Gemüther und das Interesse der einzelnen Völker und verbannt den Namen deutscher Tapferkeit aus den Jahrbüchern neuerer Geschichte!

O der Schande, daß das Wort: ein Deutscher zugleich den Ohnmächtigen bezeichnet! Weine seliger Geist Herrmanns, *) daß Deiner tapfern Heere

---

*) Es ist wohl Unrecht Herrmann einen Deutschen zu nennen. Die Idee eines Deutschen verdanken wir dem Roman den Tacitus in Rom schrieb. Deutschland hatte zu Herrmanns Zeiten eben so viele verschiedene Völkerschaften als iezt, und keinen Reichsbund. Als die Franken unter den Carolingern Deutschland eroberten oder unterjochten, machte der Rhein die Gränze.   D. H.

Heere spätere Nachkommen sich in gallische Fesseln schmieden lassen, der Du und Dein Heer die deutsche Nation sogar gegen römische Ketten sichertest!

O es ist eine Schande! Es empört selbst des abgeschiedenen in den Regionen des ewigen Friedens weilenden, über irrdische Ehre und Würde weit erhabener und richtiger denkenden Geistes zarte Empfindung, von diesem entehrenden Schauspiel der Sterblichen unterrichtet zu werden, und das lezte Jahr der deutschen Freiheit heran nahen zu sehen.

Ja, Geliebter, thörigt und aberwitzig war es, wenn einst gegen den Türken als eingebildeten Erbfeind Gebete zum Himmel gesandt und Vertheidigungsanstalten getroffen wurden. Aber tausendmal thörigter und aberwitziger ist es, sich iezt gegen den wahren Erbfeind des deutschen Reichs, gegen die Neufranken nicht auf alle ersinnliche Art in Vertheidigung zu setzen, da diese Nation, mit demselben Recht wie Griechenlands Alexander, sich groß nennend, es absichtlich darauf anlegt, Deutschlands Fürsten die drückendsten Gesetze vorzuschreiben, sie als ewige Kinder zu beherrschen, ihre Regierungen aufzulösen, ihre Länder mit enormen Schulden zu belasten und allem Handel und öffentlichen

chen Verkehr der deutschen Nation die härtesten Bedingungen vorzuschreiben. *)

Was ist hier einziges Mittel der Rettung, der Sicherheit für die Zukunft? und — o daß ich's nicht zurükhalten kann — der dereinstigen geographischen Wiederergänzung des deutschen Reichs?

Einmal: treue feste und weise Befolgung der hier vorhin gegebenen Winke und Rathschläge, also eine Abschaffung aller bisher angezeigten und sonst irgendwo vorhandenen ähnlichen Mißbräuche, kurz eine politische Reform von Seiten der Fürsten Deutschlands, so daß wahre National-Freiheit und Glükseligkeit in allen einzelnen Ländern in der That zu finden sind, wärend die fränkische Republik diese Wohlthaten nur dem Namen nach kennt. Dies ist der erste Schritt. Ist er geschehen, oder nur schon der Anfang damit gemacht, so daß Gemeingeist und Liebe der Unterthanen, gegen ihre Regenten allgemein zu herrschen beginnen, dann ist eine totale Veränderung des Wehrstandes nothwendig.

Wie

*) Eine fernerweitige Widersetzung würde das Uebel nur noch schlimmer machen. Vergesse man doch nicht, daß Deutschland, als Deutschland gar nichts und unter allen am wenigsten eine Macht ist. D. H.

Wie wenig eine deutsche Reichsarmee, nach der dermaligen Verfassung organisirt, gegen eine feindliche Macht auszurichten vermag, das beweißt nicht blos der siebenjährige, sondern der kaum mit den Franken beendigte durch Greuelthaten und Blutvergiessung unvergeßliche Krieg.

Stellung einzelner Kreis-Contingente, Vertretung derselben durch Geldsummen, Beybehaltung der Römermonathe und Reichsarmaturen, Verschiedenheit der einzelnen Truppenkorps und der Befehlshaber, das alles sind Gaukelspiele, die selbst ein minder furchtbarer Feind verspottet. Hier muß eine gänzliche Veränderung Statt finden, oder das Wohl des deutschen Reichs hört auf zu seyn.

Der Wehrstand Deutschlands muß in zwei Theile, nemlich in den des südlichen und den des nördlichen Deutschlands getheilt, jener der obern Leitung des Kaisers, dieser aber des Königs von Preussen überlassen werden. *)

Erstes Grundgesez eines jeden einzelnen Reichsstandes muß es seyn, daß alle Unterthanen ohne

---

*) Da mögte man, sit venia verbis, den Bok zum Gärtner machen. D. H.

ohne Ausnahme der Person von einem gewissen für Kriegesdienste geschikten Alter Soldaten seyn, in gewisse Classen oder Requisitionen — ganz der fränkischen Einrichtung gemäs — eingetheilt und in gewissen Perioden des Jahrs in den Waffen geübt werden müssen. *)

Um die Art der Waffenübung selbst, in den einzelnen Ländern für eine demnächst zu formirende furchtbare Armee zu egalisieren, welches ohnstreitig ein wesentliches Erforderniß ist, würden die militärischen Regeln und Uebungen von den beyden Oberdirectoren dem Kaiser und Könige von Preussen in den südlichen und nördlichen Districten vorzuschreiben und einzuführen seyn, welches leztere schon allein durch erfahrne Ober- und Unterofficiere — die wegen ihres Alters von wirklichen Kriegesdiensten befreiet sind — sehr leicht geschehen könnte, so daß bey entstehendem Feldzug nur wenige Wochen erfordert würden, um durch gemeinschaftliche Uebung der einzelnen Corps iedes Landes ein auf gleichen Fuß organisirtes und manövrierendes Heer zu bilden.

Aller

*) Nach Art der französischen Quadrillen? Minerva Jan. 1798. S. 534.

Aller dermalen bestehende Unterschied in der Kleidung der Truppen einzelner Reichsstände fiele gänzlich weg, *) die Besoldung geschähe überall gleichmässig, die Wahl der Officiere, Eintheilung der Truppen in die des Fußvolks und der Reiterey, so auch der Regimenter, Bestimmung der jedesmal erforderlichen ausmarschirenden Armee, ferner die Art der Armatur hinge einzig vom Oberdirectorio ab, und jeder einzelne Reichsstand hätte demselben in Friedenszeiten, sowol jährlich die Stärke der vorhandenen Nationalarmee anzuzeigen, wie auch nach geendigtem Kriege die dadurch verursachten Kosten zu erstatten, die dann durch welse Maasregeln heraus zu bringen wären.

Dies sind, Geliebter, nur blos Grundzüge eines Plans, der aber, wenn er von einsichtsvollen Männern der Kriegskunst geprüft, verbessert und eingeführt wird, in Deutschland Heere von Millionen aufstellen, alle Uneinigkeit, Schadenfreude, Neid und den Nationalhaß unter den Truppen entfernen, die

---

*) Wie wäre es, wenn überhaupt die Soldaten sich etwas bürgerlicher kleideten und bürgerlicher dächten? Dann würde der Bürger wiederum eher als jezt Soldat werden.

D. H.

die Ehre der deutschen Nation retten; sie gegen Raub und Plünderung fanatischer Republicaner sichern, Freiheit, Eigenthum und Leben braver deutscher Völker und die Thronen ihrer Beherrscher beschützen wird. *)

Ihr Fürsten Deutschlands und Du Geliebter, deren Länder lezt der fränkischen Republic so nahe angränzen, Ihr durch schrekliche Kriegsverheerungen gebeugte Beherrscher, die ihr durch eure kleine Corps und Haufen stehender Soldaten weder eure eigene Rechte, noch eure Unterthanen gegen das namenlose Elend des Krieges und die räuberischen Hände eines arroganten, eigennützigen, treulosen Volkes zu sichern vermöget, horcht aufmerksam auf meine warnende rathende Stimme!!!

Deutschlands Kaiser und Preussens König haben wenig von den fränkischen Republicanern zu befürchten; diese suchen iene von sich möglichst zu entfernen, und beyde Monarchen werden durch ihre furchtbaren wohl organisirten Armeen beschüzt; aber Ihr und
Eure

*) Alles das würde geschehen seyn, wenn an keinen Reichs-krieg gedacht wäre. Also anstatt einer Reichsarmee stimme ich für Reichsfrieden.   D. H.

Eure Länder sind es, die dem wüthenden raubgierigen Feinde immer offen stehen!! Keine Festung schüzt Euch vor dem Ueberfall!! Kaum daß Ihr es in gegenwärtiger Verfassung wagen dürfet, solche Anlagen zu eurer Sicherheit auf eigenem Grund und Boden zu machen!! Wie Kinderpuppen werdet Ihr vom listigen Gallier *) behandelt! er spottet Eurer Ohnmacht und saugt Euch aus bis auf den lezten Blutstropfen!!! Und gnade Gott euren Ländern, wenn Ihr in der dermaligen unglüklichen Militairverfassung Euch dem Despotismus der grossen Nation widersetzen wolltet, oder zwischen ihr und Oestreichs oder Preussens Herrschern ein Krieg entstehen sollte!! Dann wären grade Eure Länder diejenigen, wo Ströme der Erschlagenen die Erde tränken, Gesetze und Ordnung und Alles was Seegen genannt werden mag, umgestürzt und verbannt seyn würden!**) Eure durch der Franken Greuelthaten verheerten Länder würden dann für immer entkräftet seyn, und das Opfer eines Mächtigern werden!!

Noch

*) Von ihm zuerst? D. H.
**) Warum das? D. H.

Noch einmal laßt mich nicht vergeblich sprechen! Andere Zeiten erfordern andere Einrichtungen!! *)

Und Du, Geliebter — heiß geliebter Sohn! Ermanne Dich und gehe Deinen Brüdern — Deutschlands Fürsten — in Ausübung meiner gutgemeinten Vorschläge voran!! Laß mich Dein Land zuerst als den Schauplaz erblicken, wo der Grund zu allen Tugenden, zu allem Guten, Edlen, Erhabenen, Weisen, Gerechten und Kraftvollen gelegt wird, dessen Reife und Vollkommenheit nur der Unsterblichkeit vorbehalten ist.

Sey ein edler Mensch ein würdiger Statthalter Gottes!!!

*) Es hat wohl immer geheißen: Was Recht ist, muß Recht bleiben. Man hat es aber nur selten beobachtet.
D. H.

XXII.

XXII.

Prüfung der Schrift, Preussens Neutralitäts-System, dessen Ursachen und wahrscheinliche Folgen. Discite — exemplis moniti. Deutschland 1799.

Justice des humains! o justice céleste!
 Saisis ton glaive étincellant!
Périssent ceux, qui sont dans leur rage funeste
 Du Dieu de paix, un Dieu de sang.

Jezt, da alles nach Frieden seufzet, da nur eine laute Stimme deshalb erschallet, da die unseeligen Folgen des Krieges für Deutschland und die Menschheit iedem vor Augen liegen, da man sich nicht mehr verhehlen kann, daß innere Convulsionen, bey der allgemeinen Gährung, alle Staaten in die größte Anarchie stürzen werden, welche, wie Neapel, an einem neuen Kriege Antheil nehmen wollen; jezt sollte man glauben, daß, bey dem Anblicke dieses Elends und bey der Ahndung dieser Gefahr, kein Schriftsteller mehr es sich getrauen würde, ohne die genauesten

sten diplomatischen Kenntnisse der Verhältnisse der Höfe, der Charaktere der Minister und Regenten, der Denkungsart und Politik der Cabinetter; ohne weise Abwägung der Leitung und Ausführung politischer Entwürfe, ohne allseitige Erwägung der möglichen Folgen; kurz, ohne den tiefsten Scharfblik des Staatsmanns, ohne die größte Besonnenheit der Staatsklugheit und ohne die erfahrungsvolleste Menschenkenntniß, zu einem so ungewissen und gefährlichen Unternehmen zu rathen, als zu allen Zeiten, aber besonders in den gegenwärtigen, ein Krieg ist. Und dennoch stehet hier ein Herostrat auf, und wirft die brennende Fackel der Zwietracht in den Tempel des Friedens, predigt mit dem Fanatism eines Peters Ermira und Bernhards einen neuen Kreuzzug gegen die Franken, und sucht, anstatt das Heil der Menschheit, die Beruhigung der Gemüther unter gesezlichen Regierungen zu befördern, die bitterste und unsinnigste Partheiwuth zu erregen. Es ist zu bedauern, daß unsere Zeiten noch so verblendet sind, daß Mordbrenner der Art es wagen mögen, so laut zu werden, und sich für Apostel der guten Ordnung auszugeben, sie, deren Schriften, wenn sie Eindruk machen würden, nur dazu dienen könnten, den

Bruch,

Bruch, den wir zu heilen suchen müssen, unheilbar zu machen.

Beschützer wohlregierter Staaten, edle Staatsmänner und wahre Menschenfreunde müssen den Irrenden bedauern, der seinen Grimm oder seine Leidenschaft für einen Rath ausgiebt, den er Fürsten ertheilen will, um sie und ihre Völker in den Abgrund des Verderbens zu stürzen.

Es ist niederschlagend, die Abwege des Verstandes und des Herzens zu sehen, zu denen Partheiwuth und vernunftlose Hitze die Menschen verleitet, die ihre Besonnenheit verliehren.

Jede Aeusserung für Frieden, sagt der Verfasser, ist Hochverrath, wann es zum Kriege gekommen ist. Ich will es zugeben, ob es sich gleich bezweifeln läßt, aber ist es denn weniger Hochverrath zum Kriege zu rathen, wann Frieden herrscht? Kann ienes bey entstandenem Kriege durch Herabstimmung der Gemüther Unzufriedenheit verbreiten, so führt dieses ruhige Staaten noch offenbarer zu innerer Gährung durch Erhitzung der Gemüther. So lange unser Vaterland und ausser ihm die weisesten Regierungen Deutschlands das Friedens-System annehmen, können wir nicht vaterländischer handeln, als dadurch, daß wir uns

über

über ihre Weisheit freuen. Sollten sie dereinst so unglüklich werden, diese Weisheit nicht mehr haltbar zu finden, dann würde jeder gute Unterthan, wenn er gleich dieses Schiksal beweinet, sich ihm jedoch desto folgsamer unterwerfen, je mehr er immer zu einer strengen Gesezlichkeit, oder zu einer gerechten und ruhigen Regierung im Schooße des Friedens gerathen und also blos Gesezlichkeit gewollt hat.

Aber wenn auch der gute und leidende Unterthan, ungeachtet seines Schmerzens, es für Pflicht hält, nicht zu murren, wie kann dennoch der Verfasser es für möglich halten, das, was Licinius Crassus im Jahre Roms 681 anrieth, mit jetziger französischer Preßzwangs-Sitte in Deutschland durchzusetzen? oder wie kann er hier bewürken, daß keine Stimme sich gegen einen allgemein gehaßten Krieg erhebe? Ist der Widerwillen so groß, daß die Stimme des Friedens der glüklichen Fortsetzung des Krieges hinderlich werden kann; ist in einem so zusammengesezten Staate, als Deutschland, dessen französische Provinzen wenigstens Freiheit haben, laut zu werden, das Reden und Schreiben gegen den Krieg nicht zu verhindern, wie kann man dann auf den Fortgang eines Krieges rechnen, der ganz auf einer Stimmung

VI. Heft.   Z   beruhen

beruhen soll, die so leicht ungestimmt werden kann, oder die vielmehr schon ganz gegen den Krieg gerichtet ist?

Dieses führt uns zu der unmöglichen Voraussetzung, worauf der Verfasser seine Behauptungen begründet. Er stützet den Erfolg, den er erwartet, lediglich auf das Einverständniß und die Einstimmung aller Gemüther zu einem Zwecke, und verlangt diese Einigkeit nicht blos von den Potentaten, die sich verbinden sollen, sondern auch von den Unterthanen, oder Armeen, denen die Ausführung obliegt.

Wenn wir glauben, auf die Tugend der Eintracht rechnen zu können, so sollten wir sie nicht in einem Bunde zum Kriege und zur Verheerung, sondern zur Ruhe und zum Frieden suchen. Haben wir Mühe, sie hier zu finden, wo ihre Stimme so sanft einladend und so beseeligend ist, so dürfen wir sie gewiß um so weniger da erwarten, wo alles Anarchie, Auflösung, Zwietracht, Leidenschaft, Unmenschlichkeit, und Unsittlichkeit ist. Ach! die verirren sich von dem Pfade der Tugenden, die keinen Gebrauch zum Guten von ihnen machen, und doch in der Ausführung des Bösen sich auf sie verlassen zu können glauben.

Die Abneigung der Völker gegen den Krieg ist jetzt bekanntlich so allgemein, daß die Heere, die nicht, wie

wie die Franzosen, aus eigener Leidenschaft, sie sey, welche sie wolle, sondern commandirt ins Feld rücken, zuerst auf ihre Führer fluchen, und wie die Preussen bey Collin, sagen werden, als man sie zum nochmaligen Angriffe treiben wollte: Heute ist es genug für zwey Groschen. Die Unterthanen, welche revolutionaire Gesinnungen haben, werden gewiß nicht durch die Last oder den Druk des Krieges zur Anhänglichkeit an ihre Verfassung gestimmt werden. Um Widerwillen gegen den Krieg zu erregen, bedarf es nicht mehr eines Aufrufs der Schriftsteller zum Frieden. Etenim, sagt Cicero, *) ut circumspiciamus omnia, quae populo grata atque iucunda sunt, nihil tam populare quam pacem, quam concordiam, quam otium reperiemus.

Wenn wir glauben, auf den Geist der Zeiten Acht haben zu müssen, so können wir uns nicht verhehlen, daß so gehaßt, und ich möchte sagen — verachtet auch die Franzosen zu unsern Zeiten sind, die Meisten im Volke sich dennoch über ihr Waffenglük freuen und ihre Siege in Italien gerne sehen. Dieses kommt daher, weil die Völker nicht glauben, daß die Regierungen

*) Orat. XV. c. 8. XVI. c. 4. 18.

rungen um ihrenthalben kriegen, und weil ihnen daher alles erwünscht ist, was sie vom Kriege abschrecken kann. Eben das Gefühl, welches Haß und Verachtung gegen die Franzosen einflößt, erwekt die lebhafte Abneigung gegen alle diejenigen, die sich in den Krieg einlassen. Es ist der natürliche Abscheu für Gewaltsamkeiten und Despotism der Mächtigen. Es ist das natürliche Gefühl, daß Tugend und Gerechtigkeit die einzigen Zügel in den Händen der Regierungen seyn müssen. Daß deutsche Fürsten, die in Ruhe leben können, sich um Französische oder Italiänische oder selbst ferne deutsche Angelegenheiten bekümmern, und ich weiß nicht welches Phantom der Meinungen mit Canonen und Bajonetten bekämpfen sollen, leuchtet dem gesunden Menschenverstande nicht ein.

Sind diese Bemerkungen wahr, weshalb jeder Wahrnehmungen anstellen kann, so ergiebt es sich leicht, ob ein Krieg gegen die Franzosen zu unsern Zeiten glüklich geendigt werden könne, oder in der Voraussetzung der Einstimmung der Völker angefangen werden dürfe?

Und dennoch sollten wohl gar die Völker in Masse aufstehen? Die Vorsehung bewahre uns für dieses Unglük! Ihr reichen Landbesitzer erwartet dann zuerst, daß

daß man eure Schlösser ausplündere. Euer, ihr höhern Diener des Staats, harret die erste Ermordung! Zertrümmert nicht der unvernünftige Pöbel bey Aufläufen zuerst die Korn-Magazine, die ihn ernähren, die Laden der Becker, die ihm Brod verkaufen, die Mühle, ohne die er nicht leben kann?

Eine ernste Vereinigung der Cabinetter zum Kriege ist eben so chimärisch, als eine Einigkeit dafür im Volksgeiste. Es ist keinesweges politisch einzusehen, daß eine Verbindung Oesterreichs und Preussens nöthig sey, um die Selbstständigkeit dieser Mächte zu sichern; es ist vielmehr leicht darzuthun, daß sie durch eine friedliche Regierung nichts verliehren können. Wäre aber für sie kein anderes Rettungsmittel, als eine genaue Vereinigung übrig, so würden sie zu bedauern seyn. Einigkeit, (S. 5.) feste und unverbrüchliche Tractaten, (S. 23.) und treue Vereinigung (S. 29.) sind in der Politik durchaus nicht denkbar. Die unglückliche Cabinetspolitik (S. 10.) *) wird immer obwalten. So ist es von jeher gewesen und so wird es immer gehen. So wenig als die Griechen unter

*) Ich habe des Verfassers Ausdrücke beibehalten, ob ich gleich die Sache ganz anders ansehe, und es für die Pflicht eines jeden Staats halte, nur für sich zu sorgen.

Demosthenes, werden sich die Deutschen unter ihren Herostraten zum Kampfe vereinigen (S. 47.) Auch die alten Deutschen thaten es nicht, wenn gleich der Verfasser es behauptet; denn schon zu der Römer Zeiten waren einige deutsche Völker für, andere gegen diese Feinde des sogenannten deutschen Vaterlandes.

Unbegreiflich ist es daher, wie der Verfasser die Schriftsteller tadeln — (tadeln heißt bey ihm das Anathema aussprechen) — kann, die unaufhörlich sagten, keine Macht müsse sich in die französische Händel mischen; unbegreiflich ist es, wie er das Motto: Discite — exemplis moniti, seiner Schrift hat vorsetzen können; unbegreiflich, wie er sagen durfte, (S. 46.) daß noch alles eingetroffen sey während dieses Krieges, was verständige Männer deswegen voraussagten. Wenn die Männer, welche voraussagten, was der Krieg bewürkt hat, dazu haben rathen können; so waren sie gewiß keine verständige Männer. Unbegreiflich ist daher auch das von dem Verfasser angenommene, und, wie er sagt, „vielleicht noch einzig „mögliche Rettungsmittel," welches er (S. 37.) „nächst der treuen Vereinigung aller bedrohten „Staaten einzig und allein in die ernstlichste Bereit: „schaft zu dem schwersten und nachdrüklichsten aller
„Kriege,

„Kriege," sezt. Dieses Mittel hält er für so kräftig, daß er meint, wahrscheinlich komme es gar nicht zum Kriege, wenn man in Paris nur Ernst sieht. (S. 23.)

Ich gestehe, daß ich nicht weiß, welche deutsche Staaten bedrohet oder zum Kriege, als einer Rettung genöthigt werden, und von „dem schwersten „und nachdrüklichsten aller Kriege" erwarte ich so wenig, daß ich nicht einmahl einer Verbindung „zu einer ernstlichen Bereitschaft" traue, und daher nicht vermuthe, daß solche die nur zu leicht feuerfangenden Pariser, die schon einmal eine Mine haben gegen die Minister springen gesehen, erschrecken würde. *)

Es wird dagegen jedem ruhig urtheilenden Politiker einleuchten, daß, so lange Preussen durch kluge Oekonomie für seine Finanzen sorgt, durch weise Regierung

---

*) Eine Kriegsdemonstration ist eine äusserst gefährliche politische Maasregel, die gemeiniglich für eine Kriegserklärung genommen wird, und den Bedrohten veranlaßt, das Prävenire spielen zu wollen. Der Einmarsch der Russen in Deutschland beweiset es. Grosse Zurüstungen und Alianzen führen auch zu solchen Verwickelungen, daß es schwer wird, ruhig zurükzutreten, und aus Schein nicht Ernst zu machen.

gierung sich allgemeine Liebe und Achtung erwirbt, und mit einem Heere von 200,000 gut bezahlten Kriegern seine Grenzen sichert, es weder einen äussern feindlichen Angriff, noch innere Gährungen zu befürchten hat; daß, so lange Preussen gegen beides sicher, mithin so geachtet und gefürchtet ist, als lezt, wir im Norden eben so wenig etwas zu besorgen haben, und daß, so lange wir in dieser völlig sichern Lage sind, es, um mit dem Verfasser zu reden, ein Hochverrath seyn würde, dies Glük stören zu wollen, und sich um uns ganz unbeikommende Barbareien und Greuel zu bekümmern. Diese trokne politische Ansicht muß jedem unbefangenen Menschen und Vaterlandsfreunde einleuchten, und bedarf nicht des Grimms oder des Eifers der Leidenschaft, womit der Verfasser seine Meinungen behaupten zu müssen glaubt.

Wenn in den Staaten selbst, unter einer festen, besonnenen und gerechten Regierung, nur dahin gesehen wird, daß kein innerer Brennstof sich verbreite, den nie das Volk, sondern den einzelne Friedenstörer in Bewegung setzen, und der immer in Fanatism, Stolz, oder Habsucht seinen Grund hat, so haben wir würklich von den Franzosen und den französischen Grundsätzen nichts zu besorgen. Wie auch ohne französisches

zöſiſches Zuthun durch Fanatism, Stolz und Habſucht innere Unzufriedenheit entſteht, ſehen wir in Wirtemberg, oder in dem durch Pfafferey und Blindheit ehemals gedrüktem Baiern, *) und dies werden wir überall ſehen, wo eine ſolche Leidenſchaft, als unſern Verfaſſer beſeelt, Gehör findet und den Rath der Weiſen verdrängt. Sollten indeſſen vernünftige Männer die Vorzüglichkeit des Syſtems des Friedens und der Gerechtigkeit noch bezweifeln, ſo würde eine gründliche und kaltblütige Auseinanderſetzung der Gründe und Gegengründe unſtreitig ein verdienſtvolles Unternehmen und des erfahrnen Staatsmannes, ſo wie des Menſchenfreundes würdig ſeyn, aber Schmähſchriften, wie die vorliegende, gießen blos Oehl ins Feuer, erregen die ſinnloſeſten Leidenſchaften, und verwirren alle Begriffe.

Der

---

*) Man kann hier und vielleicht in manchen andern Ländern mit Cicero l. d. c. IX. ſagen, multa sunt occulta reipublicae vulnera, multa nefariorum civium perniciosa consilia: nullum externum periculum est; non rex, non gens ulla, non natio pertimescenda est: inclusum malum, intestinum ac domesticum est. Hinc pro se quisque nostrum mederi atque hoc omnes sanare velle debemus.

Der Verfasser, der sich viele beleidigende Personalitäten erlaubt, behandelt, wie das dem Partheigeiste gewöhnlich ist, die fünf Directoren in Paris nicht als Staatsmänner, die an der Spitze des mächtigsten Reiches in Europa sitzen, sondern als vier Advocaten und einen Capitain. Cromwel, für den alle Könige Europas die Trauer anlegten, als er starb, war ein verunglükter Theolog. Die Abkunft entscheidet hier nichts, als die Schwäche der Menschen, die auf sie sehen. Aber wer sich an solche Kleinheiten hält, muß nothwendig die wichtigen Gegenstände des Staatsmannes übersehen, und von ihnen nur wie von Advocaten-Streichen reden. Mit blossem Stolze kann man sich höchstens persönlich verächtlich machen; der verächtlichste Mensch ist aber sehr oft der größte Staatsmann gewesen, und Staatsangelegenheiten beurtheilt man nicht mit höhnender Abweisung. Man muß es also gut seyn lassen, was die Directoren gewesen sind, und iezt bedenken, daß sie vielleicht die unumschränktesten und mächtigsten, mithin wichtigsten Staatsbeamten in Europa sind. Nur so kann man sie und Staatsgeschäfte, Intriguen, Negotiationen, Cabalen, Politik, oder wie alle die Plagegeister der Menschen heissen, richtig beurtheilen, und nach einem

rich-

richtigen Urtheile strebt der vernünftige Politiker, der gute und ruhige Staatsbürger oder Unterthan, und der Schriftsteller, der weiter nichts wünscht, als Gutes zu stiften. Weg daher mit allen denen, die blos aus Leidenschaft reden, die ihre Feder in Galle tunken und ihre Hände in Menschenblut baden mögten!

Man erzählt, daß in der Schwetz und in Italien die Franzosen den Landleuten, die bekanntlich sich nur gar zu leicht gegen ihre Vorgesezten mistrauisch machen und aufbringen lassen, vorspiegeln, daß die redlichst gesinnten Obrigkeitlichen- und Militairpersonen des Landes es mit den Franzosen halten, und die Bauern verrathen. Diese Vermuthung wird durch den Mord so vieler braver Männer bestätigt, welche durch die Hände der unter ihren Befehlen stehenden Eingebohrnen gefallen sind. Wenn man an eine Propaganda im Norderdeutschland glauben könnte, so würde man ein Recht haben zu vermuthen, daß Schriftsteller, wie der vorliegende Ungenannte und seine seit einiger Zeit lautwerdenden Mithelfer, besoldete französische Emissarien sind, die den Auftrag haben, daran zu arbeiten, daß die Regierungen gegen die besten ihrer Unterthanen und die ruhigst gesinnten Schriftsteller auf der einen, so wie auf der andern Seite, daß das

den

den Frieden und seine Wohlfarth liebende und für beides bisher die Landesregierung seegnende Volk nun gegen seine Regierung mistrauisch und so der Gährstof vorbereitet werde, der, wenn sich die Leidenschaften zum Ausbruche eines würklichen Krieges verleiten lassen sollten, der allgemeinen Auflösung und Anarchie die Thore ofnen würde. So viel ist gewiß, daß der Verfasser der vorliegenden Schrift es mit dem wildesten Terroristen aufnehmen kann. Möge er in sich gehen, und nicht auf dem Wege des Bluts, der Zwietracht und der Verheerung Ruhe, Ordnung, Sittlichkeit und Religion suchen!

> Quid est sanctius, quid omni religione munitius, quam domus uniuscuiusque civium? Hic arae sunt, hic foci, hic dii penates; hic sacrae religiones, caeremoniae continentur: hoc perfugium est ita sanctum omnibus, ut inde abripi neminem fas sit. Quo magis est furor istius ab auribus vestris repellendus, qui, quae maiores nostri religionibus tuta nobis et sancta esse voluerunt, ea iste non solum contra religionem labefacit, sed etiam ipsius religionis nomine evertit.
>
> *Cicero pro domo sua. or. XXIX. 41. seq.*

XXIII.

XXIII.

Patriotische Gedanken eines auswärtigen Schlesiers beim unverhofften Anblick des schlesischen Provincial-Blattes.

Seit Jahren aus einem schönen, mir ewig werthen Vaterlande, Schlesien, entfernt, kam mir von ohngefähr das Auguststück 1798 des schlesischen Provincial Blattes vor wenig Tagen zu Gesicht. Mein Blut hüpfte, alle Saiten meines Herzens erklangen, da ich auf den ersten Blättern dieses Hefts die Beschreibung der aus meiner Jugend mir noch wohlbekannten Festlichkeiten las, die in den reizenden Gegenden von Liegnitz unter den Landleuten bey ihren Hochzeiten üblich sind. Thränen geliebter Erinnerungen traten in meine Augen, die nach jenen lachenden, glücklichen Gefilden, nach jenen gesangreichen Wiesenufern der Kazbach, nach jenen guten, frommen, freundlichen, dienstfertigen Menschen, nach jenen heitern Städten, nach jenen lieblichen, grünen von hohen Rüstern umgebenen Dörfern, mit der wehmüthigen

wehmüthigen Resignation eines Scherasmins rükwärts blicken, als er, da Hüons Sprache sein Ohr erfrischte, dem Schmerz seiner Wonne mit den Worten Luft machte: »O süsse Harmonie vom Ufer der Garonne ꝛc." Ihr redlichen, gutmüthigen Bewohner der schönsten Provinz der preussischen Monarchie! Mein Herz, von diesem Anstoß ergriffen, sehnte sich nach euren ofnen, aufrichtigen Herzen, euren mir selbst noch immer eigenen Dialect, euren Sitten und Tugenden, eurer Musik und euren Speisen heftig zurück. Mir war's, als erhöben sich die bläulichen Sudeten an meinem Horizont. Schlesien! Friedrichs Kind seiner Schmerzen! Ja, du bist und bleibst seiner Krone edelstes Gestirn!

Ich las weiter in dem Heft, aber bald überfiel mich eine Wehmuth sehr entgegengesezter Art. Schlesien! Aufgeklärtes Schlesien! will der trübe Dämon des gröbsten Aristocratism, der niedrigsten pohlnischen Sklavenfurchtsamkeit denn noch nicht aus deinen herrlichen Fluren, dem seit zehn Jahren doch schon hell genug leuchtenden Genius besserer Zeiten weichen? —

Seite 203 ist die Feier beschrieben, die die Schüzzengilde der Stadt Schweidniz, von ihren Magistrats-
personen

personen angeführt, der vorjährigen Huldigung des Königs, am 6ten July, gewidmet hatte. Da heißt es denn, der Syndicus Berger habe ein Gedicht, welches lediglich das Lob des iezigen, allerdings guten Königs-Paares enthält,

> bey Tafel dem Herrn Festungs-Commandanten im Namen der ganzen löblichen Bürgerschaft überreicht, und sie zugleich demselben zu **gnädigem** Wohlwollen empfohlen.

Was that die Gnade des Herrn Commandanten denn hier zur Sache? Braucht der Commandant nicht eben so gut eure Gnade, ihr Bürger von Schweidniz! als ihr die seinige? Mußten eure Verse denn durch seine Hände laufen, da er gleich euch Unterthan desselben Königs ist? Ist er um des blauen Rocks willen etwa der Repräsentant des Königs? Ist er ein Zwingherr, den ihr cajoliren müßt? Bedürft ihr der Gnade eines Festungscommandanten, um euch in eurer Loyauität und Liebe für Ruhm und Ordnung zu stärken. Fast sollte man befürchten, es glimme in Schlesien ein Aufruhr unter der Asche, wenn Magistrate sich bemühen, vor einem militairischen Befehlshaber zu kriechen. Und hat ein solcher ein Recht, gegen euch gnädig zu seyn? Bedenkt nur, wem es

zu-

zukömmt, dies gewichtige Wort zu gebrauchen, und es anzunehmen! Ein Betragen dieser Art verdient es, ihr Schlesier! daß euer Adel und Militair auf euch verachtend hinabsehen. Beklagt euch dann wenigstens nicht über Behandlungen, die ihr selbst veranlaßt. — Es ist doch wahrlich ein fataler Ton, wenn der Bürger selbst den Soldaten in der Idee bestärkt, als sey lezterer dem Könige näher denn jener, und als sey der Soldat gleichsam ein fürstlicher Handlanger gegen den zagenden Bürger. Ein Bürger, der in dieser Manier einen Officier caressirt, ist wie jener Fuchs, der mit einem trampelnden Pferde eng zusammengesperrt, in der Verlegenheit Friedensnegotiationen anträgt: Tret er mich nicht, Herr Pferd! ich will ihn auch nicht treten.

Seite 208 ist dieselbe Feier in der Stadt Creuzburg beschrieben; da hat man sogar ein Scheibenschiessen veranstaltet, und von dem Prediger Güreth wird es als eine besondere Achtung seiner Aufgeklärtheit gerühmt, daß er, nach einigen Bedenklichkeiten, ebenfalls aus patriotischer Absicht eine Büchse abgefeuert habe. Alle vor dem Scheibenschiessen getroffenen Anstalten mit den Mädchen, dem Gedichte und dazu gesezter Musik, dem rosenrothen Hammer, dem
blau-

blautaftenen Kissen u. s. w. beweisen offenbar, daß der kleine Kronprinz in Berlin, und kein anderer, durchaus Schützenkönig in Creuzburg seyn sollte. Ist aber nicht diese Schmeicheley, so gut sie auch gemeint seyn mag, in ieder Hinsicht thöricht? Der Prinz, wie der König selbst zurückschreibt, hat davon noch keinen Begriff, und die häufige Zudringlichkeit, fürstliche Personen zu Schützenkönigen zu machen, ist um nichts besser als die, sie zu Gevatter zu bitten. Daß euer Gerichtsschöppe, ihr guten Creuzburger! in seiner Rede euch zum Patriotismus im Kriege auffordert, klingt mindestens sonderbar, und nur wer euch liebt, enthält sich des Lachens über die euch und euren alten Büchsen zugemuthete Streitfertigkeit. Die Verse hättet ihr lieber ungedruckt lassen sollen; der Ausländer, der unsern Opitz nicht kennt, spottet und witzelt nur beim Anblick solcher Reime, über die schlesischen Ponten.

Nach Seite 215 ist, als kaum vier Wochen verflossen waren, abermals zur Feier des königl. Geburtstages, Anfangs August, ein Scheibenschiessen in Creuzburg gehalten worden, und dazu haben, troz des Geknalles, die Vögel im nahen Walde, die bey ähnlichen Büchsenlärmen sonst immer geschrieen hatten, diesmal aus purer Freude über den Geburtstag gesungen. Welche schnakische poetische Prosa! Und fahrt ihr Creuzburger so fort, alle Huldigungs- Geburts- und andere Festtage des Hofes mit Scheiben- schießen zu feiern, so werdet ihr euch dem arbeitsamen Könige wahrlich eben nicht empfehlen, denn er haßt an sich und andern nichts so sehr, als Müßiggang, wie Friedrich der Grosse, und warum lezterer die vielen überflüssigen Religions-Festtage abschafte, ist bekannt. Fluch dem Manne, der Freude und Lust der arbeit- samen Bürger grosherrisch hemmen wollte! Aber — alle Augenblicke mit der Büchse in der Hand tagelang schwärmen, jeden Vorwand benutzen, um Pulver zu verplatzen und Geld zu vertrödeln — lieben Leute! das ist doch auch nichts, das macht lange Kopf- und Beutelschmerzen, und viel Faullenzerey vorher und nach- her, ohne daß auf diese Weise vernünftiger Patrioten- sinn bewiesen und genährt wird.

Laut Seite 217 ist das königliche Geburtsfest nicht minder solenn am 3ten August mit einem Scheiben- schießen in Friedberg am Queis gefeiert worden. Zum Glück verirret sich das Provincial-Blatt eben nicht weit in das Ausland, sonst müßten hier zum Theil gar sonderbare Begriffe von dem vielen Schießen in Schlesien sich erzeugen. Und doch! — was bey alle dem noch

das

das ärgerlichste für einen Landsmann ist — auswärts spricht man demohngeachtet von den Schlesiern als von einem weichen, zärtlichen, schwächlichen Volke. Ein derber Pommer behauptete mir neulich gar in das Gesicht, iedes pommersche Regiment sey wegen der breiten Schultern in der Linie um fünf Schritte länger, als ein schlesisches. Wenn ihr, lieben Landsleute, das Scheibenschiessen und Büchsengeknalle nun nur wenigstens in einer andern Art und Manier betriebet, deren man nicht sich schämen müßte, so hätte man daran allenfalls ein Hülfsmittel der Widerlegung gegen manchen Antischlesier, der uns Muth, Heroismus und Kraft abspricht will. Aber der dreisteste Landsmann muß verdrußvoll verstummen, wenn ihm einer folgende Stelle im Provincial-Blatte zeigt:

"Zu dem Friedberger Scheibenschiessen habe die gnädigste Grundherrschaft des Herrn Erb-Landshofmeisters, Herrn Reichsgrafen von Schaafgotsch Excellenz, dessen ruhmvolle Handlungen und Verdienste um König und Vaterland allgemein bekannt wären, ein grosmüthiges Gnadengeschenk von 30 Thalern, 3 Achteln Bier und 6 Scheffel Korn aus eigenem Antriebe huldreichst assignirt."

Welche Anhäufung niedrigkriechender Ausdrücke, zumal bei einem, dem bravesten und bescheidensten aller Könige geweiheten Feste! Ist es denn so preiswürdig, wenn ein steinreicher Graf, wie der Schaafgotsch, 36 Thaler, 3 Achtel Bier und 6 Scheffel Korn wegschenkt? Und was kann ein Reicher besseres und heut zu Tage klügeres thun, als von seinem grossen Ueberfluß dann und wann einen Brocken abzugeben? Sein eigenes Interesse ist es, seine nächste Mitwelt mit seinem übermässigen Reichthum auszusöhnen! Der Graf mag übrigens ein guter Mann seyn, von seinen enormen Verdiensten um König und Vaterland verlautet jedoch wenig oder gar nichts. Blos reich seyn, ist eben kein Verdienst. Lügt also doch nicht, ihr Friedberger! Das Lügen und Schmeicheln vor reichen und nur durch Geld, Titel oder Stand obenauf schwimmenden Leuten kömmt ja ohnehin täglich mehr aus der Mode, und in Schlesien richtet man ja in andern Dingen sich immer gerne gleich nach der Mode.

Seite 222 noch ein Pröbchen derselben Art. Da wird der Tod eines dritthalb Jahr alt gewordenen Töchterleins in folgenden unausstehlich breiten und prahlenden Worten angekündigt und betrauert:

"Den

"Den 12ten dieses Monats, früh um halb sechs Uhr, starb die Comtesse Friederike Charlotte Caroline Henriette Ida vom Schönaich-Carolath, die jüngste Tochter des Herrn Reichsgrafen Carl Friedrich Gottlob Alexander von Schönaich-Carolath, Herrn auf Klein-Gafron, Gros-Gafron, Britkau, Mezdorf, Spiller, Johnsdorf, und der Frau Reichsgräfin Henriette Friederike Amalie von Schönaich-Carolath, geborne Burggräfin von Dohna. Das liebenswürdige Kind war den 12ten Januar 1796 geboren, zeichnete sich durch die glücklichsten Fähigkeiten aus, u. s. w."

Empört es denn nie euren Unwillen, liebste Landsleute, daß eure Pastoren, Hofmeister, Küster, Bürgermeister und alle diejenigen, welche die wunderlichen winselnden Denkmale für Verstorbene stellen, womit das Provincial-Blatt allmonatlich hinten beladen ist, das unsinnige Heucheln und Speichellecken nicht unterlassen, wenn der Verstorbene ein wailand Hochgeborner, Hochwohlgeborner, Gräflicher, Freiherrlicher oder Adelicher war? Ein Fuder Kraut oder Rüben, etliche Klafter Holz, ein paar Manschettenhember, ein cremnitzer Ducaten, ein halber Stein Flachs ꝛc. sind zwar nicht zu verachten, und dafür kann man wohl gerne ein paar Worte schreiben.

ben. Möchten nur diese Scribenten, diese würdigen Brüder des Küster Martin Schinkenfeld *) endlich einen bessern Styl sich angewöhnen, weniger schlechte Verse anfertigen, und nicht so übertrieben vor allem kriechen, was adelich und reich ist. Kein Land in der Welt stekt doch so voll von Grafen, Baronen, kriechenden Theologen und schlechten Versen, als das gute Schlesien.

Im Namen des Vaterlandes bitte ich euch, lieben Landsleute, vom Bürgerstande, Gelehrte und Halbgelehrte, laßt die garstigen, euch ganz besonders eigenen Kriechereien vor Adel, Militär und Reichthum, und die erbärmlichen Verse aus dem Provincial-Blatte weg: ihr glaubt gar nicht, welches verächtliche Gelächter diese böse Erscheinungen der ganzen Provinz im Auslande zuziehen. Ihr werdet das Ding so lange treiben, bis Schlesien der Gegenstand fremder Satyren wird, und irgend ein lustiger Schriftsteller, neben Sieg-

---

*) Siehe Zacharias Murner in der Hölle und die von dem Küster Schinkenfeld mit großer Mühe zu Stande gebrachte Grabschrift des Katers:
    Hier liegt ein Kater der schönsten Art,
    Der Zyper von Fräulein Rosauren zart.
    Zu seinen Ehren hat dies gestellt,
    Der Küster Martin Schinkenfeld.
                  Anmerk. des Setzers.

Siegfried von Lindenberg, einen stokschlesischen Baron mit seinem Pastor, der deutschen Lesewelt zur Kurzweil auftischt. Habt wenigstens Ehrliebe, wenn ihr keinen Geschmack habt! Was hat, Seite 223, der christliche Herrscher über Tod und Leben der heidnischen Atropos zu befehlen? Die stille schweigende Atropos reißt auch niemals Bäume aus der Wurzel, und holt nach dem Schattenreiche niemand mittelst eines Sturmwindes ab; das thut nur der Teufel. Der Nachruhm eines Christen geht vollends eine Parce nicht an.

— ei — *Ruprecht.*
am Christabend, 1798.

XXIV.

Gelehrte Sophisterey.

———

In Nr. 16 des Intelligenz-Blattes der A. L. Zeitung d. J. hat der Dr. Schulze, Director einer Handlungs-Schule in Berlin, sich über einen Recensenten beklagt, nicht weil er seine Geschichte des französischen Revolutions-Krieges getadelt, sondern weil er ihm durch

per-

persönliche Verketzerung thätlich in seinem Berufe geschadet hat. Herr Schulz spricht in einem so wackeren Tone, und seine geführten Klagen sind von solcher Wichtigkeit, daß, sey auch seine Schrift so schlecht, als sie wolle, der Recensente, als ein billig denkender Mensch, der selbst dem Herrn Schulze das beste Zeugniß geben muß, darauf hätte bedacht seyn sollen, das Böse, welches er dem Manne gethan hat, wieder gut zu machen.

Anstatt so redlich zu handeln, tritt er mit bloſſer Patelinage auf, bringt Beweisstellen dar, die durchaus nichts beweisen, und will sich damit entschuldigen, daß er es nur mit dem Verfaſſer und nicht mit dem Menschen zu thun habe, und daß ein Spott, welcher den Schriftsteller trift, mit dem Menschen und Bürger nicht in Verbindung stehe.

Die Antwort des Recensenten ist von Anfang bis zum Ende ein Beweis des ihm gemachten Vorwurfs eines unedlen Tons, und eines höchst wäſſerichen und platten Styls, den man nicht ohne Eckel und Widerwillen lesen kann. Selbst bey einem blos litterariſchen Streite würde man ein solches leeres Geschwäz verdammen müſſen, aber in einer Sache, wo es auf das bürgerliche Wohl eines Schriftstellers ankömmt, hätte

der

der Recensent wissen müssen, daß ein rechtschaffener Recensente es weder mit dem namhaft gemachten Verfasser, noch mit dem Menschen *), sondern mit der Schrift allein zu thun hat, und daß jene beide trennen zu wollen, eine leere Sophisterey ist.

Wir haben uns Namens des Herrn Schulze ex officio zu dieser Duplik berechtigt geglaubt, da die A. L. Zeitung immer noch die Ungerechtigkeit beibehält, die Acten mit der Replik zu schliessen, und daher wir das Publikum darauf aufmerksam machen können, daß es nicht eher urtheilen müsse, als bis die Acten vollständig sind.

*) Es sey denn, daß man glaube, iemand ex professo anklagen zu müssen.

XXV.
Auch eine neue Lehre.

Im Anfange dieses Jahrhunderts erhob sich in Holstein ein mächtiger Streit über eine neue Lehre, die nichts weniger, als die ewige Seligkeit betraf. Ein Prediger hatte

hatte geprediget, daß man suchen müsse, mit Furcht und Zittern selig zu werden. Sein College stand öffentlich dagegen auf, und behauptete: "Wir wären "hier schon wirklich selig, und dürften nicht erst selig "werden, sondern sind schon wirklich, wirklich selig." Nun hätte ein ieder bey seiner Meinung bleiben, und der eine selig zu werden suchen, der andere aber sich schon selig fühlen, und so bemüht seyn können, dies Gefühl zu erhalten. Das sahen sie nicht ein, sondern sie predigten gegen einander fort, und sezten ihre Glückseligkeit wenigstens vor der Hand dabey aufs Spiel.

Sollte man glauben, daß dieser Streit zu einer lauten Untersuchung gelangte, daß darüber nicht allein verschiedene Schriften gedruckt wurden, sondern daß der General-Superintendent, Dr. Josias Schwarz, in iudicium (Gutachten) ertheilte, und daß die theologischen Facultäten zu Wittenberg und Greifswalde ernsthafte Responsa darüber abgaben, als schon die Regierung sehr weislich den beiden Theilen das Silentium imponirt, iedoch die Sache vor den Synodum verwiesen hatte.

Wie die Responsa lauten, und wie zwischen einer beatitudo gratiæ und gloriæ distinguirt werden muß, wie es darauf ankommt, an æquivoce, analogice, oder uni

uni voce talis sit, werden die Leser der Annalen wohl jezt nicht mehr neugierig seyn, zu wissen. Wer etwas mehr davon lesen will, den verweise ich auf folgende Schrift, in Quart:

Theologische Belehrungen von einer sich in Holstein erhobenen neuen Lehre, daß die Gläubigen das ewige Leben in diesem Leben dem Anfange nach wirklich und in der That haben und besitzen. Hamburg, bey Christian Liebezeit, 1706.

Man siehet, daß in Ansehung des Vorwurfs einer neuen Lehre einige unter uns beim Schlusse des Jahrhunderts nicht klüger geworden sind, als ihre Vorgänger beim Anfange desselben, doch war ehemals einiger Grund zum Streiten, weil der Böhmismus und pietistische Chiliasm im Schwange giengen, denen die Facultäten entgegen arbeiten zu müssen glaubten. Die Greifswaldische schließt daher ihr Gutachten mit dem Wunsche, den sie mit drey Ausrufungszeichen bekräftiget: „Wir rufen den barmherzigen Gott im Namen „Christi an, daß er Jhro Königl. Maiestät von Dünne„mark ꝛc. Königreiche und Länder für den fanatischen „und pietistischen Gift bishero behütet, daß ihm keine „Kraft gelassen worden, absonderlich das holsteinische „Zion allezeit rein und lauter davor erhalten! damit
„die=

„dieser Ort und Stadt Gottes lustig bleibe, mit ihren
„Brünnlein, in der die Wohnungen des Höchsten sind!
„Gott sey bey ihr! damit sie wohl bleiben!!!"

So richtig und gut nun auch dieser Wunsch ist,
so sollten wir doch im Jahr 1798 etwas weiter fortgerükt gewesen seyn.

XXVI.

Versuch einer Beantwortung der Frage aus Principien: hat ein Volk das Recht seine Staatsverfassung zu ändern?

Die überschriebene Frage ist durch Zeit=Umstände, Unterhaltung des Tages geworden. Es ziemt dem denkenden Mann, die Grundsäze für die öffentliche Meinung aufzustellen, und sie wo möglich dadurch zu berichtigen. Dadurch allein, kann er der Seichtigkeit, die immer Verderblichkeit wird, entgegen arbeiten. Er findet in dem Zustand, in dem sich diejenigen befinden, die die öffentliche Meinung formiren wollen,

wollen, noch einen neuen Grund, sich mit aller Anstrengung, deren er nur fähig ist, seinem Beruf hinzugeben. Vielleicht waren nie der Menschen, weniger die sich zu Grundsätzen und reinen Ideen über die Frage quaest. zu erheben vermögen, oder wenn sie es vermögen, belieben; — aus Gründen, die diejenigen wissen, die sie interessiren, und für die, die sie nicht wissen, kein Interesse haben. Gleichwol sollen alle Menschen, die nur einiger Cultur fähig sind, ein der reinen Wahrheit gemäses Urtheil über diese Angelegenheit fällen können. Um ihnen dazu behülflich zu seyn, schrieb der Verf. die folgenden Gedanken nieder. Ich gehe zur Sache.

Die Beantwortung der Frage: hat ein Volk das Recht seine Staatsverfassung zu verändern? sezt die Beantwortung der Frage voraus, wer hat das Recht, ihm eine Verfassung zu geben? Da hier vom Rechte die Rede ist, so versteht sich von selbst, daß wir auf dem Felde der Erfahrung die Antwort nicht zu suchen haben. Wir wollen nicht wissen; wer gab bisher einem Volke diese oder jene Verfassung? — wer hat Nutzen oder Vortheil davon, daß es diese oder jene Verfassung erhält? sondern wir fragen: wer hat das Recht, wer darf ihm überhaupt eine Verfassung geben?

geben? Unter Volk verstehn wir hier eine Menge Menschen, die in Gemeinschaft leben. Wir brauchen den Begrif hier nicht schärfer zu bestimmen. Unter Staatsverfassung verstehn wir die Art und Weise, wie das Volk unter Gesetzen in Gemeinschaft lebt. Auch dieser Begrif bedarf hier unserer näheren Bestimmung nicht. Das Volk ist eine Gesellschaft von Menschen. Menschen sind nur dadurch Menschen, daß sie neben dem Charakter der Thorheit auch den der Vernünftigkeit haben. Darum weil der Mensch Vernunft hat, soll er laut einer absoluten Forderung derselben, die Thierheit der Vernunft unterordnen; die Thierheit soll der Vernunft dienen, und die Vernunft soll **herrschen**. Dieses sind Postulate der vernünftigen Natur des Menschen, die absolut, schlechthin gelten, darum weil sie gelten, und der Mensch ist nur in so ferne ein wahrer Mensch, als er sie bey sich geltend macht. *)

Durch

---

*) Die Vernunft in ihrem practischen Gebrauche ist schlechthin ein absolutes Vermögen. Ihre Forderungen gelten schlechthin, weil sie gelten. Es läßt sich kein Grund der Verbindlichkeit zur sittlichen Güte ohne diese zu entweihen, angeben, als der kategorische Imperativ unserer Vernunft: sie soll seyn. Daß sie seyn soll, und warum

Durch die vernünftige Natur hat der Mensch einen Willen; er kann als geistiges — als verständiges und vernünftiges — Wesen überhaupt einen Entschluß fassen; als Innhaber eines freien Willens soll er Herr des Entschlusses seyn, und er kann es, wenn er will, d. h. wenn er seine ganze Kraft dazu aufbietet.

Der Thierheit entnommen, die der Mensch mit in seiner Person vereinigt, und gethan mit seinem freien Winken unter das Gesez seiner Vernunft, das diese

warum sie seyn soll, fält in eins zusammen. Diese unbedingte Forderung, deren Seyn und deren Grund eins ist, macht mit der Freiheit unseres Willens, für die sie nur ist, die eigentliche Würde der Menschennatur aus, und ist der sicherste Bürge, und ein heiliges Unterpfand unserer innigsten Verwandschaft mit der Gottheit. Ohne die Freiheit des Willens ist Rechtschaffenheit ein völlig leerer Nähme. Sie ist die innigste Wurzel der Tugend; das Band, das Himmel und Erde, Zeit und Ewigkeit verknüpft. Ohne sie ist die herrlichste Belohnung, die dem tugendhaften Manne zu Theil werden kann, Religion, ein Unding, denn nur der, der den Glauben an die absolute Freiheit seines Willens in sich bewahrt hat, kann tugendhaft seyn, und nur der Tugendhafte hat für das Wort Religion einen lebendigen Sinn. Bey der Freiheit fängt alle wahre Philosophie an, und zu ihr kehrt sie alle zurük.

diese seiner Freiheit, unbedingt zu ergreifen gebietet, soll also dieser lediglich von seinem Willen abhängig seyn. Dies nicht nach irgend einer Hypothese, sondern kraft eines unbedingten Gebots seiner Vernunft, durch die der Mensch ein Mensch ist, und das ieder hören kann, der es hören will, weil er es soll. Alles was er thut, soll er thun wollen; keine Maschine für den Willen anderer seyn.

Die Menschen sind als Menschen völlig gleich. Sie haben als Menschen, gleiche Rechte, und gleiche Pflichten, und nur der Dummheit, oder der Bosheit, war, oder ist es möglich, der Menschennatur eine Verschiedenheit der allgemeinen Menschenrechte und Menschenpflichten anzudichten. Die Quelle der Menschenrechte und der Menschenpflichten, ist die uns allen gleiche Vernunft, und was nur das gleiche ist, kann auch nur das gleiche geben. Die Menschen sind als Menschen völlig frey, d. h. völlig unabhängig von einander, weil sie nur von sich abhängen sollen.

So stattet die Natur den Menschen aus; gibt ihm eine Menge Fähigkeiten und Kräfte, alle zu dem Gebrauch der freien Vernünftigkeit. Er begibt sich mit dem Menschen in Gesellschaft; anfangs wohl nur

nur mit Rüksicht aufs empirische, um durch Vereinigung mit Mehreren drohenden Gefahren leichter Troz bieten zu können, den Trieben der Geselligkeit Folge zu leisten. ꝛc. *) Aber dieser empirische Gesichtspunkt wird, wenn er als Zwek der Gesellschaft, die wir Staat nennen, gedacht werden soll, nach und nach mit dem Erwachen der Vernunft von ihm verdrängt. Sie gibt als Zwek des Staats an: die Schützung und Rükgabe unserer äusseren vollkommenen Rechte, und ordnet diesem Zwek alle übrigen Rüksichten unter.

Dieses muß die Grundlage jeder vernunftmässigen Staatsverfassung seyn; sie schüzt das äussere Recht.

---

*) Historisch läßt sich nichts näheres von den ersten Gesellschaftsverbindungen documentiren. Wir haben indessen nicht Ursache untröstlich zu seyn. Die Menschennatur, die damals solche Ereignisse hervorbrachte, ist immer noch dieselbe in ihrem Wesen, und der Kenner derselben in ihrem vollen Umfang, wird wissen, daß sie nur allmählig ihrem Ziel — das er aus seinem Kopfe und Herzen kennen muß, oder nirgends finden wird — entgegen geht. Er weiß es, welcher Theil ihres Wesens seiner Natur nach, sich am ersten entwickelt, und in ihr äusseres Wirken sichtbarlich eingreift; weiß es also, welche Eigenschaften er an dem, was menschliches Gepräge hat, wird zu erst aufsuchen und finden können — alles nur für den, dem die Charaktere der Geistigkeit lesbar sind.

An vielen unserer Verfassungen, um gelind zu urtheilen, sieht man freilich diesen Zwek nicht, aber man sollte ihn doch an ihnen sehen. Eine Staatsverfassung ist also für eine bestimmte Anzahl Menschen. Für den Menschen kann nichts, als für ihn gehörig, seyn, ohne durch seinen Willen, da er nur durch freien Willen Mensch ist. Der Grund der Existenz einer Staatsverfassung, ist also der gemeinsame Wille ihrer Glieder. *) Ohne ihn ist sie nicht, und durch ihn ist sie allein. Sie wollen zusammen treten, und sich ihre äusseren Rechte vollkommen garantiren. Ihr Wille ist ihr Gesez. Was sie ausser dem in ihrer Mitte noch für Anordnungen machen wollen, darüber entscheidet der gemeinsame freie Wille, der ausser dem seinigen durchaus kein anderes Gesez anerkennen darf, ausser dem wozu er seine Beistimmung gegeben hat, und von der Uebereinstimmung dieses Gesezes mit dem gemeinsamen Willen, hängt überhaupt seine Gültigkeit ab.

Wer darf aber nun die Verfassung eines Staats ändern? dem Volke ist die Verfassung; sie ist von dem

---

*) Man sieht hieraus, was man von denen zu halten hat, die einem Volk gerne, eine in ihrem Kopfe geprägte Verfassung geben wollen.

dem Volk; und sie ist für das Volk. Wer soll sie anders ändern dürfen d. h. das Recht haben, als das Volk? Aber wenn sich nun das Volk das Versprechen gegeben hätte, nie seine Verfassung zu ändern? Alles so zu lassen wie es ist? Hier ist zuerst die Frage zu beantworten: durfte das Volk, d. h. hatte es das Recht, sich ein solches Versprechen zu geben? Das Ziel der Menschheit ist ein idealisches, Vervollkommung ins Unendliche. Sie wird, sie kann, sie soll sich ihm immer mehr nähern. Alles, was das Gepräge menschlicher Thätigkeit hat, ist einer Veredlung ins Unendliche fähig; unsere Gattung ist perfectibel. Und die Menschen sollten sich ein Versprechen haben geben dürfen, ihren Einsichten selbst eine Grenze zu setzen? ihrem Weiterkommen selbst ein Hinderniß in den Weg zu legen? Da wo es darauf ankommt, Menschenrecht und Menschenfreiheit aufrecht zu erhalten, da sollten wir durch ein Versprechen gebunden seyn können, unserer veränderten Einsicht zu entsagen? Und ein solches Versprechen sollte gültig seyn? — Dieses unveräusserliche, unverjährbare und unverlierbare Recht eines Volks: wenn es sein gemeinsamer Wille ist, seine Verfassung zu ändern, darf es durchaus in keinem Vertrag aufgeben, und muß es sich schlechterdings vorbehalten, wenn es nicht völlig auf die Menschheit Verzicht thun, alle Selbstständigkeit aufopfern, und Freiheit und Gerechtigkeit aufs Spiel setzen will. Ohne dieses Recht hängt es völlig vom Zufall ab, ob wir geschikte Thiere, oder freie selbstständige Wesen werden.

Die weitere Ausführung dieser Wahrheiten an einem andern Ort. X. Y. Z.

Im December 96.

Zusaz.

Je mehr wir überzeugt sind, daß ein Volk wenn es seine Wohlfarth liebt, nie seine Constitution ändere, sondern sich begnügen wird, den Weisen zuzuhören, welche demjenigen nachforschen, was zum allgemeinen Besten heilsam und nüzlich ist, oder was die Masse der Glükseeligkeit sichert und vermehrt, und die Unweisen reden zu lassen, damit die Weisen sie belehren, desto weniger scheint es uns bedenklich, freimüthig zu untersuchen, ob ein Volk das Recht habe, seine Constitution zu ändern? Wir glauben sogar mit Wahrheit behaupten zu können, daß nichts Regierungen

gen mehr sichert, als die Annehmung dieses Satzes. Kein Grundsaz ist stärker, als er, gegen Cabalen und Factionen und wenn wir zugeben, daß das Volk und nichts als das Volk eine Constitution ändern könne, muß dieses auch gegen Einzelne die Garantie seiner Verfassung übernehmen, so lange es nicht im Ganzen eine Abänderung verlangt.

Dieses ist für die Theorie oder die Abstraction; wenn ich sie aber auf den Menschen anwende, oder auf das Practische sehe, fällt das Urtheil ganz anders aus. Dann finde ich, daß durch lauter zuweit getriebene speculativische und hyperwahre Theorie die Philosophie der Menschen in der Metaphysik, in der Moral und in der Politik sich selbst zum Roman gemacht hat. Dies gehet so weit, daß man bey den ernsthaftesten Philosophen, bey einem Fichte zum Beispiel, wenn er Eheleute sich einander zur Sache demonstrirt, sich des Lachens oder Ekels, je nachdem unsere Nerven gereizt werden, nicht erwehren kann. So gehet es auch im Raisonniren über Constitutionen: keiner hat ein theoretisches Recht, eine zu geben, und mithin die gegebene zu ändern, als das Volk; das ist wahr, aber eben so wahr ist es, daß das Volk nie von diesem Rechte Gebrauch gemacht hat, daß es, der Natur der Menschen

schen nach, die nie nach allgemeinem Willen handeln, nicht davon Gebrauch machen kann, und daß daher das Recht nach Utopia oder Eutopia und nicht in unsere Staaten hingehört. Hier können wir, wenn wir Ruhe und Erhaltung lieben, das Volk nicht sorgfältig genug als Masse von aller Theilnahme an Staatshändeln und Einmischung in Regierungsangelegenheiten ausschliessen. Das dieses geschehe, daran ist dem Volke selbst am meisten gelegen, in so ferne jeder einzelne Mensch ein Theil desselben ist, mithin die Summe der Einzelnen das Volk ausmacht. Wollen die ihre Ehre, ihr Leben, ihr Vermögen, ihre Angehörigen, ihre Gewerbe retten, so müssen sie das Handeln des Volks in Masse mit aller geseßlichen Kraft abzuwehren suchen.

Aber wenn Staatsverfassungen nur durch den einzelnen Willen einiger Machthaber, nur durch Glük, Gelegenheit, Umstände, Ereignisse entstehen, erhalten, verändert, umgestürzt werden, soll denn der einzelne Wille Gesez für alle seyn? Er sollte nicht Gesez seyn, aber er ist Herrscher und da die Natur des Menschen immer dieselbe bleibt, so wird er es seyn, so lange es Menschen giebt. Das ist traurig, wirst du sagen: giebt es denn kein drittes, nichts als

Herr-

Herrscher oder Sclav, Gebieter oder Gehorcher? Soll der einzelne Wille despotisch und unabänderlich über den allgemeinen siegen, oder wie ist es zu machen, daß der einzelne Wille des Herrschers nicht zum allgemeinen Gesetze werde? Dazu bietet sich nur ein Gegenmittel dar. — Wenn gleich die Sprache des allgemeinen Willens in Masse eine Unmöglichkeit in der Würklichkeit ist, so stehet doch dem einzelnen Willen der einzelne Wille aller entgegen, und zwischen beiden entscheidet zulezt die Vernunft. Diese hat uns Gott zur Führerin gegeben, diese leuchtet, wenn alles Wirken und Gegenwirken des Denkens und Forschens frey ist, zulezt iedem ein und reinigt immer mehr die allgemeine Meinung, die allgemeine Stimme, dieses Symbol des Volkwillens, wenn gleich nur der aufgeklärtere Theil ihn ausspricht. Darum muß, wenn wir nicht Volkswiderstand, Volksentscheidung in Masse, Volkssouveranität annehmen wollen, Freiheit iedes einzelnen Menschen, seinen Willen und seine Wünsche auszudrücken, ungekränkt seyn, sonst fallen wir in die ungereimte Behauptung, daß Zumassung, Talente, Glük, Ungefehr u. s. w. dem einzelnen Willen nicht blos ihm beherrschen, sondern auch

Gesez

Gesez seyn sollen, welches, wenn es auch nicht in sich von allem Rechte entblößt wäre, bald den so despotisirten Willen zu solchen Abwegen verleiten würde, daß das Volk nicht in der Ausübung seines theoretischen Rechts, sondern ein Theil desselben in seiner physischen Kraft ihn verlachen und zertrümmern würde. Um diese Theorie richtig zu finden, lese man die Geschichte nach und schlage die Augen auf.

D. H.

XXVII.

Ueber die Nothwendigkeit des Kriegs, denselben als ein Mittel zur Verminderung der übermäſſigen Vermehrung des Menſchengeſchlechts betrachtet

ein Auszug aus einem Werkchen, betitelt

Plan zu einem ewigen Frieden

nebſt

einem Abriß der Rechte der Völker und Staaten und einer Erklärung derſelben. Gedanken, Meinungen und Wünſche eines Weltbürgers und Menſchenfreundes,

von

Just. Sinc. Veridicus. ICtus.

„Es ſterbe der Despotismus durch — Hippolitus a lapide."
Nikl. Vogt im Guſtav Adolph.

Aber, könnte man ſagen, (und ich muß geſtehen, ich war vor dem, ehe ich den Kalkul der politiſchen

Berechnung genauer gezogen hatte, auch der Meinung) Krieg ist der Aderlas der Population, und ist als solcher eine schrekliche Nothwendigkeit im Systeme der Welt, der starken Fruchtbarkeit unsrer Race wegen. Ohne diese gewaltsame Abzapfung der sich häufenden Volksmenge zeitweise zu appliciren würde sich das Menschengeschlecht so sehr vermehren, daß der Boden bald nicht mehr hinreichte, es zu ernähren, und die Menschen müßten Anthropophagen werden; so wie iezt schon die Schweizer um ihre Volksmenge in gehörigem Verhältnisse zu erhalten, einen Theil ihrer iungen Bürger in fremde Kriegsdienste überlassen. Seit dem dreissigiährigen Kriege und der Beendigung der Faustrechtsplackereien der Mittelepoche sey die Bevölkerung Europa's um beinahe zwey Drittel gestiegen. Krieg sey die Gährung, die das Ganze im Umschwung erhalten müsse. Was solle aus der Menschheit werden, wenn der Fall eintrete, daß die Naturproducte und der Boden nicht mehr zureichten, derselben Bedürfnisse zu befriedigen? — Man rechne auf iede Ehe 4 Kinder; *) in einigen Generationen

ver=

---

*) Kersebooms Abhandlung zu einem Versuche der wahrscheinlichen Menge des Volkes von Holland und West=

vermehre sich also das menschliche Geschlecht bis ins Ungeheure, und so wäre das Verhältniß der Volksmenge zur productiven Kraft des Bodens bald verrükt, in einigen Generationen die Erde gestopft voll, und der Boden ertrage die Nahrung derselben nicht mehr.

Eine schauerliche Nothwendigkeit! eine Entlasungskrise, vor welcher der rechtlich empfindende Mann zusammenschauert!

Aber glücklicher Weise kann es so weit nicht kommen, und man plagt sich in diesem Einwurfe vor einem Phantome, dessen Unzulässigkeit aus der politischen Arithmetik klar wird, wenn man auch den Kalkul nur so sehr summarisch und oberflächlich zieht, wie ich es unten thue.

Die Menschheit ist ungeheuer reich an Ressourcen, und hat eben nicht nöthig, bey der Giebigkeit und Fülle der Natur um ihre Nahrung verlegen zu werden. — Eine verhältnißmässige Vertheilung der Bevölkerung und Beschränkung des Luxus wäre das ganze

---

Westfriesland. — Sonnenfels Polizey. I. B. No. III. Süßmilch göttliche Ordnung in Veränderung des menschlichen Geschlechts, u. a. m.

ganze Geheimniß, um es möglich zu machen, daß mehr als fünfhundertmal so viel Menschen auf unserm Planeten leben könnten, als würklich leben.

Es ist wohl nicht vielmehr, als ein Bonmot, daß, wenn alle lebende Geschöpfe einen Weg gingen, die Erde aufschnappen müsse; aber es ist sehr richtig, und ein Fall, der bey dem Aufenthalte grosser Armeen in einem beschränkten Länderraume oder überhaupt bey jeder comprimirten Anhäufung einer Masse Menschen in einem beschränkten Raume a posteriori sehr auffallend wird, daß daselbst die zum Lebensunterhalte nöthigen Nahrungsmittel seltner werden, und aus der Ferne beigeschaft werden müssen. — Jedes Land, wo die produktive Kraft des Bodens der Bevölkerung nicht entspricht, und zu dieser nicht in dem gehörigen Verhältnisse steht, hat nur zwey Wege, sich zu helfen: entweder es bringt die ihm fehlenden Nahrungsmittel von aussen ein, wie z. B. Holland, oder es schikt Verzehrer fort, und entladet sich eines Theils seiner Bevölkerung so lange, bis das Verhältniß derselben zur productiven Kraft der ersten Wege, d. i. des Bodens in richtigerm Ebenmaaße steht. Lezteres ist, was man auch immer sagen mag, immer ein Beweiß einer obstinirenden Indolenz, eines Mangels an Industrie und

und Nationalschwungkraft. — Es ist nicht zu beschreiben, wie schöpferisch an Erfindungen, Hülfsmitteln und Auswegen die Noth den Menschen macht; sie ist die fruchtbare Mutter der Schlauheit, Verfeinerung, Industrie, Spekulation der Künste und des Handels; und der Mensch, der immer Vorliebe für die Gegenden hat, die seine Wiege sahen, und sich an die Gegenstände attachirt, mit denen er herangewachsen und vertraut geworden ist, wendet gerne alles an, um seine Subsistenz in denselben zu finden. — "Der Schatten, wo man als Kind saß, ist kühlender, freundlicher die Quelle, an der man jugendlich spielte, leichter das Fortkommen, wo man alle Hindernisse und Hülfsmittel kennt; nur wenn der unruhige Geist nicht in das Vaterland paßt, oder das unruhige Vaterland den friedlichen Geist ausstößt, findet man mit Recht sein Wohlseyn in der Fremde." *)

Indeß ist der Fall möglich, daß in einem Lande, auch bey der entschiedensten Frugalität und der höchsten Stufe der Industrie und Kultur die Menschenrace sich so ansehnlich vermehren kann, daß nicht alle mehr ihr Auskommen finden. — Hier wäre also nur noch das andere

*) Genius der Zeit, ein Journal von A. Fennings.

andere Mittel übrig; die Gesellschaft muß sich der übers lästigen Menge entladen. — Hierzu ist nun aber gewiß noch kein gewaltsames Mittel nöthig. — Es ist der Fall noch nicht, wo Moses zu seinem unterhabenden Volke sagt: — es will der Herr, daß morgen ein teglicher den andern, der ihm begegnet, morde; — ein so gewaltsames Mittel war nur in der abgeschiedenen Lage, in der sich Moses in den arabischen Wüsten, bey gänzlichem Mangel an Lebensmitteln, befand, zu entschuldigen. Die Gesellschaft kann sich der überflüssigen Bevölkerung, die sie genirt, auf eine ungleich sanftere Art entledigen.

Der Mensch ist glücklicherweise eines von den Thieren, die unter ieder Zone und in iedem Klima gedeihen und fortkommen; und hier ist einer von den vielen Fällen, in welchen sich Länder und Staaten mit beiderseitigem Nutzen aushelfen, wie Individuen. *) Man rechnet den Mittelstand der Bevölkerung auf 4200 Menschen auf eine Quadrat-Meile **), und es wird sich die

An-

*) Hiervon ist in dem Vorhergehenden des Werkchens an schiklichem Orte die Rede.

**) Man sehe zum Beispiele: Thomas Salomon gegenwärtiger Zustand aller Nationen; Römers Statistik u. a. m.

Angabe sehr gut als ein mäſſiger Anſaz vertheidigen laſſen, daß auf ieder Quadrat-Meile — die gebirgigſten, ſchlechtſchollichten und unfruchtbaren Gegenden, und die guten, welche, wie man zu ſagen pflegt, die Natur in einer frohen und üppigen Laune ſchuf, in einander gerechnet, gegen 3000 Menſchen leben, und mit eigener Frugalität ſich ſämmtliche Bedürfniſſe des Lebens verſchaffen können. — In Sachſen-Koburg-Saalfeld leben auf einer Quadrat-Meile 4250 Menſchen, und im Baadiſchen 3845. — Auf dem nemlichen Raume, auf welchen in Island ein Menſch lebt,

u. a. m. Süßmilch rechnet, daß 8750 robuſte Männer ſich auf einer deutſchen Quadrat-Meile nähren könnten; Büſching giebt Europa 152,000 Quadrat-Meilen. Es könnten demnach in Europa nach Süßmilch 1330,000,000 Menſchen leben, da man auf die ganze Erde nur 1000 Millionen, und auf Europa nur 160 Millionen rechnet. Vauban giebt an, daß nach Abzug der Wohnungen, Wege ꝛc. 2630 Säcke Getraide auf einer franzöſiſchen Quadrat-Meile wachſen, und davon, 3 Säcke auf den Mann gerechnet, 850 Menſchen auf einer franzöſiſchen, alſo — 25 Lieues, oder 15 deutſche Meilen auf einen Grad gerechnet — auf einer deutſchen Quadrat-Meile 1416 Menſchen leben könnten. Tempelmann nimmt 3200 auf eine Quadrat-Meile an. — Es wird deshalb 4200 als medium hier angenommen.

lebt, leben in Norwegen 3, in Schweden 4, in der Schweiz 114, in Deutschland 117, in Holland 224, und in Malta 1103. Die Mittelstufe käme hier nach den desfalls gestellten politischen Tabellen auf Irland, wo auf gleichem Raume 99 Menschen leben. — Wenn nun Malta oder Holland, oder wer sonst das Inkonveniens einer zu starken Bevölkerung fühlt, — was bey Holland, sobald sein Handel zernichtet wäre, wirklich der Fall seyn müßte, — alsdann käme der Ueberfluß, den ein solcher Staat durch Kolonien und Transplantazionen in andere Gegenden zu leiten genöthigt seyn würde, der Insel Island, oder den Ländern Norwegen und Schweden recht gut zu statten, und alsdann fänden dort, das Medium der Bevölkerung in der hier berührten Gradation, nur zu 90 gerechnet, 89 Kolonisten in Island, oder 87 in Norwegen, oder 86 in Schweden, in einem Raume, den iezt 3 oder 4 einnehmen, recht gut ihr Konveniens.

Dazu ist kein gewaltsamer Druck, keine Völkerwanderung nöthig. Die Gesellschaft entladet sich mit voller Behaglichkeit ihrer überflüssigen Säfte, und transplantirt Kolonien an die bedürftigen Orte, die dort sich nationalisiren, und ihr Fortkommen recht gut finden; oder die Individuen wandern einzeln dahin, wie die
Emi-

Emigranten nach Amerika und Ungarn, welches leztere ohne das iederzeit der Fall ist, sobald irgend einer sein Auskommen unter einem fremden Himmelsstriche besser und leichter, als in seinem Vaterlande, findet.

Wie unendlich viele Oede ist nicht noch in den bekannten Theilen unsers Planeten, welche zahllose Lükken in der Bevölkerung der vier alten Welttheile, ohne nur einmal den fünften Welttheil, Polynesien, die Inselwelt; oder wie man ihn nennen will, zu berühren, der noch nicht einmal gemessen ist, aber nach allen Beobachtungen *) beinahe so groß seyn muß, als Europa; wo die Menschen noch auf der untersten Stufe der Kultur stehen, und bey dem gesundesten, obgleich veränderlichen Klima an keine Kultur des Bodens gedacht ist.

Wie viele Wüsteneien sind in Asien und Afrika, wovon wenigstens ein Theil urbar zu machen ist, wie viele Schäze bleiben ungenuzt im Schoosse der Erde? — Die Kultur, im allgemeinen betrachtet, steht in zwanzig Dreissigstheilen der Erde auf einer äusserst geringen Stuffe, in sechs Dreissigstheilen ist sie mittelmässig, und kaum in vier auf einem etwas hohen Grade; sie ist —

den

---

*) S. Cooks Reisen, übersezt von Forster, und die Reisen der beiden Forster um die Welt.

VI. Heft.

den Kalkul im allgemeinen gezogen — also nicht einmal mittelmässig, und nirgends hat sie die höchste Stuffe erreicht. — Wie viele Oede findet man nicht fast auf jeder Tagereise, die durch Menschenhände zu den blühendsten Gefilden umgeschaffen werden könnten, wie viele Sümpfe sind noch auszutroknen, Steinschnarren, Halden, Sandödungen, überzählige Forsten u. d. gl. ? ? ?

Lustgärten, Parke, Anlagen im englischen oder holländischen Geschmack, Forsten u. d. gl. in grosser Menge und Ausdehnung, sind immer eben so grosse Beweise des Drucks oder der Indolenz, als Schlösser und Riegel das Abzeichen der gesunkenen Moralität, strenge Polizey der Beweis schlechter Sitten, und gefüllte Galgen und bestekte Räder das Abzeichen schlechter Polizey. — Wie viele Menschen könnten nicht von dem Ertrage des Bodens leben, dessen Produkte iezt die Bache frißt, und wie herrlich könnten Getraideähren in Gottes Sonne da wallen, wo iezt zweck- und nutzlose exotische Holzarten mit einem ungeheuren Aufwande an Mühe und Kosten gepflegt werden, oder Taxus in geschmaklos geschnittenen Figuren und Fratzen prangen, oder groteske Anlagen gefärbten Sandes, Muscheln und gegen die Sonne abspielender Kiesel den Boden decken! — —

Ich

Ich habe in solchen Anlagen auf einem herrlichen Wiesengrunde eine absichtlich geschehene Erbauung eines Dörfchens von mehreren Häusern, Scheunen und Stallungen ꝛc. nach dem Leben, und so angelegt und ausgerüstet gesehen, daß man sie stündlich hätte beziehen können; sie waren aber blos der Illusion wegen da, und mußten leer stehen bleiben; und wahrhaftig, kein Bild kann eine solche Regierung passender charakterisiren. — Hierher ist Arthur Young nicht gekommen, und Faustin zu schnell vorübergereißt. — In einem gewissen Lustgarten stehen sogar Staatsgefängnisse, wo bey fürstlichen Festen gedungene Gefangene mit den Ketten rasseln. — Die Wohnungen des Elendes in den Gefilden der Freude, die Seufzer des Unglücklichen unter den Gesängen der Nachtigal!! — Auch das ist analog; und da an den nämlichen Garten ein Kloster stößt, und ein Wildpark nahe ist, so kann man mit Arthur Young *) ausrufen: "Guter Himmel, ich suche glückliche Landwirthe, wohlthätige Regierungen und frohe Bürger, und stoße überall mit der Nase auf Lustgärten und Wildparke, Staatsgefängnisse, Mönche

und

---

*) Arthur Youngs Reisen durch Frankreich und einen Theil von Italien, in den Jahren 1787 bis 1790.

und Leibeigene". Fast durchgehends findet man denn auch prächtige Lustgärten, die Wunder der Natur und üppiger Kunst, Forsten und Parke, — Sümpfe, Oedungen und Haiden; vergoldete Palläste und modernde Strohhütten; Gespenster- und Rittergeschichten, geistliche Benefizien und Tontinen; Mönche und Stifter, und Bettler und Räuber dicht neben einander. *) So lange Geburts-, Adel- und Mönchsweise das Monopol menschlicher Glückseligkeit sind, so lange noch wird man reich seyn können, ohne zu arbeiten, und ein Heiliger, ohne ein thätiger Staatsbürger und ein moralisch guter Mensch zu werden. — — —

Wie viele unnütze Thiere werden nicht zweklos genährt, und mit dem Schweiße des Fleißes gefüttert, von dem tausend und wieder tausend Menschen leben könnten? Ich lese irgendwo, daß ein zwanzig Jahre dienender, noch unbesoldeter Rath bey dem betrübten Ableben des Hochfürstlichen Leibelephanten, dessen Unterhaltung grade so viel jährlich kostete, als eine Rathsbesol-

---

*) Wer unterschreibt nicht Voltaire's Erklamazion: Ce gouvernement seroit digne des Hottentots, dans le quel il seroit permis à un certain nombre d'hommes de dire: C'est à ceux, qui travaillent à payer; nous ne devons rien, parceque nous sommes oisifs.

Besoldung betrug, um die vacante Elephantenbesoldung unterthänigst bat; — welcher Spaß aber in höchsten Ungnaden aufgenommen ward. — Difficile est, satyram non scribere! — Während dem mehr Pferde gehalten werden, als das Ländchen Haber trägt, und der Reichshofrath Reductionen mit dem Hunde-Etat vornehmen muß, ist Reichthum das erste Erforderniß zur Habilität eines Subjekts, das eine Stelle bey einem Ober-Landes-Collegio ambirt, damit die Räthe im Stande sind, sich Schuhe zu kaufen, um ausgehen zu können.

Es ist auffallend, wie groß die Indolenz in den meisten Gegenden bey dem größten Luxus ist. — Was die Erde geben kann, und ihr nicht entnommen wird, ist baarer Verlust; kein Fleckchen Landes sollte öde bleiben. Wer wollte die Fehler alle durchgehen, die im Fache der Landwirthschaft und Oekonomie noch vorliegen?

Frugalität ist die Seele jeder Privatökonomie, und auch diese steht, im Durchschnitt genommen, auf der niedrigsten Stuffe. — Wem ist nicht jener Engländer ehrwürdig, der mit seiner Wirthschafterin zankte, weil sie ein Schwefelholz weggeworfen, das erst an einer Seite angebrannt war, und sich durch eine solche konsequente und gleichweit vom Geize entfernte Sparsamkeit

keit in den Stand sezte, zehn Guineen zu einer Armen-
kollekte zu geben? — Von dem, was in den Häusern von grossem Ton und Glanze weggeworfen und verschleudert wird, könnten eine Menge Menschen leben.

Ich will ein Beispiel nehmen, das mir eben zur
Hand steht. — Justi klagt über den übertriebenen
Holzaufwand, der eine Folge des immer höher getrie-
benen Luxus sey, und giebt diesem die Schuld des immer steigenden Preises und endlich, gar erfolgenden Mangels. — Die Vielheit der Speisen, die Menge des
gewärmten Raums, sind nach ihm die vorzüglichsten
Ursachen, weshalb die Balance der Holzkonsumption mit
dessen Erzielung und Wachsthum verrückt wird. —
Ich kenne Häuser, wo für einen Menschen täglich
10 Zimmer geheizt werden, 6 für seine Frau und 8 für
sein Gesinde; ich weiß einen Saal, der wöchentlich eins
auch zweimal geheizt wurde, und zu dessen Erwärmung
jedesmal 6 Maas oder Stecken Holz erfordert werden.

Es existiren Branndtweinbrennereien, wo in einem
Tage so viel Getraide gebrannt wird, als 200,000 Men-
schen zu ihrem Unterhalte nöthig hätten. *) Wie viel
Ge-

---

*) In den österreichischen Niederlanden z. B. sind deren einige
durch die französischen Volksrepräsentanten eingestellt, und
dabey

Getraide geht für ein zwekwidriges Pulver zu Schanden, das wir in unsere Haare streuen, um das schöne Kolorit, das ihnen die Natur gab, mit der bleichen Farbe des Alters zu vertauschen.

Wir wissen, daß Königstöchter Wolle spannen, daß es der höchste Grad des fürstlichen Luxus war, an Gallatagen seidene Strümpfe zu tragen, daß zu Heinrich IV. Zeiten nur 4 Kutschen in Paris waren, und daß dieser grosse König einst seinen Sully nicht besuchen konnte, weil seine Frau gerade seine Karosse hatte.

Damals war die Summe der Aktivität grösser, und die Summe der Konsumption kleiner, und iezt ist gerade der umgekehrte Fall. Ziehe man einmal die Paralele auf die dermaligen Verhältnisse, im Allgemeinen. ——

Ich bin völlig mit Sonnenfels einverstanden, daß in iedem Staate das Bedürfniß und die Verzehrung des einen, die Nahrungs- und Erwerbsquelle des andern werde; ich glaube sogar, daß Luxus in einem volkreichen Lande nicht nur wohlthätig, sondern sogar nothwendig sey, da er mit der Ungleichheit der Glücksgüter Zusammenhang hat, deren Gleichheit er näher bringt, und

dabey ausdrücklich berechnet worden, daß diese täglich so viel Getraide austrannten, als zum Unterhalte von 200,000 Menschen erforderlich sey.

und daß ein Land, wo die Bevölkerung unverhältnißmäſſig groß iſt, ſogar ohne ihn nicht beſtehen kann, da er ihm Induſtrie und Handelsbalance giebt, durch die ſich dies Land mit andern, die an Naturproducten Ueberfluß haben, gleich ſtellt. — Aber eben ſo überzeuge ich mich, daß, wenn alle Länder auf dem höchſten Grade ihrer reſp. Bevölkerung ſtünden, dann an die Stelle des Luxus blos Frugalität treten, und alle Induſtrie ihre Richtung dahin nehmen müßte, mehr zu erzielen, der Natur mehr Produkte abzugewinnen, und das erzielte zum profitabelſten und zwekmäſſigſten Gebrauche zu appliciren. — Die Induſtrie des Luxus — wenn's mir erlaubt iſt, dieſen Ausdruck zu gebrauchen — erzielt nicht, ſie verbeſſert nur, und bereitet und verfeinert die wirklich ſchon vorliegenden Produkte nach dem Geſchmacke der Wolluſt und Kaprice, und gerade durch dieſe Zubereitung gehen eine Menge nuzbarer Theile verlohren.

Dieſe hier nur im Vorübergehen berührten Gegenſtände verdienen — ieder insbeſondere, ein genaueres Detail und eine weitere Auseinanderſetzung, die ich hier ausgeſezt laſſe. Indeſſen kann man ſich hieraus ſchon leicht überzeugen, daß bey zwekmäſſiger Vertheilung der Population, guten Geſetzen, und Anſtalten einer allgemeinen Aufrichtung der Kultur, Regſamkeit des

Han-

Handels, erhöhter Industrie und Gemeinfleiße, nach verbanntem Luxus, bey zwekmäsiger Frugalität, die Aktivität in genauere Balance mit der Verzehrung kömmt, daß, wenn die Hindernisse des Handels gehoben und kein Despotismus in demselben geduldet wird, dann eine ungeheure Summe von Menschen mehr leben könne, als würklich leben, und daß es keiner Revolution, keines menschenfresserischen Manoeuvers der Art bedarf, um die Population der Erde mit der Production der Nahrungsmittel im Ebenmaaße zu erhalten, wenn auch nicht bisweilen durch Epidemien und Kontagionen und physische Revolutionen unsers Planeten, die Bevölkerung übermäßig licht gemacht würde.

Ich schliesse diese Betrachtungen mit der summarischen Uebersicht einer politischen Berechnung:

Man rechnet, daß jährlich 36 Millionen Menschen gebohren werden, die Summe aller Lebenden zu 1000 Millionen angenommen. — Nehmen wir nun die mosaische Aere an, und rechnen nach dieser das Alter der Welt auf 5700 Jahre, so wäre — die erste Generation gleich zu 36 Millionen angenommen — die Summe aller gebohrnen = 5700mal 36 Millionen = 205,200 Millionen. — Da aber nach der

nem

nemlichen Kosmogonie die erste Generation nur aus 2 Individuen bestand, und von da aus bis auf uns 174 Generationen, (auf ein Jahrhundert 3 Generationen gerechnet) gewesen sind, man also auf der einen Seite die erste Generation nicht gleich zu 36 Millionen, sondern in der Progression zu 2. 4. 8. und so weiter (immer auf eine Ehe 4 oder auch auf 20 Ehen 36 Kinder gerechnet,) ansetzen müßte, auch die Bevölkerung der Erde durch die Sündfluth wieder nur auf wenige Individuen, den Noah und seine Familie reducirt worden, auf der andern Seite aber die Kinderlos gestorbenen auch wieder ihr Schärflein zur Vermehrung des Menschengeschlechts beygetragen hätten, so würde, wenn seit Adam gar niemand gestorben wäre, freilich auch eine weit beträchtlichere Anzahl Menschen leben, welche Progression zu berechnen, ich keinen Beruf fühle. — Ich finde indeß irgendwo, daß man die Summe der Lebenden hiernach auf 473,000 Millionen rechne; eine Summe, die mir gleichwohl etwas zu gering deucht.

Nimmt man nun an, daß das feste Land 1587 Billionen ☐ Schuh befaßt, und dividirt mit jener Volkszahl in dies Flächenmaas, so käme immer noch auf einen Kopf 3356 ☐ Schuh Landes; oder — den Morgen zu 160 Ruthen nach dem Dezimalmaas gerechnet, — $2\frac{13}{200}$ Morgen Feldes; *) oder die Zahl der

---

*) Ich erinnere mich, irgendwo gefunden zu haben, daß auf diesen Fall 9110 ☐ Schuh auf einen Menschen käme; und ich gestehe, daß ich diese Berechnung nicht verstehe.

der Lebenden auf 500,000 Millionen, und den Flächeninnhalt auf 1600 Billionen ☐ Sch. in runder Zahl gerechnet, — 2 ☐ Morgen, und würde also auch dann dieser ungeheuren Menschenmenge es kaum noch an vegetabilischer Nahrung fehlen.

Da aber die Zahl der jährlich sterbenden sich zu den gebohrnen verhaltet, wie 10 zu 12; so daß jährlich 36 Millionen Menschen gebohren werden und nur 30 Millionen sterben, so könnte man gegen 80,000 Jahre warten, bis die Erde die oben genannte Population erhielt. — Damit hat es also wohl noch Zeit. So weit reicht keine Kosmogonie des Alterthums in die Vorzeit hinauf *) und nach der Aere der Wahrscheinlichkeit ist es noch nicht so lange, daß unser Planet in der Zusammensetzung seiner Theile, wie er uns erscheint, existirt, und wird nach eben so vieler physikalischer Wahrscheinlichkeit auch nicht so alt werden, ohne durch irgend eine Revolution der regsamen Natur- und Urkräfte in das Chaos

―――――
*) Die chinesische Kosmogonie seht die Existenz der Erde auf mehrere Millionen Jahre vor unsrer gewöhnlichen Aere, beruht aber auf bloßer Sage und keiner Tradition von faktischen Geschichtsvorfällen aus diesem ungeheuren Raume Zeit. Du Halde. Aus dem Bücherbrande, den Schihoangti ungefähr in den Jahren 220 — 210 vor Christi Geburt unter dem Vorwande, als predigten diese Aufruhr und Widersezlichkeit veranstaltete: Schröch allg. Weltgesch. 4. B. 3. Abth. 2. Kap. 19. Buch, müßte aller Wahrscheinlichkeit nach doch eines gerettet worden seyn, das hierin näheres Licht gäbe. — Die bekannten Entdeckungen eines Rieuperi bey Untersuchung der Lava-Schichten des Aetna sind indessen nicht aus der Acht zu lassen.

Chaos des Weltsystems aufgelößt zu werden, und darinn Theile eines oder mehrerer andern Ganzen zu bilden, oder doch sehr wesentliche physische Revolutionen zu erleiden.

Wollte man nun doch den Krieg in der Eigenschaft einer Transpiration der übermäſſigen Menschenmenge im Plane der besten Welt nothwendig finden, und dann einmal annehmen, es käme die Menschheit auf die Stuffe, wo ihre übermäſſige Vermehrung ihr läſtig wäre, — wäre es dann auf diesen Fall nicht besser, lieber die Erzeugung zu hindern, als derselben freien Lauf zu laſſen, um Menschen zu haben, die man morden kann? — Es ist fürwahr sonderbar, eine Sache zu erzeugen, um sie vernichten zu können, und ist man nicht gezwungen, zu glauben, daß man an den meisten Orten die Bevölkerung zu vermehren suche, blos um desto mehr Soldaten zu haben, die sich todt schieſſen laſſen. *)

*) Montesquieu im Esprit des Lois, Filangieri in der Scienza della Legislazione und Frank in der Mediz. Polizey haben mit bewundernswürdigem Fleiſſe die Vorschriften der ältern und neuern Gesezgeber gesammelt, wodurch sie die Vermehrung der Volksmenge zu befördern gesucht haben. — Sollte man, wenn die Menschheit — nach 80,000 Jahren einmal — in jenen Fall kommen sollte, um Mittel und Anstalten verlegen seyn, welche die Erzeugung eben so verhinderten, als jene sie zu befördern suchten, ohne der Moralität zu schaden. *)
D. V.

*) In einer Schrift in der Arthur Young, als Aufforderer zum Kriege oder wenigstens zum Haſſe gegen die Franken auftreten zu müſſen glaubt, behauptet er, Krieg befördere die Population: die Menschen vermehrten sich, wie jede Waare, durch Nachfrage. Jemand der dies hörte, sagte launigt: Wenn ein Reisender nach einem Orte käme, wo ein Regent auf dem Markte seine Unterthanen Schaarenweise hinrichten ließe, und er fragte, was gehet hier vor? so werde Arthur Young antworten: der Fürst arbeitet an der Bevölkerung, er vermehrt den Absaz der Menschen.
D. H.

www.ingramcontent.com/pod-product-compliance
Lightning Source LLC
Chambersburg PA
CBHW030600300426
44111CB00009B/1046